本书系国家社科基金项目

"清代天山北路文化变迁研究"（项目号：14BZS062) 研究成果

清代天山北路
文化变迁研究

杨发鹏　著

社会科学文献出版社
SOCIAL SCIENCES ACADEMIC PRESS (CHINA)

目　录

绪　论

"路"，本为道路之意。宋、金、元时，路成为地方区划单位的名称。北宋建国之初，先是沿袭唐制，将全国分为若干道，不久又将道制改为路制。路作为地方一级行政单位，下设转运使司、提点刑狱司、提举常平司、安抚使司四个职能部门，这四个部门互不统属，各司其职，分理地方的财政、刑狱、仓粮、军事等事务。宋元以后，路又引申出地域、方面之意。天山北路，顾名思义就是天山以北的地域或疆域，故又称北疆。天山北路的称谓多出现在清代的文献中，祁韵士所著《西陲要略》对天山北路有明确的界定：

> 今之新疆即古西域，出肃州嘉峪关而西，过安西州至哈密为新疆门户，天山横亘其间，南北两路从此而分。……由哈密逾天山之北迤逦由北而西，曰巴里坤、曰古城、曰乌鲁木齐、曰库尔喀喇乌苏、曰塔尔巴哈台、曰伊犁，是为北路。[①]

---

① （清）祁韵士：《西陲要略》卷1，《中国地方志集成·新疆府县志辑》第4册，凤凰出版传媒股份有限公司、凤凰出版社，2012，第443页。

以天山为界，新疆被分为两个大的地理单元，天山以南为天山南路、天山以北为天山北路，这两个地区彼此连接、互相对应。本课题研究的范围即在天山北路。

文化的含义甚广，人们对其概念的界定十分繁多，不一而足，但究其本质，文化乃是人类通过社会实践活动，适应、利用、改造自然而逐步实现自身价值的过程。受自然环境及自身历史发展轨迹的影响，天山北路的文化自古以来就与国内其他地区明显不同，有着鲜明的地域特色。清代是天山北路历史发展的重要阶段，这一阶段其地域文化不仅与国内其他地区明显不同，而且与自身以往历史阶段的文化也显著不同，因此值得我们去关注和研究。

一　本书研究内容

清代天山北路文化内容丰富，涉及面广，在研究时无法做到面面俱到，笔者只能根据研究需要以及现存资料状况，对研究的内容有所取舍，择其要者，去其末节，同时要尽量做到整个研究内容在逻辑上的完整性和连贯性。本书主要设定了以下几项研究内容：

1. 分析清代天山北路文化发展演变的地理环境。清代天山北路文化是天山北路这一特定地域的文化，在研究清代天山北路地域文化之前，我们需要对其文化发展演变的自然地理环境与人文地理环境进行必要的介绍和分析。

2. 研究清代天山北路文化各重要因子的变迁。清代天山北路文化内容丰富，各主要文化因子在这一历史阶段都发生了若干变化，因此我们需要对清代天山北路文化的一些重要因子的变迁分别进行研究。清代天山北路文化的重要因子包括语言文字、宗教信仰、风俗习惯、文化中心等，它们本身内容庞杂、自成体系，需要分别进行研究。因此它们是本课题研究的一项重要内容。

3. 探讨清代天山北路文化变迁的根本原因并对清代天山北路文化进行地理分区。清代天山北路文化各因子均发生了重大变迁，其变迁的根源是什么？这就需要我们通过研究给出答案。清代天山北路地域辽阔，不同地区之间的文化差异很大，因此我们需要对其进行必要的文化分区。在分区的基础上，对不同文化区之间的文化差异进行比较和分析。

4. 总结清代天山北路文化变迁的规律，探索清代天山北路文化变迁的机制。区域文化的变迁是一个动态的、历史的过程，但也有规律可循，因此我们需要对清代天山北路文化变迁的规律进行总结。清代天山北路文化的变迁受到多种因素的影响，在各种因素的共同作用下，推动天山北路文化不断向前发展，因此需要我们探索清代天山北路文化变迁的内在机制。

5. 研究清代天山北路区域文化变迁过程中天山北路各民族对中华文化认同及国家认同的问题。清代天山北路文化在发展演变过程中，一步步地加深了与内地文化的联系和交融。同时文化交融促进了边疆地区各民族对国家的认同。这是我们对清代天山北路文化发展变迁进行研究的现实目的。

二　基本资料与研究现状

历史研究离不开文献资料，清代遗留下来的有关天山北路的文献相对丰富。

（一）基本资料

本书所涉及的资料主要包括清代关于新疆的史书、地方志、文人游记、国外学者的著述等四个方面。

1. 有关清代新疆的史书

《清史稿》：纪传体史书，作者赵尔巽，共536卷。内容涉及清代新疆的地域山川、经济开发、人物活动等。①

《清实录》：清代官修编年史，是皇帝谕旨的汇编。它按年、月、日分类编次，卷帙浩繁，多达4433卷。现有新疆社会科学院历史研究所从其中辑录而成的《〈清实录〉新疆资料辑录》12册，便于查阅。②

《平定准噶尔方略》：全书分前编、正编、续编三部分，共172卷，全书卷帙甚大，内容丰富，详细记载清康熙至乾隆年间清朝平定准噶尔的史实，涉及清代前期天山北路社会文化方面的许多内容。③

《钦定平定陕甘新疆回匪方略》：由清朝恭亲王奕䜣等编撰。该书按年、月、日排列，详尽记述了清军镇压陕甘新疆回民起义及收复新疆的全过程，是了解咸丰、同治年间新疆社会文化的重要资料。④

《圣武记》：共14卷，清朝魏源编撰。内容涉及清朝乾隆和道光两朝平定新疆历次叛乱的史实，是研究乾隆、道光时期新疆社会的重要资料。⑤

《勘定新疆记》：共8卷，清魏光焘撰。主要记载清同治年间新疆社会动乱及光绪初清朝收复新疆的史实。对于研究同治和光

---

① （民国）赵尔巽：《清史稿》，中华书局，1977。
② （清）《清实录》，中华书局，2008；新疆社会科学院历史研究所编《〈清实录〉新疆资料辑录》，新疆人民出版社，2009。
③ （清）纪昀等纂《平定准噶尔方略》，新疆文化出版社，2017。
④ （清）奕䜣：《平定陕甘新疆回匪方略》，载《中国西北文献丛书·西北史地文献》，兰州古籍书店影印版，1990，第91册。
⑤ （清）魏源：《圣武记》，岳麓书社，2011。

绪年间新疆社会文化变迁有重要的史料价值。①

2. 清代新疆地方志

《西域图志》：成书于乾隆年间，共 52 卷。对新疆的地域、山水、官制、兵防、屯政、贡赋、学校、风俗、音乐、服物、土产等分门别类进行记述，并绘有地图 30 多幅。由于收集了所有正史、有关书籍和清代西域军营奏章、地方大吏的文告等资料，并且进行了实地测量和调查，内容周详，是研究清代前期新疆地区的一部非常重要的历史地理文献。该书目前有钟兴麒等人的校注本。②

《伊江汇览》：清乾隆年间伊犁驻防满营协领格琫额撰。分二十六门分别记载伊犁的地域、山川、古迹、风俗、土产、官制、营伍、户籍、赋税、差役、屯政、马政、水利、贸易、钱法、台卡等事项。③

《乌鲁木齐事宜》：成书于嘉庆元年，永保撰。记述乌鲁木齐的建制、兵制、官制、山川、城堡、屯田、古迹等。④

《新疆识略》：清嘉庆中期徐松撰。初名《伊犁总统事略》，道光元年由伊犁将军松筠奏上，故赐今名。全书共 12 卷。分为官制、兵额、屯务、营务、库储、财赋、厂务、边卫、外裔等。绘有新疆总图和南北两路、伊犁各图，附有叙说。对研究乾嘉时期天山北路的文化具有参考价值。⑤

① （清）魏光涛：《勘定新疆记》，黑龙江教育出版社，2014。
② 钟兴麒等校注《西域图志校注》，新疆人民出版社，2002。
③ （清）格琫额：《伊江汇览》，《中国地方志集成·新疆府县志辑》第 9 册，凤凰出版传媒股份有限公司、凤凰出版社，2012。
④ （清）永保：《乌鲁木齐事宜》，《中国地方志集成·新疆府县志辑》第 8 册，凤凰出版传媒股份有限公司、凤凰出版社，2012。
⑤ （清）徐松：《新疆识略》，《中国地方志集成·新疆府县志辑》第 1 册，凤凰出版传媒股份有限公司、凤凰出版社，2012。

《三州辑略》：成书于嘉庆年间，和瑛编纂。为乌鲁木齐、哈密、吐鲁番三个地区的地方志。共 9 卷，内容有疆域、建制、沿革、仓储、户口、赋税、屯田、粮饷、营伍、马政、礼仪、学校、艺文等。①

《新疆图志》：成书于清朝末年，由袁大化、王树枏等编撰。共 116 卷，分建置、职官、实业、赋税、食货、祀典、学校、民政、礼俗等志。该志是新疆建省后的第一部全省通志，引古详今，内容丰富，富有特色，是研究清代后期新疆社会文化的重要资料。②

《新疆乡土志稿》：编纂于清朝末年，内容涉及新疆的历史、人口、商业、矿产、宗教、物产等方面。由各县官员分别完成，为研究地方乡土文化提供了可靠的第一手资料。③

3. 清代及民国初年国内学者的游记类著述

《西域闻见录》：撰于乾隆年间，由七十一编撰。详细记录了当时西域的人文地理，风土人情，物产习俗，是难得的史料，多为后人所引用。④

《伊犁日记》与《天山客话》：嘉庆四年（1799），洪亮吉被流放伊犁，《伊犁日记》为洪亮吉去伊犁途中对沿途见闻所做的详细的记载；⑤ 而《天山客话》是其返还京师后对伊犁之行的追述，主要记载了伊犁的山川、物产、风貌等。⑥

① （清）和瑛编纂《三州辑略》，《中国地方志集成·新疆府县志辑》第 6 册，凤凰出版传媒股份有限公司、凤凰出版社，2012。
② （清）王树枏等纂，朱玉麒等整理《新疆图志》，上海古籍出版社，2015。
③ （清）马大正整理《新疆乡土志稿》，新疆人民出版社，2010。
④ （清）七十一：《西域闻见录》，成文出版社，1968。
⑤ （清）洪亮吉：《伊犁日记》，华文出版社，1969。
⑥ （清）洪亮吉：《天山客话》，华文出版社，1969。

《万里行程记》：为祁韵士嘉庆年间被贬谪伊犁时所撰。他对沿途所见山川城堡、名胜古迹、人物风俗、少数民族情况等均做了记载。[①]

《辛卯侍行记》：光绪年间成书，作者陶保廉。光绪十七年（1891），作者随父新疆巡抚陶模出关到达新疆。该书记载了西北几省的山川、道路、村镇、驿站、津梁、关隘等，同时也记载了沿途所见古迹、寺观、陵墓、祠庙、风俗、学校、民族、人口、历史人物等。该书共6卷，最后2卷所记为新疆部分。[②]

类似的著作还有方士淦的《东归日记》[③]、林则徐的《荷戈记程》[④]、方西孟的《西征续录》[⑤]、袁大化的《抚新日记》[⑥] 等。民国初年，也有官员赴新疆考察，他们将所见所闻著录成书，最著名的当属谢晓钟的《新疆游记》。[⑦] 该书对新疆风土人情的记载非常详细，虽然作者所记为民国初年的景象，但当时新疆的社会风貌与清末并无太大差异，故也可资借鉴。此类著述的特点是当时人对新疆亲见亲闻的真实记载，史料性很强，是我们研究清代天山北路文化重要的资料来源。

4. 近现代国外学者的相关著述

早在18世纪，就有西方学者开始对西部蒙古人进行研究，较为著名的一部著作是德国医生、旅行家P. S. 帕拉斯撰写的《内陆亚洲厄鲁特历史资料》。该书早在1776年就已出版，书中大量

①（清）祁韵士：《万里行程记》，甘肃人民出版社，2002。
②（清）陶保廉：《辛卯侍行记》，甘肃人民出版社，2002。
③（清）方士淦：《东归日记》，甘肃人民出版社，2002。
④（清）林则徐：《荷戈记程》，甘肃人民出版社，2002。
⑤（清）方西孟：《西征续录》，甘肃人民出版社，2002。
⑥（清）袁大化：《抚新日记》，甘肃人民出版社，2002。
⑦（民国）谢晓钟：《新疆游记》，甘肃人民出版社，2003。

利用作者亲自调查得来的材料，对当时留居在伏尔加河流域的土尔扈特部的历史、法律、风俗习惯等都作了详细的叙述。① 土尔扈特部原本是游牧于我国新疆地区卫拉特蒙古的一支，作者对该部历史文化、风俗习惯等的描述为我们间接了解 18 世纪生活在我国新疆地区的准噶尔蒙古人的生活情况提供了形象资料。19 世纪末 20 世纪初，一批西方学者、旅行者、探险家、政客、军人等各色人等怀揣各种目的进入我国新疆地区进行游历、考察，其中一些人陆续将自己在新疆地区的亲身经历、考察结果、所见所闻著录成书。与清代新疆文化密切相关的代表性著作是俄国尼·维·鲍戈亚夫连斯基的《长城外的中国西部地区》与日本日野强的《伊利纪行》。《长城外的中国西部地区》出版于 1906 年，作者尼·维·鲍戈亚夫连斯基，清末沙俄领事，在新疆的塔城、伊犁等地任职达十年之久。该书论述了新疆的历史、民族、城镇、村庄、管理机构、农业、矿产、商业贸易、国民教育、俄国的治外法权等诸多内容，作者对清代新疆境内的汉、满、蒙古、回、维吾尔等民族的性格、习俗以及各族之间关系的刻画非常生动。② 《伊利纪行》出版于 1909 年，作者为日本军官日野强。全书分上下两卷：上卷为"日志"，也就是日野强的旅行日记；下卷为"地志"，是作者根据各方史料汇编的有关新疆各地地理、历史、风土人情的记载。③

　　毋庸讳言，进入新疆的这些西方人大多是为了刺探和搜集情报，为本国侵略我国新疆地区做准备，所以他们的调查研究尽可能做到全面细致，故而他们的记述也较为全面翔实。更为重要的

---

① 〔德〕P. S. 帕拉斯：《内陆亚洲厄鲁特历史资料》，云南人民出版社，1985。
② 〔俄〕尼·维·鲍戈亚夫连斯基：《长城外的中国西部地区》，商务印书馆，1980。
③ 〔日〕日野强：《伊犁纪行》，黑龙江教育出版社，2006。

是，这些记述都是他们在新疆的亲身经历，当时人记当时事，真实感很强。

除了旅行家、探险者的著述外，国外还有一些专题性的研究成果，如日本学者左口透的《18—19世纪新疆社会生活史研究》、苏联学者伊·亚·兹拉特金的《准噶尔汗国史1635—1758》等。《18—19世纪新疆社会生活史研究》出版于1963年，论述了1760—1860年新疆的政治、经济、文化等各方面的情况。与文化相关的主要是维吾尔人的伊斯兰信仰及哈萨克游牧民的情况。[①]《准噶尔汗国史1635—1758》出版于1964年，主要论述了准噶尔汗国建立、发展直至灭亡的历史。与文化相关的主要是喇嘛教在卫拉特蒙古人中的传播。[②] 与探险家、旅行家的著述不同的是，此类著作的记述虽然不及前者生动有趣，但其研究具有明显的系统性。

无论是旅行家、探险者的著述，还是学者专门的研究，以上著作都涉及清代新疆地区的政治、经济、民族、文化、风俗习惯等诸多方面，尤其于文化习俗方面，更是以西方人独特的视角，作了详尽的描述。这些著作大部分在20世纪60年代以后陆续被翻译成中文，成为研究清代天山北路文化变迁的重要资料。

（二）研究现状

自20世纪80年代以来，国内外学者对清代包括天山北路在内的新疆地区历史文化的研究展现出勃勃生机，成果颇丰。以下主要从民族分布与人口、语言与文字、宗教及民间信仰、社会文化生活、文化教育、文学与戏曲、文化变迁等方面略加述评。

---

① 〔日〕左口透：《18—19世纪新疆社会史研究》，新疆人民出版社，1983。
② 〔苏〕伊·亚·兹拉特金：《准噶尔汗国史1635—1758》，马曼丽译，商务印书馆，1980。

1. 民族分布与人口

民族及其人口的分布是各种文化赖以产生的前提和基础，对清代天山北路地区文化进行研究要对当时这一地区民族分布状况和人口发展情况有所了解。俄国学者维纽科夫的《准噶尔边区居民考》一文写于 1871 年沙俄出兵武装侵占我国伊犁之后，作者对准噶尔边区历史上的民族成分、居民分布和民族关系作了专门研究考察。① 齐清顺《1759—1949 年新疆多民族分布格局的形成》一书全面论述了自清朝统一新疆后直至新中国建立前新疆多民族分布格局的形成与演变。② 赵海霞《清代新疆民族关系研究》一书全面论述清代新疆各民族之间的关系，部分内容涉及各个民族的分布情况。③

吴轶群的硕士学位论文《清代新疆人口研究》对清代新疆人口做了较为系统的梳理和研究。④ 她另有《清代伊犁人口变迁与人口结构特征探析》一文对清代伊犁地区的人口与人口结构特征进行了探讨。⑤ 阚耀平的博士学位论文《天山北路西部地区的人口迁移》对清代天山北路西部地区的人口迁移做了全面系统的研究。⑥ 奇曼·乃吉米丁《中国新疆回族人口的变迁、分布与特点》对新疆回族人口的变迁与分布特点进行研究，其中包括清代新疆回族人口的发展演变。⑦ 葛剑雄所著《中国移民史》也涉及清代

① 〔俄〕维纽科夫著《准噶尔边区居民考》，马曼丽译，《新疆大学学报》1980 年第 3 期，第 106 ~ 111 页。
② 齐清顺：《1759—1949 年新疆多民族分布格局的形成》，新疆人民出版社，2010。
③ 赵海霞：《清代新疆民族关系研究》，民族出版社，2014。
④ 吴轶群：《清代新疆人口研究》，新疆大学硕士学位论文，2001。
⑤ 吴轶群：《清代伊犁人口变迁与人口结构特征探析》，《西域研究》2010 年第 3 期，第 23 ~ 32 页。
⑥ 阚耀平：《天山北路西部地区的人口迁移》，复旦大学博士学位论文，2003。
⑦ 奇曼·乃吉米丁：《中国新疆回族人口的变迁、分布与特点》，《人口学刊》2004 年第 6 期，第 44 ~ 48 页。

新疆地区的移民问题。①

2. 语言与文字

　　语言是文化的重要载体，也是文化重要而特殊的组成部分。清格尔泰《中国蒙古语方言的划分》认为清代天山北路卫拉特蒙古使用的卫拉特方言是蒙古三大方言之一，属于西部蒙古语言。②刘俐李对新疆汉语方言区的形成做了研究，认为北疆片汉语方言应是 1780 年前后初步形成，并一直延续到 1860 年前后。③ 张洋《清代新疆汉语特点》认为清代新疆汉语的特点是不同汉语方言混杂，汉语中夹杂维吾尔语。④ 欧阳伟《新疆满语衰变的历程》对清代新疆满语的演变做了论述，认为同治年间满族人口的大批丧亡开始导致满语在天山北路地区的衰败。⑤ 佟克力《论锡伯族继承和使用满语满文的社会历史背景》对清代锡伯族使用满语的情况做了探讨，认为清代"国语骑射"政策的实施对锡伯族发展满语满文提供了有利条件。⑥ 菲达·乌马尔别克《维吾尔语历史演变》对新疆维吾尔语言历史演变做了全面论述，清代维吾尔语是他所划分的维吾尔语言发展四个历史阶段的近代维吾尔语时期。⑦ 还有一些学者对清代维、汉双语现象进行了研究。陈世明《清代新疆双语现象及其对各民族语言的影响》认为清代新疆双语现象反映了新疆各民族之间在政治、经济、文化方面的密切关

---

① 葛剑雄：《中国移民史》，福建人民出版社，1997。
② 清格尔泰：《中国蒙古语方言的划分》，《民族语文》1979 年第 2 期，第 13～20 页。
③ 刘俐李：《新疆汉语方言的形成》，《方言》1993 年第 4 期，第 265～274 页。
④ 张洋：《清代新疆汉语特点》，《中央民族大学学报》（哲学社会科学版）2008 年第 4 期，第 107～111 页。
⑤ 欧阳伟：《新疆满语衰变的历程》，《满族研究》2012 年第 3 期，第 97～102 页。
⑥ 佟克力：《论锡伯族继承和使用满语满文的社会历史背景》，《西域研究》2002 年第 4 期，第 94～99 页。
⑦ 菲达·乌马尔别克：《维吾尔语历史演变》，新疆大学出版社，2005。

系。王泽民《试论清代新疆的维汉双语政策及其措施》认为清朝在新疆实行维汉双语政策，既提高了维吾尔语的地位，又扩大了维汉语文的社会交际功能和社会影响。[①] 他的另一篇文章《认知与建构：清代新疆语言政策的历史考察》指出新疆多样性的语言现实和语言格局影响了清朝政府的语言观念和语言态度，使其制定了符合新疆实际的维汉双语政策，建构了维吾尔族对于清朝政府的认同。[②]

包力高、道尔基的《蒙古文字发展概述》[③]，额尔德尼巴雅尔的《托忒文研究概述》[④]，贾晞儒《蒙古文字与蒙古族历史》[⑤]，M. 乌兰《试论托忒文历史文献的史料价值》等文章对清代天山北路卫拉特蒙古使用的托忒蒙古文进行了论述。安瓦尔·巴依图尔《察合台文和察合台文献》对清代维吾尔人中流行的察合台维吾尔文及察合台文献进行了论述。

3. 宗教及民间信仰

宗教信仰是一种文化现象，是人类文化的一种表现形式。人类宗教信仰的发展是与人类文化的发展交织、连接在一起的。清朝统一新疆后天山北路地区不仅佛教、道教、伊斯兰教等多种宗教并存，而且其他各种民间信仰也广泛存在。李进新《新疆宗教演变史》一书对自远古迄今新疆地区各种宗教的历史演变作了全面论述，其中包括清代新疆流行的各主要宗教的历史

---

① 王泽民：《试论清代新疆的维汉双语政策及其措施》，《实事求是》2007 年第 6 期，第 56～58 页。

② 王泽民：《认知与建构：清代新疆语言政策的历史考察》，《黑龙江民族丛刊》2010 年第 2 期，第 115～118 页。

③ 包力高、道尔基：《蒙古文字发展概述》，《内蒙古社会科学》1984 年第 3 期，第 64 页。

④ 额尔德尼巴雅尔：《托忒文研究概述》，《蒙古学资料与情报》1989 年第 4 期，第 36～37 页。

⑤ 贾晞儒：《蒙古文字与蒙古族历史》，《西北民族研究》2003 年第 2 期，第 50 页。

演变。① 陈慧生主编的《中国新疆地区伊斯兰教史》一书对新疆伊斯兰教的发展演变作了研究，其中包括清代天山北路地区伊斯兰教的发展演变②。扎木巴《扎木巴老人谈卫拉特蒙古历史及宗教》回顾了藏传佛教在清代卫拉特蒙古人中的发展盛况。③陈国光《清代维吾尔族中的伊斯兰教》从宗教活动、宗教经典、宗教经济、教育与文化艺术等方面论述了清代维吾尔人的伊斯兰信仰。④ 觐小娜《从文献看清代维吾尔族的宗教信仰》从文献着手，从四个方面论述了清代维吾尔族的宗教信仰，并对新疆维吾尔族宗教信仰对维吾尔社会的影响进行探讨。⑤ 金国珍《清末以后新疆的佛教》对清末以后新疆汉传佛教的发展情况做了论述。⑥

清代新疆汉人社区民间信仰非常繁荣。黄达远《清代新疆北部汉人移民社区的民间信仰考察》考察了清代天山北路地区汉人移民社区的民间信仰，指出民间信仰对于新疆汉人移民社区所具有的重要功能和作用。⑦ 关羽崇拜是明清时期内地民间的一种普遍信仰，清代随着大量内地移民涌入新疆，关羽崇拜也随之在新疆广泛流行。齐清顺《清代新疆的关羽崇拜》认为清代新疆各地广建关帝庙，对关帝的祭祀非常隆重肃穆，关帝显灵的故事广为

---

① 李进新:《新疆宗教演变史》，新疆人民出版社，2005。
② 《中国新疆地区伊斯兰教史》编写组编著《中国新疆地区伊斯兰教史》，新疆人民出版社，2000。
③ 扎木巴:《扎木巴老人谈卫拉特蒙古历史及宗教》，《新疆宗教研究资料》第 14 辑，新疆社会科学院宗教研究所编印，第 34~41 页。
④ 陈国光:《清代维吾尔族中的伊斯兰教》，《新疆社会科学》2001 年第 3 期，第 64~70 页。
⑤ 觐小娜:《从文献看清代维吾尔族的宗教信仰》，新疆大学硕士学位论文，2010。
⑥ 金国珍:《清末以后新疆的佛教》，《西北史地》1984 年第 4 期，第 103~110 页。
⑦ 黄达远:《清代新疆北部汉人移民社区的民间信仰考察》，《宗教学研究》2009 第 2 期，第 169~173 页。

传颂。关羽崇拜不仅在满汉军民中流行，在一些非伊斯兰民族中也较为普遍。清代新疆地区的关羽崇拜有自身的地域特色。① 陈旭《新疆的关帝庙与关帝崇拜》认为清代新疆的关帝信仰崇拜具有彰显武功、祈求边关安宁的特质，一定程度上发挥出维护边疆民族地区和谐稳定的宗教功能。② 郭院林、张燕《清代新疆关帝信仰与文化认同建构》通过考述清代新疆关帝庙的地区分布，探讨作为象征国家权威的关帝庙与关帝信仰所表现出来的国家对边疆地区进行文化和精神认同建构的意图。③

庙宇是群众进行宗教活动的重要场所，黄达远《清代镇西"庙宇冠全疆"的社会史考察》从社会史角度考察了镇西"庙宇冠全疆"现象及其成因。④ 贾建飞《清代新疆的内地坛庙：人口流动、政府政策与文化认同》对内地坛庙在新疆的发展及其影响等进行了分析。⑤ 刘元春《靖远寺及其历史作用》对光绪年间锡伯族军民在察布查尔县修建的靖远寺及其作用做了论述。⑥ 祭祀活动一般表现为民间的自发行为，但政府有时也会有意为之。李大海《清代新疆地区官主山川祭祀研究》认为清代新疆地区官主山川祭祀具有鲜明的政治意义，是清政府意在将新疆纳入王朝统治秩序中的重要象征。⑦

---

① 齐清顺：《清代新疆的关羽崇拜》，《清史研究》1998 年第 3 期，第 101～106 页。
② 陈旭：《新疆的关帝庙与关帝崇拜》，《世界宗教文化》2009 年第 4 期，第 37～40 页。
③ 郭院林、张燕：《清代新疆关帝信仰与文化认同建构》，《中国俗文化研究》第 7 辑，巴蜀书社，2012，第 146～153 页。
④ 黄达远：《清代镇西"庙宇冠全疆"的社会史考察》，《新疆社会科学》2008 年第 6 期，第 112～115 页，第 132 页。
⑤ 贾建飞：《清代新疆的内地坛庙：人口流动、政府政策与文化认同》，《中国边疆史地研究》2012 年第 2 期，第 90～103 页。
⑥ 刘元春：《靖远寺及其历史作用》，《法音》1990 年第 8 期，第 22～27 页。
⑦ 李大海：《清代新疆地区官主山川祭祀研究》，《西域研究》2007 年第 1 期，第 88～95、126 页。

清代后期，随着与西方国家的频繁接触，西方的宗教开始传入包括天山北路在内的新疆地区。魏长洪《近代西方传教士在新疆》对西方传教士在近代新疆的活动情况进行了研究。① 木拉提·黑尼亚提《近代新疆天主教会历史考》对天主教会在近代新疆的发展做了历史考察。② 汤开建、马占军《清末民初圣母圣心会新疆传教考述》对清末民初西方圣母圣心会在新疆的传播做了考述。③ 钱松的硕士学位论文《清末至民国基督教在新疆的传播》对清末民国基督教在新疆的传播做了全面论述。④

4. 社会文化生活

社会文化生活能够从多个层面反映一个民族群体的生活习俗、志趣爱好。天山北路地区作为多民族聚居之地，不同民族的社会文化生活差异较大，各具特色。薛宗正主编的《中国新疆古代社会生活史》论述自秦汉至清朝历代新疆境内各族人民的社会生活状况，其中最后两章集中论述清代新疆境内十余个民族的社会生活情况。⑤ 中国社科院民族研究所与新疆社科院民族研究所编写的《准噶尔史略》一书最后一章探讨了准噶尔汗国的文化艺术与社会习俗。⑥ 陈国光《清代新疆回民的社会生活》从经济、宗教信仰、日常习俗等方面论述了清代新疆地区回民的文化生活。⑦ 许秀芳《清代前期新疆满族的社会生活》一文从职业、饮

---

① 魏长洪：《近代西方传教士在新疆》，《新疆大学学报》（哲学社会科学版）1989 年第 3 期，第 27 页。
② 木拉提·黑尼亚提：《近代新疆天主教会历史考》，《西域研究》2002 年第 3 期，第 64 页。
③ 汤开建、马占军：《清末民初圣母圣心会新疆传教考述》，《西域研究》2005 年第 2 期，第 64 页。
④ 钱松：《清末至民国基督教在新疆的传播》，新疆大学硕士学位论文，2005。
⑤ 薛宗正：《中国新疆古代社会生活史》，新疆人民出版社，1997。
⑥ 《准噶尔史略》编写组：《准噶尔史略》，人民出版社，1985。
⑦ 陈国光：《清代新疆回民的社会生活》，《新疆地方志》1995 年第 4 期，第 44～50 页。

食、服饰、风俗等方面论述了清代前期新疆满族的社会文化生活。① 齐清顺《清代新疆汉民族的文化生活》从婚姻、节日、祭祀、娱乐、教育等方面论述了清代新疆汉民族的文化生活。② 他的另一篇文章《清代满汉文人笔下的维吾尔人生活》从物质生活和文化生活两个方面论述了满汉文人对清代新疆维吾尔人生活的论述。③ 龙开义《清代文献资料所见新疆春节民俗》从散见于清代文人的诗文、日记、游记中搜罗出数则清代新疆春节民俗资料，借以窥探清代新疆各族人民春节民俗之风貌。④ 王延聪《清代新疆汉族社区的形成和发展》从初步形成、发展、基本完善论述了清代新疆汉族社区发展的三个阶段，并在最后论及汉族社区文化的开展。⑤

清代文人的诗词歌赋也能够反映新疆各族人民多姿多彩的社会文化生活。席宁山《清代竹枝词中的回回风情》从 20 余首歌咏新疆风土人情的竹枝词作品中，分宗教、历法、婚嫁、丧葬、饮食、服饰、建筑、文艺、技艺等几方面，论述其丰富的文化内涵和历史意义，揭示其多样的回回风情。⑥ 崔莹《从〈乌鲁木齐杂诗〉看清代新疆少数民族民间习俗》从物质民俗、社会民俗、

---

① 许秀芳：《清代前期新疆满族的社会生活》，《喀什师范学院学报》1996 年第 3 期，第 23～32 页。
② 齐清顺：《清代新疆汉民族的文化生活》，《新疆大学学报》（哲社版）1996 年第 4 期，第 41～45 页。
③ 齐清顺：《清代满汉文人笔下的维吾尔人生活》，《喀什师范学院学报》1998 年第 2 期，第 42～49 页。
④ 龙开义：《清代文献资料所见新疆春节民俗》，《昌吉学院学报》2012 年第 6 期，第 11～15 页。
⑤ 王聪延：《清代新疆汉族社区的形成和发展》，《兵团党校学报》2012 年第 1 期，第 65～71 页。
⑥ 席宁山：《清代新疆竹枝词中的回回风情》，《固原师专学报》2005 年第 5 期，第 27～30 页。

精神民俗三个角度对《乌鲁木齐杂诗》中 38 首民俗诗进行了细致分析，并在此基础上阐释了清代新疆少数民族特有的民间风俗习惯。① 李军《〈新疆赋〉民俗述考》就《新疆赋》所涉及的如民居、园艺业、物产、商贸、岁时节日、礼乐教化等新疆民俗进行了较为详细的论述考证。②

5. 文化教育

教育不仅具有筛选、整理、传递和保存文化的作用，同时还会促进文化的交流与传播。清朝政府在新疆地区实施的各项教育措施一定程度上促进了当地文化事业的发展。刘仲华《清代新疆的封建教育和科举》指出建省以前，新疆只有迪化直隶州和镇西府设有较规范的封建教育和科举制度，义学也多建于屯田移民集聚之地，其他地方则多加限制。③ 贾建飞《浅析清代新疆的文化教育与科举政策（1759—1864）》论述了科举制在新疆部分地区的实施和发展，以及其中出现的相关问题及清政府对此之认知与解决办法。④ 赵云田《清末新政期间新疆文化教育的发展》详述了清末新政期间新疆文化教育的发展情况及其特点。⑤ 王希隆、黄祥深《清代新疆书院研究》认为清代新疆书院数量虽少，但特色鲜明，在新疆教育史上的作用不容忽略。⑥ 清朝政府在新疆的教育方面可谓煞费苦心，但取得的效果却不总是尽如人意。朱玉

---

① 崔莹：《从〈乌鲁木齐杂诗〉看清代新疆少数民族民间习俗》，《新疆教育学院学报》2006 年第 4 期，第 1~3 页。

② 李军：《〈新疆赋〉民俗述考》，《内蒙古民族大学学报》（社会科学版）2012 年第 4 期，第 14~18 页。

③ 刘仲华：《清代新疆的封建教育和科举》，《西北史地》1997 年第 2 期，第 78~80 页。

④ 贾建飞：《浅析清代新疆的文化教育与科举政策（1759—1864）》，《广东社会科学》2012 年第 1 期，第 155~162 页。

⑤ 赵云田：《清末新政期间新疆文化教育的发展》，《西域研究》2002 年第 2 期，第 47~55 页。

⑥ 王希隆、黄祥深：《清代新疆书院研究》，《西域研究》2012 年第 4 期，第 17~24 页。

麒《清代新疆官办民族教育的政府反思》认为清前期新疆的学校
教育没有得到政府重视。后期随着新疆建省以及新政兴起，带来
了教育制度的剧变，但是教育投入巨大而收效甚微，使执政者反
思有教无类、潜移默化的困难。① 赵宝忠《清代新疆学校美术教
育研究》认为新疆学校美术教育在清代有自己独特的历史发展轨
迹和教育观念更替进程，是由单一的传统书法教育向近代手工图
画课发展的过程。②

　　与多元文化相适应，清代新疆的教育事业也呈现多元化的特
点。何荣《清代新疆建省前文化教育的三元共存》指出新疆建省
前，北疆地区的黄教寺庙教育与旗学、南疆地区的伊斯兰经堂教
育与乌鲁木齐都统所辖地区的儒学教育使新疆教育呈现"三元共
存"的格局。③ 王风雷《论清代新疆地区蒙古官学沿革》指出清
代新疆地区蒙古官学的规模、层次和办学水平都达到了领先的程
度，在蒙古族教育史上写下了辉煌的一页。④ 郭兰《简析清代新
疆的双语教育》认为在不同时期，清代新疆各种文化教育教学中
都存在着程度不同、形式多样的双语教育。⑤

　　6. 文学与戏曲

　　文学与戏曲是文化领域内的两个不同分支，文学偏"雅"，
为文人所钟爱，戏曲偏"俗"，为普通老百姓所喜欢，清代新疆
的文学与戏曲都有一定的发展。诗歌是文学的重要组成部分，清

①　朱玉麒：《清代新疆官办民族教育的政府反思》，《西域研究》2013 年第 1 期，第 89 ~
97 页。
②　赵宝忠：《清代新疆学校美术教育研究》，新疆师范大学硕士学位论文，2010。
③　何荣：《清代新疆建省前文化教育的三元共存》，《西域研究》2011 年第 4 期，第 105 ~
112 页。
④　王风雷：《论清代新疆地区蒙古官学沿革》，《内蒙古师范大学学报》2008 年第 5 期，
第 46 ~ 50 页。
⑤　郭兰：《简析清代新疆的双语教育》，《民族教育研究》2008 年第 6 期，第 102 ~ 106 页。

代文人留下了不少歌咏新疆的诗篇。宋阿娣《清代新疆旅行诗歌
的特征》从作者类型、作品所描绘的自然风光和民俗、事象等方
面探讨了清代新疆旅行诗歌的艺术特征。① 鲁靖康《清代西域农
事诗研究》指出清代西域农事诗不但数量多，而且描绘的内容广
泛，构成了一部完整的清代新疆农业诗史。② 张建春《清代新疆
流人诗作的边疆之情》指出清代新疆流放名人的诗作，融汇了诗
人浓厚的诗情和传统文化意识，表达了他们对边疆美丽风光和各
族人民的热爱及深厚的爱国热情。③

　　清代文人在新疆留下的词类作品主要是竹枝词。张兵、王小
恒《清代新疆竹枝词的认识价值与艺术特征》认为新疆竹枝词具
有全面而深刻的独特认识价值，与传统竹枝词相比较而言，在艺
术上也显见开拓与创新。④ 宋彩凤《清代新疆竹枝词综论》认为
新疆竹枝词可以分为兴起期、发展期和定型期三个阶段，每个阶
段都有鲜明的特征，总体来说它们与新疆民俗有着不解之缘。⑤
她的另一篇文章《清代新疆竹枝词兴盛原因之创作者论》指出
创作者的本贯文化传统决定了竹枝词文体的选择，创作者的身
份造就了新疆竹枝词的内容与风格。⑥ 赵目珍《清代"新疆竹枝

---

① 宋阿娣：《清代新疆旅行诗歌的特征》，《大众文艺》（理论版）2008 年第 12 期，第
　　69 ~ 70 页。
② 鲁靖康：《清代西域农事诗研究》，《伊犁师范学院学报》（社会科学版）2010 年第 4
　　期，第 48 ~ 55 页。
③ 张建春：《清代新疆流人诗作的边疆之情》，《新疆大学学报》（哲学·人文社会科学
　　版）2011 年第 4 期，第 104 ~ 107 页。
④ 张兵、王小恒：《清代新疆竹枝词的认识价值与艺术特征》，《西北师大学报》（社会
　　科学版）2006 年第 5 期，第 73 ~ 77 页。
⑤ 宋彩凤：《清代新疆竹枝词综论》，《石河子大学学报》（哲社版）2010 年第 6 期，第
　　90 ~ 92 页。
⑥ 宋彩凤：《清代新疆竹枝词兴盛原因之创作者论》，《昌吉学院学报》2011 年第 2 期，
　　第 23 ~ 25 页。

词"的思想倾向、风格类型及艺术特征——以六种"新疆竹枝词"为中心》选取有代表性的六家"新疆竹枝词"进行研究，认为由于政治、地域、作家学识等各方面的影响，清代新疆竹枝词体现出了不同的思想、风格和艺术特征。①

戏曲作为一种民间文化活动，深受广大老百姓的喜爱。张铭《论清代新疆地方会馆的戏曲与民间社火活动》认为新疆会馆承载的地方戏曲活动和民间社火表演在促进民族文化交流与融合方面发挥了重要作用。② 买玉华《清代乌鲁木齐秦腔艺术的发展》认为秦腔自清代传入迪化后，秦腔剧团众多、观众基础深厚，受到社会各族各界人士的喜爱。③ 贾建飞《人口流动与乾嘉道时期新疆的戏曲发展》认为由于清朝皇帝在新疆全面禁止戏曲，阻碍了戏曲在新疆的发展，但是清朝在新疆禁戏政策最终以失败告终。④

7. 文化变迁

清代天山北路地区是一个多元文化汇聚的地方，多元文化的变迁与交融构成清代天山北路文化流变的主线。文化的《卫拉特——西蒙古文化变迁》第四章专门探讨了历史上的卫拉特蒙古文化的变迁。⑤ 贺萍《新疆多元民族文化流变述略》认为新疆多元民族文化形成于汉代，经历了魏晋南北朝隋唐辽宋金元各代的

---

① 赵目珍：《清代"新疆竹枝词"的思想倾向、风格类型及艺术特征——以六种"新疆竹枝词"为中心》，《伊犁师范学院学报》（社会科学版）2012年第2期，第50～54页。

② 张铭：《论清代新疆地方会馆的戏曲与民间社火活动》，《文学界》2011年第5期，第227～228页。

③ 买玉华：《清代乌鲁木齐秦腔艺术的发展》，《新疆艺术学院学报》2012年第1期，第10～15页。

④ 贾建飞：《人口流动与乾嘉道时期新疆的戏曲发展》，《西域研究》2012年第4期，第25～31页。

⑤ 文化：《卫拉特——西蒙古文化变迁》，民族出版社，2002。

发展变迁，至明清时期逐步定型。① 孔翠花《新疆达斡尔族文化变迁研究》以达斡尔族语言、宗教和习俗为切入点，对新疆达斡尔族的文化变迁进行了较为系统的探讨和分析。② 清代部分维吾尔人被迫从南疆迁居伊犁地区。李元斌《清朝至民国伊犁维吾尔族区域社会文化的演化》认为伊犁维吾尔族区域社会文化经历了三个重要阶段，"塔兰奇"被标示为伊犁维吾尔族区域社会文化的承载者时，区域社会文化的边界也在不断加强。③ 王志强《清代北疆人口迁移与区域社会变迁》通过清朝统一新疆后内地人口的迁入来探讨天山北路地区社会经济、文化等方面的变迁。④ 赖洪波《清代与民国时期伊犁塔兰奇社会历史文化变迁研究》认为伊犁塔兰奇文化是一种区域民族文化，其独特的屯垦文化、城市文化和民族文化，变迁过程多姿多彩，特征鲜明。⑤

总之，自清代至今，国内外学者对包括天山北路在内的清代新疆地区就一直颇为关注，研究成果也颇为丰富，他们的研究成果涉及清代新疆的政治、军事、经济、文化等许多方面。总体而言，这些成果多集中于清代新疆的政治变革、军事斗争、经济开发、边疆安全等方面，而于历史文化的研究相对较少。就已有的关于清代新疆文化方面的研究成果来看，学者们的论著颇多生动的记述，也不乏真知灼见，但是这些研究虽然对某一个或某几个

---

① 贺萍：《新疆多元民族文化流变述略》，《西北工业大学学报》（社会科学版）2005 年第 1 期，第 21 ~ 25、53 页。
② 孔翠花：《新疆达斡尔族文化变迁研究》，兰州大学硕士学位论文，2007。
③ 李元斌：《清朝至民国伊犁维吾尔族区域社会文化的演化》，新疆大学硕士学位论文，2010。
④ 王志强：《清代北疆人口迁移与区域社会变迁》，《南都学刊》2010 年第 1 期，第 34 ~ 42 页。
⑤ 赖洪波：《清代与民国时期伊犁塔兰奇社会历史文化变迁研究》，《伊犁师范学院学报》2015 年第 1 期，第 34 ~ 42 页。

文化事项的研究较为深入，但区域系统性不足。由于新疆地域广阔，天山南北文化差异非常显著，而已有的研究成果往往是以整个新疆作为研究区域，缺乏对天山以北地区的单独研究。当前，国内外对于区域历史文化的研究方兴未艾，故以历史地理的视角对清代天山北路地区历史文化变迁的研究可以弥补这方面的不足。

第一章　清代天山北路文化变迁的
自然与人文地理环境

以天山为界，新疆被分为两个大的地理单元，天山以南为天山南路、天山以北为天山北路，这两个地区彼此连接、互相对应。天山北路地域很广，主要有巴里坤、乌鲁木齐、库尔喀喇乌苏、塔尔巴哈台、伊犁等地区。椿园氏所著《西域闻见录》记载：

> 雪山自嘉峪关起龙，蜿蜒而西，或起或伏，或断或续，或析而三，或聚而一，或隆然岌峹，干插云天，或散漫平岗，回环千里。……山北为巴里坤、为乌鲁木齐、为伊犁、为塔拉巴哈台，其余小城亦无算，为准噶尔故地，所谓北路也。①

文中的雪山即天山，天山北路原本是准噶尔人的游牧之地，在清朝统一新疆后天山南路和北路的地理概念才开始流行。需要指出的是，上文的天山北路并未提及阿勒泰地区。事实上，今天

---

① （清）七十一：《西域闻见录》卷1，《边疆史地文献初编·西北边疆》第1辑，中央编译出版社，2011，第9册（全24册），第22~23页。

新疆阿勒泰地区的中部和南部当时属于塔尔巴哈台参赞大臣管辖，只有北部即阿尔泰山的南麓部分在当时为科布多参赞大臣管辖，是乌里雅苏台将军辖地之一部分，该部分在民国初期才划归新疆。

地理环境是历史发生的舞台，不同的地理环境塑造不同的地域文化。对相关地区地理环境的了解是对该地区文化变迁进行研究的前提和基础，也是研究者一贯的做法。本章从自然地理环境和人文地理环境两个方面分别探讨清代天山北路的地理环境。

第一节　清代天山北路文化变迁的
自然地理环境

自然地理环境是指一定社会所处的地理位置以及与此相联系的各种自然条件的总和。就自然地理环境来看，新疆在全国而言是比较独特的区域，因此其地域文化自古以来就与国内其他地区有着明显差异。同时，天山南北的地理环境也存在较大的差异，因此天山南北的文化景观也有明显区别。清代是新疆历史发展的重要阶段，其社会文化发生了重大变迁。比较而言，天山北路的文化在清代所发生的变迁比天山南路更为剧烈、更为明显，这些变迁一方面是由清朝中央政府与新疆地方割据势力政治、军事博弈所引起，另一方面也是清朝政府治理新疆政策的结果。不过，天山北路的自然环境在这一变迁过程中也在潜移默化地发生作用，虽然它们不是清代天山北路文化变迁的主导因素，但它们也对清代天山北路文化变迁产生了若干影响，是清代天山北路文化变迁的自然地理基础。

一　重要的地理位置

天山北路位于亚欧大陆的腹心地带，亚洲的中心位置，中国边疆的最西北部，它所处的地理位置正好位于连接蒙古草原与哈萨克草原的中心地带上。历史上，斯基泰、匈奴、大月氏、乌孙、鲜卑、柔然、高车、嚈哒、突厥、回鹘、蒙古等许多游牧民族曾在这一地区生息繁衍、纵横驰骋。明清之际，卫拉特四部之一的准噶尔蒙古人崛起于西北，占据了天山北路的广大地区。它在东面打败喀尔喀蒙古、向西征服哈萨克诸部、向南征服南疆地区，成为雄踞中国西北地区的割据势力，与清朝为敌。它的东面与北面抵达蒙古高原，与蒙古诸部为邻；西接哈萨克草原，与哈萨克诸部为邻；东南经哈密接河西走廊，与内地相连；南面为巍峨雄壮的天山山脉，通过天山的数条山间通道可以直达南疆，进而控驭广大的天山南路。

清朝统一天山南北之后，天山北路成为东与蒙古诸部、西与哈萨克诸部、南与南疆各城、东南与中原内地进行经济文化交流的区域。在清代后期，天山北路还与俄罗斯、英国等西方国家有了经贸往来。于政治、军事而言，天山北路具有抵御西方（主要是俄罗斯）侵吞、藩屏蒙古和中原内地的作用，我们援引《西域图志》中的一段话来加以说明：

> 新疆东捍长城，南连卫藏，西倚葱岭，居神州大陆之脊，若高屋之建瓴，得之则足以屏卫中国，巩我藩篱，不得则晋陇蒙古之地均失其险，一举足而中原为之动摇。[1]

---

[1]　（清）王树枬等纂，朱玉麒等整理《新疆图志》，上海古籍出版社，2015，第1页。

上述言论尽管就整个新疆的形势而言，但天山北路的形势动向、安危盛衰对于整个中国北方地区的安全形势的影响已不言而喻。此外，天山北路的核心区域伊犁、乌鲁木齐等地在地势上较天山南路为高，腹地纵深也更为宽广，具有俯压、控驭南路的地理优势，因此在历史的大部分时期，都是北路控驭南路。如准噶尔部统治时期是准噶尔人征服了南疆，清朝统一新疆后将军政中心设在天山北路、采取以北制南的政治、军事方针。

总之，天山北路所处的地理位置使其成为连接东西、沟通南北的枢纽地位，同时还具有藩屏蒙古和中原内地以及控驭南疆的作用，故其地理位置在新疆乃至整个中国具有特殊而重要的作用。

二 广袤的地域

新疆地域非常辽阔，《西域图志》云："自嘉峪关西迄准部、回部、外列藩部，圆广二万余里。其疆围之阔远，几与中土埒。"① 也就是说，新疆如果从嘉峪关以西算起，加上帕米尔以西的清朝藩属，其地域面积差不多跟内地的面积相当，可见其地域之辽阔。若仅以清朝新疆直接管辖的范围算，其地域仍然非常广袤，据《西陲要略》记载：

> 全境之地东界安西州，东北界阿拉善及喀尔喀蒙古，北界科布多，西北界哈萨克部，西南界布鲁特及霍罕、安集延等部，南界西藏，东南界青海蒙古。东西七千余里，南北三

---

① 钟兴麒等校注《西域图志校注》，新疆人民出版社，2002，第 59 页。

千余里，周围二万余里。①

天山北路作为新疆的重要组成部分，其地东界安西州，东北界阿拉善及喀尔喀蒙古，北界科布多，西北界哈萨克部，西南与布鲁特为界，南越天山与天山南路相接，地域也很广袤，对其地域《西陲要略》也有详细记载：

> 就其相距道里计之，自伊犁惠远城东北行一千五百余里至塔尔巴哈台城，又东北七百余里与科布多以额尔齐斯河为界。伊犁自北而西及塔尔巴哈台东北一带皆哈萨克游牧，伊犁西南一带边外皆布鲁特游牧。自伊犁惠远城东行一千余里至库尔喀喇乌苏城，又东经绥来、昌吉二县行八百余里至乌鲁木齐城，即迪化州，俗呼红庙子者也，自乌鲁木齐东南越博客达山通吐鲁番五百余里。自乌鲁木齐东行经阜康县行四百余里至古城，又东经奇台县行七百余里至巴里坤城，有镇西府及宜禾县在焉。南即天山，极高峻，经天山行三百余里抵哈密城。此北路之疆域也。②

从文中看出，从新疆首府伊犁惠远城算起，东北到与科布多的界河额尔齐斯河，计有 2200 余里；从惠远城向东经库尔喀喇乌苏、绥来、昌吉、乌鲁木齐、阜康、古城、奇台到巴里坤城，计有 2900 余。至于惠远城以西以南的边外部分，由于为哈萨克、

① （清）祁韵士：《西陲要略》卷1《南北两路疆域总叙》，《中国地方志集成·新疆府县志辑》第4册，凤凰出版传媒股份有限公司、凤凰出版社，2012，第444页。
② （清）祁韵士：《西陲要略》卷1《南北两路疆域总叙》，《中国地方志集成·新疆府县志辑》第4册，凤凰出版传媒股份有限公司、凤凰出版社，2012，第444~445页。

布鲁特游牧，并没有记载里程，但最远处距惠远城至少也有两三千里。粗略估算，天山北路东西长 6000 余里，南北宽 2000 余里，因此地域相当广阔。清朝统一新疆之后，新疆成为中国面积最大的行政区，其地域面积不下 200 万平方千米，占到当时全国领土面积的 1/6 以上。而天山北路的地域面积有 80 多万平方千米，占清代新疆地域面积将近一半，这比内地许多行省的面积要大很多，因此其地域可谓辽阔广袤（如图 1－1）。

图 1－1 天山北路地域图

注：此图据《新疆识略》卷 2 "天山北路图" 改制。

18 世纪 60 年代以后，沙俄通过《勘分西北界约记》等条约侵占了新疆巴尔喀什湖以东以南 40 多万平方千米的领土，这些领土绝大部分属于天山北路，因此清代后期天山北路的地域面积大大缩减，大约只剩原来面积的一半。尽管如此，天山北路的面积仍有 40 多万平方千米，比内地大部分行省的面积仍然要大一些，故仍可称得上地域广袤。天山北路如此广袤的疆土，是清代众多民族活动的大舞台。清朝统一新疆后，天山北路成为移民驻防及屯垦的重点区域，许多民族的大量人口源源不断地由内地迁入天山北路，由此引发天山北路文化的巨大变迁。

三　多样的地形条件

天山北路地域辽阔，地形复杂多样，但大致来看，这一地区被阿尔泰山与天山以及这两大山系的支脉包围分割成为若干盆地。其中，最大的盆地为准噶尔盆地，其次有塔城盆地、三塘湖盆地、巴伊盆地等面积不等的盆地。准噶尔盆地位于阿尔泰山与天山之间，东北部为阿尔泰山，南部为天山，西部为准噶尔西部山地，东至北塔山麓。盆地大致呈三角形，地势向西倾斜，北部略高于南部，是一个略呈三角形的封闭式内陆盆地，面积大约为 38 万平方千米。塔城盆地位于准噶尔盆地西侧，是由东西走向的塔尔巴哈台山与准噶尔盆地西缘东北—西南走向的一系列山地包夹而成，西部敞开，是一个开放性的盆地，面积数万平方千米。三塘湖盆地在准噶尔盆地东南侧，是由阿尔泰山与北天山夹持而成的一个呈西北—东南走向的狭长盆地，面积 2 万多平方千米。巴伊盆地是巴里坤盆地和伊吾谷地的统称，它们是一个基本连通的长条状断陷盆地，由巴里坤山、北天山和小夹山等包围而成，四面环山、环境封闭、底部平坦，面积仅有 3000 多平方千米。除了上述大大小小的盆地以外，天山北路地区尤其是天山西部地区还有一些由天山及其支脉夹持形成的河谷以及河流下游的冲积平原，其中最主要的是伊犁河谷以及伊犁河下游的平原。伊犁河谷在天山西部，北、东、南三面环山，北面有西北—东南走向的科古琴山、婆罗科努山，南有北东东—南西西走向的哈克他乌山和那拉提山，中部还有乌孙山、阿吾拉勒山等横亘，构成"三山夹两谷"的地貌轮廓。伊犁河自东向西奔流，在其上游部分下切形成伊犁河谷、中游形成外伊犁盆地、下游形成三角洲平原。伊犁河上游的主要支流特克斯河、巩乃斯河、喀什河等河流也下切形成河谷，只是地势更高，面积更为狭小。与伊犁河类似的还有楚河、塔拉斯河也在上游形成河谷，下游形成平原。总体而言，天山北路的地形有盆地、山地、谷地、平原等几种类型，其中东部以盆地、山地为主，西部以山地、河谷、平原为主。

四　差异明显的气候

天山北路位居大陆中心，四周远离海洋，周围高原与高山环绕，属于温带大陆性气候。伊犁河谷气候温暖湿润，年降水量在400 毫米以上，山区可达 600～1000 毫米，是天山北路最湿润的地区。伊犁河谷北、东、南三面环山，使伊犁河谷形成向西开敞的"喇叭形"谷地。西宽东窄的"喇叭形"地理结构，使伊犁河谷正对西风带，从而使河谷两侧的山体大量拦截来自大西洋的湿润水汽。进入山谷的湿润水汽不仅在遇到地形抬升时遇冷凝结，形成地形雨滋养大地，同时在山脉高处遇冷凝结形成的冰雪也会在阳光的作用下融化漫流，汇集成为条条溪水和河流，这些溪水和河流最终汇入伊犁河。伊犁河水量巨大，年径流量在 300 亿立方米以上，是整个新疆地区流量最大的河流。总之，伊犁地区降水丰沛，气候湿润，是整个新疆乃至中亚地区水资源条件最优越的区域。由于有丰富的降水，伊犁地区植被丰茂、草场广布，河流纵横，发展畜牧业和农业有得天独厚的优势，正因如此，无论是准噶尔部还是清朝中央政府，都把统治新疆的中心选在了伊犁河谷。至于伊犁河下游的平原地区，由于没有形成降水的地形条件，所以降水稀少，气候干旱，基本呈现荒漠化状态。

准噶尔盆地属中温带干旱和半干旱气候区，盆地内部的水汽主要来自西风气流，降水西部多于东部，边缘多于中心，迎风坡多于背风坡。除额尔齐斯河为外流河外，盆地其他河流均为内陆河。盆地西侧有几处缺口，西风气流由缺口进入，为盆地及周围山地带来降水。但是盆地东侧环境封闭，同时距离西部遥远，所以降水稀少，气候干旱。盆地的南侧是高大雄伟的天山，由于海拔很高，容易拦截西风带来的水汽，形成降水，所以盆地南侧沿天山一带降水较多，植被较好，有大片的草原和森林。不仅如此，天山的冰雪融水还在天山北麓形成了众多的河流和山泉，为山前的冲积平原提供了灌溉用水，因此在北麓平原地带形成了大片的绿洲。正因为如此，天山北麓山前的冲积平原，成为清代天山北路农业开发的重点区域。至于广大的盆地腹心地带，由于地势低平，降水稀少，气候十分干旱，除非有河流灌溉，一般呈现戈壁或沙漠状态。

塔城盆地属中温带干旱和半干旱气候区，由于它处在准噶尔盆地西侧，更接近大西洋水汽，加之盆地西面敞开，所以与准噶尔盆地相比，其降水相对丰富，所以两侧山地植被较好，适宜畜牧。同时盆地中部的额敏河水量较大，适宜发展农业。不过与伊犁河谷相比，这一盆地朝西的开口过于开阔，聚集水汽的能力要差一些，所以降水比伊犁河谷要少。同时，这一盆地的面积有限，加之距内地遥远，所以在清代开发程度不高。

三塘湖盆地与巴伊盆地地理位置大体相当，均在准噶尔盆地东侧。三塘湖盆地地势较低，热量充足，但地处山北背风坡，降水稀少，盆地内部呈现荒漠化的戈壁形态。巴伊盆地由于地势较高，虽然地高天凉，热量不足，但因地处山北迎风坡，地形雨较多，所以水分相对充裕，植被较好，有大片的草原牧场和山地森林，是新疆重要的牧场之一。巴伊盆地虽然面积狭小、气候寒凉，但是由于降水较多，加之距内地较近，所以是清代乾嘉时期进行农业开发的重点区域之一。

第二节　清代天山北路文化变迁的人文地理环境

清代天山北路文化的变迁既有自然地理因素方面的影响，更受到当时人文地理环境的影响和制约。邹逸麟认为人文地理环境是指人类为求生存和发展而在地球表面上进行的各种活动的分布和组合，如疆域、政区、军事、人口、民族、经济、城市、交通、文化等[1]。由于自然地理环境的独特性和天山北路历史发展轨迹的特殊性，清代天山北路在人文地理环境方面也与内地明显不同，以下主要从军事活动、政区演变、民族人口、经济发展等方面分别加以概述，并逐一简单阐明它们对清代天山北路文化变迁的影响。

一　清代中国西北的用兵之地

天山北路地域辽阔，草原广布，自古以来就是游牧民族生息繁衍和军事争夺的场所，自汉代张骞通西域以后，中原王朝也加

---

[1]　邹逸麟：《中国历史地理概述》，上海教育出版社，2005，第5页。

入对这一地区的角逐，是以征战频繁，史不绝书。明末清初，西蒙古准噶尔部势力崛起于中国西北，占据了天山以北的广大地区。清朝底定中原之初，内乱未平，无暇西顾。准噶尔部在噶尔丹统治时期，以天山北路为基地，相继征服了相邻的哈萨克、布鲁特等草原部落，并于1780年出兵南疆，控制了天山南路。接着，噶尔丹又挥戈东向，进犯喀尔喀蒙古。喀尔喀蒙古在准噶尔的攻击下败退南逃，进入清朝所属的内蒙古地区，寻求清朝的庇护。面对噶尔丹的悍然进犯，清朝康熙帝两次御驾亲征，打败准噶尔的进犯，噶尔丹兵败身死。噶尔丹死后，准噶尔部的扩张一时受挫，继任的策妄阿拉布坦在其统治初期由于羽翼未丰，故与清政府的关系相对缓和，但他在势力增强后又开始走向与清朝对抗的老路，不时犯扰清朝疆界。清朝康熙皇帝命将出师，派兵征剿，但双方相持不下、互有胜负。康熙末年，清朝大兵撤回，仅在哈密、巴里坤等地留下少量军队防守。雍正五年（1727），策妄阿拉布坦死，其子噶尔丹策零继任准噶尔首领，噶尔丹策零"狡黠好兵，如其父，屡犯边"①。为此，雍正皇帝命两路大军驻防西北，以应对准噶尔部的侵扰。北路一支屯驻阿尔泰山，西路一支屯驻巴里坤。双方不时交兵，但仍然互有胜负、相持不下。乾隆皇帝即位之初，与准噶尔保持相对和平的关系。乾隆十年（1745），噶尔丹策零死，准噶尔内部发生争夺权力的争斗，许多部落纷纷归降清朝。乾隆皇帝认为机不可失，决心乘机收复西域。乾隆二十年（1755），清朝两路大军进讨准噶尔，准噶尔人纷纷归降，其头领达瓦齐也被擒获。但其后不久，阿睦尔撒纳又起兵背叛。清朝不得已再次对天山北路用兵，历时两年，至乾隆

---

① （清）王树枏等纂，朱玉麒等整理《新疆图志》，上海古籍出版社，2015，第2112页。

二十二年（1757），将准噶尔彻底荡平，天山北路纳入清朝版图。从康熙年间征讨噶尔丹算起到乾隆中期统一新疆，清朝与准噶尔之间的战争断断续续持续了六七十年之久。同清朝前期平定三藩、收复台湾等重大军事活动相比，清朝与准噶尔之间的战争持续时间更久，经历了康熙、雍正、乾隆三朝皇帝，而且耗费更加巨大，斗争也更为残酷。随着平准战争的胜利，困扰清朝数十年的西北边患终于解除。

自从乾隆年间清朝统一天山南北之后，在以后的百余年中，清朝在天山北路的统治一直比较稳定。然而自咸丰以来，中原变乱迭起，"陕甘回民相继为乱，恶氛狂焰煽及西土"①。受内地回民起义的影响，同治三年（1864）四月，新疆境内的回、维吾尔等族也纷纷发动反抗清朝的武装起义，一时间，天山南北烽火遍地。起义者在各地攻城略地，新疆各地的统治权纷纷落入回、维吾尔等少数民族上层的手中，并形成许多割据势力。是年年底，喀什噶尔的起事者向浩罕汗国求援，导致阿古柏入侵新疆。阿古柏先后通过军事攻伐和诱骗等手段，占据了南疆各地，接着又向天山北路的乌鲁木齐等地进攻。同治九年（1870），俄国乘机侵占伊犁。至同治十年（1871）末，天山北路大部分地方也落入阿古柏手中。光绪元年（1875），清廷命陕甘总督左宗棠督办新疆军务。次年，清军西征，收复乌鲁木齐一带。光绪三年（1877），清军消灭阿古柏政权，收复了除伊犁外的新疆全境，持续十余年的新疆动乱终于结束。

清朝政府历次平叛的军事斗争在政治上的意义自不待言，这些军事行动对清代天山北路文化的变迁也产生了深远影响。

---

① （清）王树枏等纂，朱玉麒等整理《新疆图志》，上海古籍出版社，2015，第2133页。

随着准噶尔之乱的平定，中原文化以前所未有的规模强劲地进入天山北路，并以各种形式渗透到天山以北的各个角落。清代后期新疆各族起义及其后的阿古柏入侵所发动的一系列战争，不仅使天山北路的社会经济遭到巨大破坏，也使新疆统一以来百余年的文化积淀几乎毁于一旦。但随着左宗棠收复新疆战争的不断胜利，天山北路的文化重建活动又拉开了大幕，此后天山北路的文化以更快的速度发展起来，并与内地文化的交往和联系更加密切。

二　特殊而又不断变迁的政区

政区即行政区划，行政区划是在自然地理背景下划定的政治空间。政区以国家或次级地方在特定的区域内建立一定形式、具有层次唯一性的政权机关为标志。明末清初，卫拉特蒙古占据了天山以北、阿尔泰山以南、哈密以西、巴尔喀什湖以东以南的广大地区。他们分为和硕特、准噶尔、杜尔伯特、土尔扈特四大部落，四部"各统所部，不相属"①，说明当时卫拉特各部还处于部落联盟阶段，没有建立起真正统一的权力机构，所以也就没有所谓统一的政区。在巴图尔珲台吉做了准噶尔部的首领后，该部开始强大起来，并且"恃其强，辱诸卫拉特"②，这最终导致土尔扈特部西迁伏尔加河流域，和硕特部之大部分徙居青海。之后，准噶尔部以其强力，在天山北路建立起统一的准噶尔政权。在噶尔丹统治时期，他的尊号已经由珲台吉（即总台吉）改为博硕克图汗了，也就是说准噶尔统治之下的天山北路，已经具备草原汗国

---

① （清）张穆：《蒙古游牧记》卷14，文海出版社，1965，第658页。
② （清）张穆：《蒙古游牧记》卷14，文海出版社，1965，第658页。

的性质。大约在此前后，准噶尔部政权就有了相应的行政区。准噶尔政权的政区是以鄂托克和昂吉为基本单位，鄂托克是汗王的属地，昂吉是各台吉的属地。鄂托克与昂吉之外还有集赛，专门管理喇嘛事务，《西域图志》记载：

> 鄂托克为汗之属，昂吉为各台吉户属。鄂托克游牧之地，环于伊犁。昂吉游牧之地，又环于鄂托克之外。准部一切贡赋及重大差务则鄂托克承输，若零星供给，合二十四鄂托克、二十一昂吉均输焉。鄂托克视八旗都统，昂吉视外省督抚。昂吉者，准语部分也。集赛专理喇嘛事务，初为五集赛，后增其四，成九集赛，亦各领以宰桑，略如鄂托克之制。①

鄂托克作为汗王的直属领地，最初只有 12 个，在策妄阿拉布坦统治时期增加到 24 个。鄂托克的最高行政长官是宰桑，其次有德木齐、收楞额、阿尔班尼阿哈等各级官员，昂吉与集赛的行政官员也大致如此。《西域图志》还记载了二十四鄂托克、二十一昂吉的名称和户数，但这些鄂托克与昂吉的地理位置大多数已无法考证。

清朝统天山南北之后不久，即在新疆实行"军政合一、以军统政"的军府制度。乾隆二十七年（1762 年），清廷在伊犁的惠远城设置总统伊犁等处将军，统管西域军政事务，并将天山南北划分为伊犁、塔尔巴哈台、乌鲁木齐、喀什噶尔四大军政区。四大军政区中，除喀什噶尔之外，其余三大军政区都在天山北路。

---

① 钟兴麒等校注《西域图志》，新疆人民出版社，2002，第 417 页。

其中，伊犁军政区为伊犁将军的直接管辖之地，其东界乌鲁木齐之库尔喀喇乌苏、晶河，西北至巴尔喀什湖、楚河一带，东北与塔尔巴哈台军政区相接，南与喀什噶尔军政区之阿克苏、乌什相接。伊犁军政区还设有参赞大臣，协助伊犁将军管理各项军政事务，但这一职位时有空缺。塔尔巴哈台军政区西界哈萨克、北扼俄罗斯、西南接伊犁军政区、东南接乌鲁木齐军政区，参赞大臣为其最高长官，统管辖区内军政事务。乌鲁木齐军政区西接伊犁军政区、北接塔尔巴哈台军政区，东至巴里坤，与喀尔喀蒙古、甘肃相接，南达吐鲁番、哈密一带，其最高长官为乌鲁木齐都统。

以上各区都有驻军，伊犁、乌鲁木齐各有 2 万左右的驻防兵，塔尔巴哈台有 3000 多换防兵，他们由办事大臣、领队大臣等武官分别统领，听从将军、都统、参赞大臣的节制和调遣。天山北路的这种军政区划与内地一般的行省下设的道、府、州、县明显不同，同时在其内部也存在较大差异，如伊犁军政区为伊犁将军的直辖区，最高长官是伊犁将军；塔尔巴哈台军政区的最高长官是参赞大臣；乌鲁木齐军政区的最高长官是乌鲁木齐都统，该区为内地移民集中的区域，设有道、府、州、县等行政机构，在行政上又隶属于甘肃省。这种区划设置显得非常特殊，但它基本上适应了当时天山北路的政治与军事形势。

同治初年天山北路西部的大片领土被沙俄侵吞，接着同治年间持续的社会动荡又使新疆的军府统治基本瓦解。早在光绪初年收复新疆的过程中，左宗棠等就筹划在新疆建立行省，光绪十年（1884），清政府正式在新疆建立行省。全疆各地普遍设立道、府、州、县等行政机构，由巡抚统管全疆各项军政事务，新疆的军政中心也由伊犁移至迪化。至宣统元年（1909），新疆省下辖

4 道，道以下共隶有 6 府、10 厅、3 州、21 个县或分县。其中，天山北路有镇迪道与伊塔道 2 个道。镇迪道有 1 府、4 厅、6 县及 1 分县，分别为迪化府，吐鲁番、镇西、哈密、库尔喀喇乌苏 4 个直隶厅，迪化、昌吉、绥来、阜康、孚远、奇台 6 县及呼图壁 1 分县，这 6 县及 1 个分县均属于迪化府。伊塔道有 1 府、1 分防厅、2 直隶厅、2 县，分别为伊犁府、霍尔果斯分防厅、精河直隶厅、塔城直隶厅、绥定县、宁远县。霍尔果斯分防厅及绥定、宁远 2 县均属于伊犁府。①

新疆建省，是清朝政府对历朝各代治理新疆的一次重大改革，自此以后，新疆的行政建置与内地逐渐一致。行政区划对于区域文化的整合具有重要作用。从西汉在西域建立西域都护府到清朝前期设立伊犁将军府，再到清朝末年设立新疆行省，清朝中央对于包括天山北路在内的新疆地区的管理呈现日趋加强和与内地逐渐统一的态势，这种态势从行政上给予新疆地区各民族对清朝的国家认同以积极促进作用。

三 众多的民族和稀少的人口

天山北路地区自古以来就是游牧民族聚居、迁徙、融合的地区，历史上，斯基泰、匈奴、大月氏、乌孙、鲜卑、柔然、高车、突厥、回鹘、蒙古等许多民族曾在这一地区生息繁衍。清朝统一新疆之前，天山北部活动的主要是准噶尔蒙古人。其次还有他们从南疆掳掠而来为其种地的维吾尔人，但他们数量很少，可以忽略不计，因此清朝统一新疆之前天山北路的民族成分相对单一。

---

① （清）王树枬等纂，朱玉麒等整理《新疆图志》，上海古籍出版社，2015，第 3 页。

　　清朝统一天山南北以后不久，为了保卫西北边疆安全，清朝政府陆续从东北各省、陕甘一带抽调满、锡伯、索伦、察哈尔蒙古、汉族等各族官兵数万人携带家眷迁入天山北路的伊犁等地进行驻防。同时，为了促进新疆经济开发，又组织、鼓励大批内地汉、回等民族群众进入天山北路从事屯垦活动。此外，还从南疆各地迁移数千户维吾尔族农民就近到伊犁从事农业屯垦，以解决当地驻军的军粮问题。由于上述一系列措施的实施，天山北路在短时期内迅速实现了民族成分由一元向多元的转化，加速了天山北路民族变迁的步伐，促进了天山北路近代多民族分布的格局的基本形成。

　　天山北路虽然地域辽阔、民族众多，然而人口却非常稀少。在准噶尔强盛时期，这一地区曾经有 60 多万准噶尔蒙古人。但是由于战争的摧残，加之疾疫流行，天山北路人口损失殆尽，地尽空虚。清人椿园氏说平定准噶尔之后，天山北路"千里空虚、渺无人烟"①。清人魏源的描述则更为具体："计数十万户中，先痘死者十之四，继窜入俄罗斯、哈萨克者十之二，卒于大兵者十之三，除妇孺充赏外，至今惟来降受屯之厄鲁特若干户，编设佐领昂吉，此外数千里间无瓦剌一毡帐。"② 统一之初数千里的土地上看不到一个蒙古人的毡帐，准噶尔人口损失之严重、天山北路人口之稀少可见一斑。

　　清朝统一新疆之初，天山北路仅余 1 万多准噶尔蒙古人。随着清朝移民开发新疆政策的实施以及土尔扈特蒙古人回归祖国，天山北路的人口开始逐渐恢复。根据吴轶群的研究，乾隆四十一

---

①　（清）七十一：《西域闻见录》卷1，《边疆史地文献初编·西北边疆》第1辑，中央编译出版社，2011，第9册（全24册），第30页。

②　（清）魏源：《圣武记》卷4《荡平准部记》，岳麓书社，2011，第161页。

年（1776），天山北路约有 12.4 万人。乾隆六十年（1795），仅乌鲁木齐、巴里坤在册户民即达 12.9 万余人。嘉庆十二年（1807），这两地在册民户又增加到 15.2 万人。道光初年这两地人口约为 20.5 万人。咸丰七年（1857）这两地人口约为 31 万人。① 如果加上伊犁等地的蒙古和维吾尔族以及各族官兵，天山北路的总人口可能超过了 50 万人，达到新疆统一以来的最高值。同治年间新疆持续十余年的社会动荡，使天山北路的人口损耗极为严重，人口从最动乱之前的 50 余万减少到 10 余万人。新疆重新收复之后，天山北路的人口又逐渐恢复，至清末宣统元年（1909），天山北路所属各厅县总人口为 19 万多人，不及咸丰中期的一半，而清末新疆的总人口已经超过了 200 万，北路人口只有全疆总人口的 1/10 左右。从以上不同时期的人口数字可以看出，天山北路的人口规模非常小，它是全国人口最稀少的地区之一。

民族及其人口的分布与文化的关系至为密切，区域内民族及其人口的分布是该区域文化生成和变迁的人文基础，区域内民族的分布格局某种程度上决定着区域文化的分布格局，而区域内人口的规模和密度又影响该区域文化的影响力和聚集力的形成。同时，区域内民族及其人口分布状况的改变又会引起区域文化分布格局的变迁。清代天山北路众多的民族构成，使得其区域文化呈现绚丽的多元色彩，但其人口规模小，加之人口分布稀疏，又使得其文化在全国文化中的影响力不仅显得十分有限，而且显得贫瘠而落后。

---

① 吴轶群：《清代新疆人口研究》，新疆大学硕士学位论文，2001，第 18～25 页。

四　在曲折中发展的社会经济

农业和畜牧业是清代天山北路地区的两大经济支柱。准噶尔统治时期，畜牧业经济是天山北路最主要的经济形式。天山以北的大片草原，水草丰茂，气候湿凉，历史上一直是游牧民族纵横驰骋之地。准噶尔部强盛时，作为其经济支柱的畜牧业曾一度繁荣，其游牧地从天山北麓向西向北扩展，直抵额尔齐斯河流域。尤其是策妄阿拉布坦与噶尔丹策零统治时期，畜牧业达到了前所未有的兴旺，"伊犁、乌鲁木齐、雅尔、珠勒都斯、玛纳斯、巴彦代之间，地广、草肥、水甘，牲畜易于蕃息。……驼、马、牛、羊遍满山谷"[①]。除了畜牧经济以外，天山北路也经营少量的农业。从巴图尔珲台吉统治时期开始，准噶尔部就已经利用掳掠来的维吾尔人为其耕田种地，到噶尔丹策零统治时期，准噶尔部落"且耕且牧，号强富"[②]。

然而，由于准噶尔统治后期持续的内乱以及清朝平定准噶尔战争的影响，天山北路的经济遭受重大创伤。前文所引椿园氏所说战争过后天山北路"千里空虚、渺无人烟"[③] 和魏源描述的"数千里间无瓦剌一毡帐"[④]，不仅是指准噶尔人口的损失，而且还隐含天山北路经济衰落的意思。成崇德则更为明确地指出这一变化："北疆原本土旷人稀，历经兵燹、疫病流行及清军的诛杀

---

① （清）七十一：《西域闻见录》卷5，《边疆史地文献初编·西北边疆》第1辑，中央编译出版社，2011，第9册（全24册），第142～143页。

② （清）松筠：《西陲总统事略》卷1《初定伊犁纪事》，《中国地方志集成·新疆府县志辑》第2册，凤凰出版传媒股份有限公司、凤凰出版社，2012，第30页。

③ （清）七十一：《西域闻见录》卷1，《边疆史地文献初编·西北边疆》第1辑，中央编译出版社，2011，第9册（全24册），第30页。

④ （清）魏源：《圣武记》卷4，岳麓书社，2011，第161页。

后，卫拉特蒙古人众非亡即散，损失殆尽，以致耕牧俱废，罕有
人烟。"①

　　清朝统一天山南北之后，为了巩固西北边防和开发西部疆
土，政府决定在新疆实行移民屯垦，屯垦开发的重心在天山北路
地区。从乾隆二十二年（1757）起，清政府大力倡导和组织各种
形式的移民屯垦活动，起初以兵屯为主，后来户屯逐渐成为最主
要的屯垦方式。开垦的土地沿着天山北麓平原延伸，由东向西，
渐次展开，重点区域为巴里坤、乌鲁木齐、伊犁等地。由于清廷
及新疆地方官员筹划得当、措施合理、组织有序，在乾隆年间很
快掀起一股移民天山北路的热潮，屯垦活动开展得顺利而迅速，
并且成效显著。根据华立的研究估算，从乾隆二十二年（1757）
开始大规模移民屯垦，至乾隆六十年（1795），北疆开垦耕地达
到 129 万亩之多。② 经过清廷的不懈努力和广大移民的辛勤垦拓，
北疆的社会经济面貌发生了巨大变化，农耕土地大片出现，村墟
联络，人烟相望。乾隆三十五年，陕甘总督明山在其奏折里描述
了他在巴里坤所看到的喜人变化："南北山近水地亩，商民认户
承垦，俱已开垦成熟，按例升科，又值连岁年谷顺成，阡陌广
辟，堡舍日增……非特昔时蔓草荒榛俱变为膏腴美产，而城中人
烟稠密，商贾辐辏，间阎气象一新。"③ 乾隆四十七年（1782）乌
鲁木齐都统明亮看到户民云集的乌鲁木齐地区，大小城堡"棋布
星罗，安堵盈宁，渐成内地景象"④。嘉庆末年，天山北路作为一

---

① 成崇德：《清代西部开发》，山西古籍出版社，2002，第 63 页。

② 参看华立《清代新疆农业开发史》，黑龙江教育出版社，1998，第 140～141 页。

③ 中国第一历史档案馆藏：朱批屯垦，乾隆三十五年九月五日明山奏，档号：04－01－
23－0067－035。

④ 中国第一历史档案馆藏：朱批屯垦，乾隆四十七年八月二十二日明亮奏，档号：03－
0834－023。

个新兴的农业区域已经得到巩固。

在进行大规模移民屯垦活动的同时，清朝也着意在准噶尔旧地经营畜牧业，陆续在巴里坤、伊犁、乌鲁木齐、塔尔巴哈台等地开办了一些官营牧厂，让厄鲁特营、察哈尔营等蒙古族官兵牧养马、驼、牛、羊等牲畜。天山北路的官营牧厂在乾隆、嘉庆年间得到较大发展，每年孳生数十万头牲畜，保证了驻防和屯田等方面的需要。咸丰以后，天山北路的官营牧厂逐渐荒废，甚至出现"官厂荡然无存"[①] 的状况。除了官营牧厂外，天山北路尚有土尔扈特蒙古、哈萨克、布鲁特等民族在局部地方从事游牧经济。

同治年间持续的社会动荡，不仅使新疆各族人民遭受巨大灾难，而且使新疆的社会经济遭到严重破坏，天山北路地区遭受的破坏尤为严重。当清朝平叛大军进入天山北路时，看到兵燹之余的巴里坤、古城、吉木萨尔等地已是"户口凋敝，土地半皆荒芜"[②]，自乾隆以来广大移民在天山北路苦心经营百余年的经济成果在这次浩劫中损毁殆尽。为了尽快医治战争创伤，重建地方经济，早在收复天山北路的过程中，清军将领就已经采取招集流散、设法开垦的措施。新疆收复之后，清政府更是颁布了一系列恢复和发展农业生产的措施。经过多种形式的招徕和新疆军民的不懈努力，天山北路的农业生产自光绪三年（1877）以后日见复苏，重建经济的努力收到了成效，耕地逐渐垦复、产量逐渐回升、田赋征额逐年增加。但是由于战争破坏太过严重，天山北路农业经济的恢复相对缓慢。至光绪末年，天山北路的农业经济

---

① （清）王树枏等纂，朱玉麒等整理《新疆图志》，上海古籍出版社，2015，第551页。
② （清）奕䜣：《平定陕甘新疆回匪方略》卷292，载《中国西北文献丛书·西北史地文献》，兰州古籍书店影印版，1990，第91册，第280页。

虽然得到了恢复和稳定，但尚未达到道光、咸丰之际的规模。

经济是文化发展的物质基础，文化则在一定程度上反映经济的发展状况。新疆统一之前，游牧经济一直是天山北路经济的主要形式。清朝统一新疆以后，天山北路的经济方式发生了根本改变，农业经济取代游牧经济成为这一地区最主要的经济方式，并由此引发天山北路文化的诸多改变。有清一代天山北路曲折发展的社会经济，不断影响着该区域文化的盛衰和走向。

第二章　清代天山北路各主要文化因子及文化特征的变迁

　　文化的涵义甚广，有关文化的定义繁多，其中德国《迈尔大百科全书》将文化定义为"人类在一定时期一定区域内依据他们的能力在同周围环境斗争中以及在他们的理论和实践中所创造的成果"[①]。这一定义的核心即文化是人们"创造的成果"，但同时也强调文化的"时段性"和"地域性"。这一定义与我们研究的题目非常契合，因为我们对清代天山北路文化的研究本身就具有"时段性"和"地域性"特征。但是对于人们"创造的成果"，由于它涵盖的范围过于广泛，以至于没有一个定义能够将所有的内容囊括进去。即便英国著名人类学家泰勒对于文化的经典定义也只是概括了其中一部分内容，泰勒认为："文化，或文明，就其广泛的民族学意义来说，是包括全部的知识、信仰、艺术、道德、法律、风俗以及作为社会成员人所掌握和接受的任何其他的才能和习惯的复合体。"[②] 然而即便如此，由于受到目标、学识、眼界、资料、时间、精力等因素的限制，在具体研究过程中，人们也很难按照泰勒或是其他学者所列举的每一项内容逐一展

---

① BULLOCK A, STALLYBRASS. The Fontana Dictionary of Modern Thought ［M］. London: Fontana, 1982: 456.
② 〔英〕爱德华·泰勒：《原始文化》，连树声译，上海文艺出版社，1992，第1页。

开研究，必然有所取舍、有所损益。本章根据本人占有资料的实际情况以及自身的学识水平，只选取其中的语言文字、宗教信仰、风俗习惯、文化中心等几项内容展开对天山北路主要文化因子变迁的研究。同时，也要对清代天山北路文化特征的变迁进行讨论。

第一节　清代天山北路语言文字
分布的变迁

语言文字是人类文化的重要特征，它对于人类文化的传承发展发挥着关键作用。张岱年等人认为语言文字"既是人类文化的载体，同时又是人类文化的重要组成部分"①。对于区域历史文化而言，语言文字具有同样重要的功能和作用。随着天山北路历史的发展与各个民族势力的消长融合，该区域内的各种语言文字也经历了一个此消彼长、发展演变的历史过程。因此我们在研究清代天山北路文化变迁时，不得不首先研究该区域内语言文字的变迁。本节分准噶尔时期、清朝统一新疆后、清代后期三个阶段分别探讨清代天山北路语言文字的变迁。

一　准噶尔部统治时期天山北路的语言文字分布

从明末清初直至清朝统一新疆之前，天山北路辽阔的区域基本上都是卫拉特蒙古人的游牧地。与这种相对单一的民族分布格局相一致，在清朝统一新疆之前，天山北路语言文字的分布也相对单一，即卫拉特蒙古人所操的西部蒙古语及他们使用的托忒蒙

①　张岱年、方克立主编《中国文化概论》，北京师范大学出版社，2004，第107页。

古文字。

（一）卫拉特蒙古语在天山北路的流行

蒙古语属阿尔泰语系蒙古语族，是一种黏着语，主要使用者
为蒙古族。蒙古语分为多种方言，主要分为卫拉特方言、巴虎尔
布里亚特方言和内蒙古方言①。清朝统一新疆之前的卫拉特蒙古
人抑或准噶尔蒙古人使用的即是卫拉特方言。卫拉特方言或准噶
尔方言源于蒙古语，故其与蒙古语大体相同而略有区别。《西域
图志》云："准噶尔本蒙古苗裔。准谓东，噶尔谓手，准人谓南
为东，盖谓蒙古迤南部落也。故语言与蒙古同，其间有异者，如
夜谓之绥，蒙古则称苏尼。石谓之伊堆，蒙古则称齐罗。路谓之
哈勒噶，蒙古则称扎穆。肩谓之额木，蒙古则称穆噜之类，不过
十之一二也。"② 由于前贤对卫拉特方言在构词、语法、发音等方
面的特点多有论述，加之笔者语言学知识的欠缺，在此对这一语
言的相关知识不作过多论述。但需要强调的是，由于清朝统一新
疆之前卫拉特蒙古人广泛分布于天山以北的广大地区，因此卫拉
特方言也自然而然地分布于天山以北的广大地区，这一点当毫无
疑问。

卫拉特蒙古或准噶尔蒙古的人口在准噶尔汗国覆亡之后丧亡
殆尽，只剩下少部分人生活于新疆的伊犁、塔城、巴音郭楞等地
区。但由于这一民族在清朝统一新疆之前曾在新疆天山以北地区
活跃了百余年时间，其语言不可能不留下痕迹。事实上，从天山
以北许多地方至今仍然沿用的一些蒙古语地名，完全可以印证卫
拉特蒙古语曾在天山以北的广大地区流行过，成书于清朝统一新

---

① 清格尔泰：《中国蒙古语方言的划分》，《民族语文》1979 年第 2 期，第 13 页。
② 钟兴麒等校注《西域图志校注》，新疆人民出版社，2002，第 600 页。

疆之初的《西域同文志》（以下简称《同文志》）可以给我们提供这方面的证据。例如"木垒"，《同文志》解释说："木垒，准语，河湾也，地有河流环抱，故名。"① 又如"玛纳斯"，《同文志》解释说："玛纳斯，准语，玛纳，巡逻之谓，地容游牧巡逻者众，故名。"② 准语当指准噶尔蒙古语，也即卫拉特蒙古语。类似的记载在《同文志》中记载很多，不胜枚举。清朝统一新疆之后天山以北的大部分地区不再是准噶尔蒙古人的游牧地，但这些以准噶尔蒙古语命名的地名在清朝统一新疆之后仍然长期使用，有些甚至一直沿用到现在，这种现象足以说明准噶尔蒙古语在天山以北地区曾广为流行。

（二）蒙古托忒文的创制和行用

13 世纪初，蒙古民族借用回鹘字母创制了蒙古文字，该种文字被称为"回鹘体蒙古文"③。元朝建立后，忽必烈又命吐蕃萨迦派高僧八思巴依据藏文字母创制出一种新的蒙古文字，是为"八思巴文"。元朝灭亡后，"八思巴文"退出了历史的舞台，但是"回鹘体蒙古文"依然在蒙古各部中广泛使用。随着蒙古各部的日益分裂，各部之间的方言差别也日益明显。为适应各自方言的变化，同时也为了传播佛教的需要，蒙古各部中势力最强的两个部落——卫拉特蒙古和喀尔喀蒙古在 17 世纪中期先后创制出各自部落适用的文字。其中，在天山北路游牧的卫拉特蒙古创制出托忒蒙古文，并在其各个部落中通行。《光绪朝大清会典事例》明

① （清）傅恒等：《西域同文志》，中华书局影印，1993，卷 1，第 8 页。
② （清）傅恒等：《西域同文志》，中华书局影印，1993，卷 1，第 11 页。
③ 贾晞儒：《蒙古文字与蒙古族历史》，《西北民族研究》2003 年第 2 期，第 50 页。

确记载："科布多、伊犁之杜尔伯特、土尔扈特、和硕特用托忒字。"①

托忒文字是由卫拉特高僧拉布紧巴·咱雅班第达于清顺治五年（1648）创制的。创制这一文字的目的是弘扬佛教，因为梵文和藏文、回鹘体蒙古文中有相同的字母，给翻译佛经带来了一定的困难，为了完善蒙古字母，鄂尔齐图台吉和阿巴赖台吉命令咱雅班第达创制了托忒文字②。"托忒"是蒙古语"明确"的意思，意思是这种文字能比较清楚地表示语音，也反映出创制这一文字的另一个原因是回鹘式蒙古文脱离口语，不能清楚地表达卫拉特长元音、一些短元音和辅音③。与回鹘体蒙古文相比，托忒文字母基本上做到了一字一音，使该文字易学易懂，便于卫拉特人掌握使用，所以很快便在卫拉特人中传播开来④。

托忒蒙古文在创制之后逐渐在卫拉特蒙古人中推广，这一方面得益于托忒文本身的优点，另一方面也与咱雅班第达以及后来准噶尔汗国统治者的倡导不无关系。托忒文字创制后不久，咱雅班第达就撰写了《字母汇编》《多种文字基本字符的区分》《念咒法总纲》等著作来介绍推广这种文字。其中《字母汇编》一书撰写于托忒文字创制后的第二年，该书主要介绍了梵文 50 个字母及其转写规则、藏文 30 个字母及其转写规则、蒙古文 16 行字和 13 个基础字（即托忒文字母）等内容，并在结束语中提到了创制托忒文的原因。《多种文字基本字符的区分》除了介绍梵文 50 个字

---

① （清）崑冈、徐桐：《光绪朝大清会典事例》卷 15《内阁五·职掌三·翻译外藩各部落文字》，中华书局影印，1990，第 206 页。

② 叶达尔：《卫拉特高僧拉布紧巴·咱雅班第达研究》，社会科学文献出版社，2012，第 86 页。

③ 包力高、道尔基：《蒙古文字发展概述》，《内蒙古社会科学》1984 年第 3 期，第 64 页。

④ 马大正、成崇德主编《卫拉特蒙古史纲》，新疆人民出版社，2006，第 632 页。

母和藏文 30 个字母的转写规则外，还介绍了梵文字母和藏文字母的异同、字母的分类、发音的 8 个部位等方面的内容。《念咒法总纲》主要论述托忒文字母的正音问题，例如念短元音等于眨一下眼睛的时间，念长元音等于眨两下眼睛的时间，念极长元音等于眨三下眼睛；还论述了要正确拼读托忒文的严谨态度，作者说写错托忒文辅音字母就会增加疾病，而写错元音字母就会丧命，如果出现一般的错别字就不会有子孙后代等①，这些说法虽然带有迷信色彩，但在当时的社会条件下，对人们正确严谨地使用这种文字大有裨益。卫拉特蒙古政权统治者对托忒蒙古文的推广也颇为积极，如著名的《敦杜克达什法典》以法律条文的形式规定"耳聪目明的孩子在 15 岁前一定要学会蒙古文，若不学习，处罚其父，并将儿童送老师处学习蒙古文"②。《敦杜克达什法典》以托忒文写成，统治者要求儿童学习的蒙古文当属托忒文无疑，可见当时的卫拉特蒙古统治者对托忒文的推广比较重视。

二 清朝平定准噶尔之后天山北路语言文字分布的变迁

18 世纪中期，准噶尔内部发生了内乱，清朝乾隆皇帝乘机命将出师，统一了天山南北。由于长期战争，准噶尔蒙古人口损耗严重，加之清朝统一新疆后不久即把大批各族军民迁移到天山北路，从而使得天山北路原有的民族及人口分布状况发生了很大改变。这一改变对天山北路文化的诸多方面都产生了重要影响，其中之一便是天山北路原有的语言文字分布格局也随着发生了重要

---

① 额尔德尼巴雅尔：《托忒文研究概述》，《蒙古学资料与情报》1989 年第 4 期，第 36 ~ 37 页。

② 佚名：《卡尔梅克诸汗简史》，载巴岱等注释《卫拉特历史文献》，内蒙古文化出版社，1985，第 358 页，转引自 M. 乌兰《试论托忒文历史文献的史料价值》，《民族研究》1993 年第 4 期，第 81 页。

改变。

（一）卫拉特蒙古语言文字行用范围的缩小

清朝统一新疆之前，准噶尔蒙古人的游牧地从天山北麓向西向北扩展，直抵额尔齐斯河流域。尤其是策妄阿拉布坦与噶尔丹策零统治时期，其畜牧业经济获得较大发展，部落人口繁盛，天山以北到处都有准噶尔蒙古人的足迹，史载：准噶尔蒙古"地踞伊犁、乌鲁木齐、雅尔、珠勒都斯、玛纳斯、巴彦代之间，地广、草肥、水甘，牲畜易于蕃息。人习劳苦，好战喜杀……控弦之士百余万，驼、马、牛、羊遍满山谷"①。清朝统一新疆之初，由于连年战争，加之疾疫流行，准噶尔蒙古人大批丧亡。清人魏源描述战争过后准噶尔的人口状况时写道："计数十万户中，先痘死者十之四，继窜入俄罗斯、哈萨克者十之二，卒于大兵者十之三，除妇孺充赏外，至今惟来降受屯之厄鲁特若干户，编设佐领昂吉，此外数千里间无瓦剌一毡帐。"② 由此看出，原来由准噶尔蒙古人游牧的伊犁、乌鲁木齐、雅尔、珠勒都斯、玛纳斯、巴彦代等天山以北的广大地区，在清朝统一新疆之初，除了伊犁接受了为数不多的厄鲁特降人之外，新疆绝大多数地区已经不见准噶尔蒙古人的踪影。由于任何一种语言及文字都是附着在特定民族群体身上用于交流的工具，随着准噶尔蒙古人在天山以北广大地区的大量丧亡，该民族所使用之卫拉特蒙古方言及托忒文字的使用范围也极大地萎缩了，在清朝统一新疆之初，其使用范围仅仅局限于伊犁的厄鲁特降人中间。

然而，这种状况在清朝统一新疆十余年后随着土尔扈特蒙

---

① （清）七十一：《西域闻见录》卷5，《边疆史地文献初编·西北边疆》第1辑，中央编译社，2011，第9册（全24册），第142～143页。

② （清）魏源：《圣武记》卷4，岳麓书社，2011，第161页。

古人的回归有了一定程度的改变。乾隆三十六年（1771），游牧于俄国伏尔加河流域的土尔扈特部蒙古人在其首领渥巴锡的率领下，历经艰辛，回到祖国。土尔扈特部从伏尔加河出发时"共计17万人，回归途中，折损过半，渡过伊犁河的有15973户，66073人"①。回归之后的数万土尔扈特部蒙古人几经周折，最后被清朝政府分别安置在塔尔巴哈台、乌苏、珠勒都斯等地。这样，厄鲁特蒙古人无论从人口数量还是分布范围都比新疆初定时有了较大增加和扩展。由于土尔扈特部原本就是四卫拉特之一，其语言文字与准噶尔人完全相同，因此使用卫拉特方言及托忒文字的人口和范围也自然而然地重新扩展到上述地区。但无论怎样，与准噶尔汗国时期相比，新疆统一之后卫拉特蒙古语言文字的分布范围还是大大地缩小了。

（二）满族语言文字进入天山北路

满族又称满洲，其前身为女真族，最初活动于我国东北地区，其通用语言为满语，该语言属于阿尔泰语系满－通古斯语族满语支。1599年，建州女真部首领努尔哈赤命大臣额尔德尼和噶盖参照蒙古文字创造出属于自己民族的文字——满文，该文字后来被称为老满文。1632年，清太宗皇太极命大臣达海将原来的满文进行改造和完善，是谓"新满文"，即通常所说的满文。新满文共有40个字母，其中元音字母6个，辅音字母24个，用来拼写汉语借词的字母10个，采用直书左行行款。随着满洲贵族确立在中国的统治，满语文也就顺理成章地成为整个大清帝国的"国语"而在全国通行。清代前期的历任皇帝都提倡"国语骑射"，

---

① 郭美兰：《土尔扈特汗渥巴锡部众东归后拨地安置始末》，《中国边疆史地研究》2006年第2期，第57页。

重视维护满语的"国语"地位。如雍正皇帝就曾下令"八旗兵丁学习清语最为紧要，嗣后侍卫护军等凡看守禁门值宿该班等，俱着清语"①。乾隆皇帝也曾命令"八旗满洲须以满语、骑射为务"②。

　　清朝统一新疆之后，鉴于"伊犁入我版图，控制辽阔，不得不驻兵弹压"③。因此陆续从内地调遣满洲、蒙古、察哈尔、索伦、锡伯、绿营等各族官兵至新疆驻扎防守。乾隆二十七年（1762），清廷决定将原来驻守在凉州、庄浪的5000多名满洲及蒙古族官兵以及他们的眷属总计将近2万口人调往伊犁驻防。之后清廷仍不断调遣满族官兵前往新疆驻防，自乾隆二十九年（1764）至乾隆三十九年（1774），自凉州、庄浪、西安、热河等地调遣"满洲八旗一万一千五百名移驻伊犁、乌鲁木齐、巴里坤、古城等新疆重镇"④。乾隆时期驻防新疆的满洲八旗及其眷属大约有3万人，他们绝大部分驻扎在天山北路的伊犁、乌鲁木齐、古城、巴里坤等地大大小小的满城中。驻守新疆的满族人口不断增长，至嘉庆末年，据伊犁将军松筠的调查，新疆满族人口已经有68440人，他们绝大部分居住在天山北路，其中仅伊犁的惠远和惠宁两城满族人口就有35940人。

　　数万满族官兵及其眷属移驻天山北路，使得满语满文在天山北路流行起来。满族语言文字在天山北路的通行范围大致跟满洲八旗驻防的范围一致。如前所述，天山北路满洲八旗官兵集中驻扎在伊犁、乌鲁木齐、古城、巴里坤等地的满城中，因此满族语

---

① （清）李授、裴谦等：《世宗宪皇帝上谕八旗》卷11，影印文渊阁《四库全书》，第413册，第302页。
② 《清高宗实录》卷557"乾隆二十三年二月庚辰"条。
③ 佟克力：《清代伊犁驻防八旗始末》，《西域研究》2004年第3期，第26页。
④ 欧阳伟：《新疆满语衰变的历程》，《满族研究》2012年第3期，第97页。

言文字也主要流行于这些大大小小的军事城堡中。由于伊犁惠远城满族官兵人数最多，因此"新疆出现了以惠远满城为中心的、以讲满语为主的语言区"①。总体上看，清代新疆满族形成以营伍为编制、以满城为居址的一个个相对孤立的民族分布点，从而使满语满文的使用范围也呈现点状分布。而每一个城堡满族人口的多寡，往往决定该语言分布点的大小。

除满族之外，乾隆中期移驻新疆的锡伯族军民也普遍使用满语满文。乾隆二十九年（1764），盛京将军舍图肯等奏称遵旨"于盛京锡伯兵内挑选一千名，携眷移驻伊犁"②。到达伊犁的锡伯族军民一共"4030 名，其中兵丁 1000 名，家属 3030 人"③。他们被安置在伊犁河南岸一带驻牧，由于西迁之前他们已经使用满语满文，因此随着他们的到来伊犁河南岸一带也成为使用满语满文的地区。

总之，随着新疆统一之后大批满族军民移驻天山北路，满语满文在天山北路地区传播开来。这种语言文字作为官方通行的语言文字，不仅被天山北路的满族官兵使用，而且在锡伯族军民中通行。

（三）汉语言文字大规模进入天山北路及北疆片汉语方言的形成

汉语言文字是古往今来绝大多数中国人通用的语言文字，它在天山北路的使用也有着悠久的历史。自汉代张骞通西域以来，汉语言文字就开始在天山北路局部范围内流布。然而清朝统一新

---

① 新疆维吾尔自治区民族语言文字工作委员会：《新疆民族语言分布状况与发展趋势》，北京语言大学出版社，2002，第 217 页。
② 《清高宗实录》卷 703 "乾隆二十九年正月乙亥"条。
③ 阚耀平：《天山北路西部地区的人口迁移》，复旦大学博士学位论文，2003，第 47 页。

疆之前汉语言文字在天山北路流行的范围十分有限，而且极不稳定，它一般凭借中原王朝派往天山北路的官吏、戍卒、屯田兵士呈点状分布，也时常随着中原王朝对西域经营力度的强弱而进退盈缩。元朝灭亡之后，汉语言文字几乎退出了天山北路。

清朝统一新疆后不久，即在天山北路展开规模空前的屯垦开发活动。屯垦活动以军屯与民屯为主要形式，军屯的士兵基本上是以中原汉人为主体的绿营兵，民屯的主体是从内地迁移而来的汉族农民，其次为回族。无论是绿营士卒还是内地移民，无论汉族还是回族，他们的通用语言文字都是汉语汉文。随着屯垦活动大规模地展开，汉语汉文也以前所未有的规模在天山北路开始流行。

屯垦之初，军屯是屯垦开发的主要形式，但随着大批关内移民陆续抵达天山北路，民屯很快取代军屯成为屯垦开发的主要形式。乾隆二十六年（1761），第一批内地移民"男妇大小七百三十名口"[1] 抵达乌鲁木齐。其后由于政府的鼓励、组织和资助，内地贫民移民天山北路的热情高涨，很快形成一股移民天山北路的高潮。乾隆四十六年（1781）以后，官府停止对移民的组织和资助，但自发出关到天山北路的移民仍然络绎不绝。由此，天山北路的移民人口呈现快速增长的趋势。乾嘉时期乌鲁木齐和巴里坤一带是天山北路移民开发的重点区域。乾隆四十一年（1776年）乌鲁木齐、巴里坤地区从事屯垦的民户人口达 71814 口[2]，到乾隆末年，上述两地户民增长到 12.9 万多人。[3] 至咸丰七年

---

① 中国第一历史档案馆藏：朱批奏折，屯垦类，乾隆二十六年十一月初六日杨应琚奏，档号：03-0524-064。

② 钟兴麒：《西域图志校注》，新疆人民出版社，2002，第461～462页。

③ （清）永保：《乌鲁木齐事宜》，《中国地方志集成·新疆府县志辑》第8册，凤凰出版传媒股份有限公司、凤凰出版社，2012，第573页。

（1857），乌鲁木齐、巴里坤两地在籍户民已达 31 万之多。[1] 上述统计仅是在籍户民人口，并不包括两个地区内的屯田军士。这两个地区各军屯点一般有屯兵数百人至千余人不等，多者可达 3000多人，如迪化州所属的五堡、昌吉、罗克伦三处军屯点乾隆四十一年（1776）有屯兵 3195 名[2]。乌鲁木齐、巴里坤所属各处屯兵加起来当有 1 万多人，如果再加上他们的家眷，总数也当在 4 万人以上，这些屯田士兵及其眷属是由内地派遣到新疆进行开垦和驻防的。

数十万汉族和回族移民及屯田军士集中分布在乌鲁木齐、巴里坤一带从事垦殖活动，汉语言文字自然也就成为这两个地区人们通用的语言文字。当然，除了乌鲁木齐、巴里坤地区之外，天山北路的伊犁地区也有内地移民，但人数不多，所以汉语言文字在伊犁地区分布不广。

大批汉族及回族军民广泛定居在北疆地区的乌鲁木齐、巴里坤所属各地，不仅促使汉语言文字在这两个地区普遍通行，而且还促成北疆片新疆汉语方言的形成。乾嘉时期天山北路地区的移民及屯田士兵主要来自陕、甘两省，而以甘肃人居多。甘肃人中又以河西地区的安西、肃州、甘州、凉州等所属府县迁移来的人口最多，其主要原因是甘肃尤其是甘肃的河西地区与新疆毗邻，距离新疆较近，迁移比较近便。乾隆二十六年（1761）政府组织的第一批内地移民"男妇大小七百三十名口"[3] 即是从河西地区的安西、肃州招募而来。其后历年迁到天山北路的人口，也多来

---

① 严中平：《中国经济史统计资料选辑》，科学出版社，1955，第 367 页。
② 钟兴麒：《西域图志校注》，新疆人民出版社，2002，第 452 页。
③ 中国第一历史档案馆藏：朱批奏折，屯垦类，乾隆二十六年十一月初六日杨应琚奏，档号：03 - 0524 - 064。

自甘肃河西地区。如乾隆四十三年（1778）迁到天山北路的"四百户、二千四百三十口"[①] 分别来自河西地区的凉州、甘州、肃州。既然移民当中甘肃人口尤其是甘肃河西地区移民人口占绝对优势，他们所操的河西地方方言自然会影响到他们的后代以及后来的移民。在乌鲁木齐和巴里坤这一共同地域内长期共处和交往的过程中，以甘肃河西方言为基础，吸收和融合其他地区移民方言的某些特点，新疆汉语方言北疆片方言就逐步形成了。刘俐李指出："北疆片汉语方言应是 1780 年前后初步形成、于第三代（1800 年前后）稳固的，并一直延续到 1860 年前后。"[②] 至于该方言在语音、语调、词汇等方面的特征，刘伶李在其文章中已经作过详细论述，此不赘言。需要指出的是，当时新疆汉语方言北疆片方言区的范围东起镇西府所辖宜禾县，西至乌鲁木齐所辖绥来县（今玛纳斯县），尚不包括绥来以西的库尔喀喇乌苏和伊犁等地区，因为当时那里汉族和回族移民很少，当地人口多是满族、蒙古、维吾尔等民族，讲汉语的人口自然也很少，不具备汉语方言生成的条件。

　　总之，清朝统一之后大规模的移民屯垦活动，促使汉语汉文在天山北路的乌鲁木齐、巴里坤等地区广泛流行，成为当地通行的语言和文字。在天山北路的伊犁地区，汉语汉文也有一定程度的流行。在乌鲁木齐、巴里坤等移民聚居的地区，逐步形成了新疆汉语方言北疆片方言区。

（四）维吾尔语言文字在天山北路的重新传布

　　维吾尔语源于古突厥语，该语言属阿尔泰语系突厥语族葛逻

---

① 中国第一历史档案馆藏：朱批奏折，屯垦类，乾隆三十七年正月十九日文绶奏，档号：04－01－23－0062－001。
② 刘俐李：《新疆汉语方言的形成》，《方言》1993 年第 4 期，第 269 页。

禄－维吾尔语支，是典型的黏着语，主要使用者为维吾尔族等突厥语民族。菲达·乌马尔别克将维吾尔语言的发展分为上古维吾尔语时期（公元 7 世纪至 9 世纪 40 年代）、中古维吾尔语时期（公元 9 世纪至 15 世纪）、近代维吾尔语时期（公元 15 世纪至 20 世纪 30 年代）、现代维吾尔语时期（20 世纪 30 年代至今）四个历史阶段①。清代新疆维吾尔人使用的维吾尔语处于这四个语言历史阶段的近代维吾尔语时期，该时期流行的维吾尔语由于最初形成于察合台汗国统治时期，因此又称为察合台语。与察合台维吾尔语相匹配的是察合台维吾尔文，它同样形成于察合台汗国时期。察合台维吾尔文共有 32 个字母，其中使用阿拉伯字母 28 个（哈卡尼亚文使用 24 个），借用波斯文字母 4 个，字母又分为单写、词首、词中、词末四种形式，以单词为单位，但字母相互连接，从右往坐横写，一般不用标点符号②。

察合台维吾尔语以及察合台维吾尔文形成之后在天山南北及中亚的广大地区通行，但最初并不包括新疆东部的吐鲁番、哈密等地，直到东察合台汗国统一新疆东部之后，该种文字最终取代新疆东部地区原来通行的回鹘文而流行开来。16 世纪初，随着瓦剌势力的西进，东察合台汗国逐渐丧失了天山以北的领土，因此察合台维吾尔语言及文字也逐渐退出天山北路。在清朝统一新疆之前，察合台维吾尔语言及文字主要流行于南疆地区。清朝统一新疆后，随着部分维吾尔人移居伊犁，察合台维吾尔语言及文字又重新在天山以北的局部范围内传播开来。

准噶尔部统治时期，准噶尔贵族曾将一些南疆维吾尔族农民

---

① 菲达·乌马尔别克：《维吾尔语历史演变》，新疆大学出版社，2005，第 4~6 页。
② 安瓦尔·巴依图尔：《察合台文和察合台文献》，载《中国民族古文字研究》，中国民族古文字研究会编印，1980，第 114 页。

迁到伊犁为其耕种土地、生产粮食。当时准噶尔人的农业还相当落后，规模也不大，因此在伊犁种地的维吾尔族人口也不可能太多，但具体人数已无法考证。但它仍能说明察合台维吾尔语言及文字在准噶尔统治时期也曾在伊犁地区种地的维吾尔人当中使用。清朝平定准噶尔的过程中，伊犁种地的维吾尔人死亡逃散殆尽，但耕地旧迹尚存。清朝统一新疆后，为了解决伊犁驻军的军粮问题，就近从南疆地区迁移部分维吾尔人到伊犁从事屯垦。乾隆二十五年（1760）三月底，第一批维吾尔族农民 300 人在官军护送下抵达伊犁。次年，迁移至伊犁的维吾尔农民已达 1000 户。之后连续几年，南疆维吾尔农民还不断被迁移至伊犁。乾隆二十九年（1764），伊犁已有"新旧屯田回子四千九百二十户"①。之后几年仍陆续迁徙，但规模减小。至乾隆四十年（1775）前后，伊犁地区的维吾尔人口已经达到相当规模，据《伊江汇览》所载，"回子伯克并耘地、挖铁、额齐回子，凡六千四百零六户，计大小二万五百五十六名口"②。6400 多户，20500 多口，这在当时地广人稀的伊犁地区可不是个小数目，这些维吾尔人分布在惠远、惠宁城以东、尼勒克河以西的伊犁河两岸及哈什河一带，"自宁远城以东三百里，皆回民田"③。因此，随着维吾尔人大批迁徙至伊犁，察合台维吾尔语及其文字，自然也在上述地区通行使用。之后，随着伊犁地区维吾尔人口的不断增长，察合台维吾尔语及其文字在伊犁地区使用的地域范围也逐步扩大。

---

① 钟兴麒：《西域图志校注》，新疆人民出版社，2002，第 462 页。
② （清）格琫额：《伊江汇览》，《中国地方志集成·新疆府县志辑》，凤凰出版传媒股份有限公司、凤凰出版社，2012，第 9 册，第 555 页。
③ （清）徐松：《西域水道记》卷 4，载《边疆史地文献初编·西北边疆》第 1 辑，中央编译出版社，2011，第 7 册，第 273 页。

三 清朝后期天山北路语言文字分布的变迁

同治三年（1864），新疆爆发了席卷全疆的反清大起义。之后，浩罕军官阿古柏趁新疆大乱之际入侵新疆，仅用三年时间就侵占了新疆大部分地区，沙俄也趁火打劫，出兵侵占了伊犁。光绪二年（1876）左宗棠率部西征，清朝才陆续收复新疆各地。同治年间新疆的社会动荡使天山北路的民族和人口分布格局发生了重大变化，新疆收复之后部分政策的改变，也促使天山北路的民族及人口形势进一步发生改变，这些改变最终引起天山北路语言文字分布状况的变迁。

（一）满族语言文字在天山北路的衰落

新疆统一后，随着大批满族官兵进驻伊犁，满语满文成为伊犁地区广泛使用且具有重要影响的语言文字。此外，天山北路的乌鲁木齐、古城、昌吉、巴里坤等主要城镇都驻有满营官兵，因此满语言文字在天山北路也普遍通行。在清朝统一新疆后的一百多年里，满语言文字在维系清朝政府在天山南北的统治、丰富该地区文化方面发挥了重要作用。然而由于伊犁地区多民族错居杂处的社会环境，加之满族人口在整个新疆并不占优势，所以尽管清朝皇帝一再强调满语满文的重要性并努力维护其"国语"地位，但该语言文字从一开始传入新疆就有被削弱的迹象。上文所举伊犁参赞大臣伊勒图"清语较前生疏"等事例就能说明这一问题。不过由于直至同治新疆回乱之前满人一直牢牢掌握着新疆地区的统治权，所以满语满文在新疆军政中心伊犁地区的优势地位还是长期得以保持。但是，从同治三年开始，这一局面被彻底打破，满语满文在伊犁地区的优势地位在短期内丧失殆尽。

同治三年六月，因不满清朝政府的统治，新疆各地爆发了规模空前的反清大起义。起义烽火首先在库车点燃，迅速波及天山北路的奇台、乌鲁木齐、昌吉、玛纳斯、乌苏、伊犁等地及南疆全部。一时间，新疆狼烟四起，烽火遍地，满洲八旗官兵重兵驻守的伊犁地区成了此次起义的重灾区。经过同治年间反清起义的打击，驻守天山北路的满族人口损失十分惨重。据统计，直到 1881 年，新疆满族兵民总数还不到 4000 人，只有起义前的 5.84%①。

满族人口的急剧减少，使得天山北路使用满语的人口也急剧减少。左宗棠收复新疆时，率兵打仗的主要将领大多是湖湘一带的汉族将领，其后主政新疆的各级官员，也多是汉族人。这些汉族将领和官员不再像之前的满族统治者那样强调满语的重要性，更不关心维护满语在新疆的"国语"地位。相反，他们更为关心的是如何在新疆推广汉语。此外，当时全国大环境中满语满文早已呈现衰落之势，光绪朝以来，即使在清朝政府和宫廷内部，满语也逐渐被废弃不用。因此，满语言文字在天山北路衰落的形势已无可挽回。但需要指出的是，清代后期天山北路的满语满文使用并未销声匿迹，前文曾提到，伊犁地区驻防的锡伯人一直使用满语满文，经不断丰富和改进，发展成为今天的锡伯语言文字，可以看成是满语满文在清代新疆盛极一时后留下的最后历史见证。

（二）汉语言文字在天山北路的逐步恢复与汉语方言区的再次形成

同治年间持续十余年的社会动荡，给天山北路各族人民带来深重灾难，原先汉族与回族人口聚集的乌鲁木齐、巴里坤地区人口损失十分严重。汉族与回族人口的大量减少直接导致使用汉语

---

① 欧阳伟：《新疆满语衰变的历程研究》，《满族研究》2012 年第 3 期，第 99 页。

言文字人口的减少，使得汉语汉文使用的地域范围比同治之前大为缩小。

战事结束之后，随着社会趋于稳定和统一局面的重新出现，天山北路汉族和回族人口又开始重新聚集和发展。但是直到大乱平复十年之后的光绪十三年（1887），乌鲁木齐与巴里坤地区的人口才有 10 万左右，不及未乱之前的三分之一。直至清末，汉族和回族集中聚居的镇迪道所属人口增加到 18 万多人，但仍不足大乱之前的三分之二。因此，终于清末，天山北路使用汉语言文字的人口也未能恢复到同治社会动乱之前的水平。

早在乾嘉时期，新疆汉语方言北疆片方言区就已经基本形成，但是该方言区汉语方言的稳定延续过程却由于同治年间新疆的社会动荡而一度中止。战乱过后，汉族和回族人民在乌鲁木齐和巴里坤地区重新聚集生活，其中一大部分人是社会动荡之前就在该地区生活但因战乱而流散四处的汉族和回族群众，另外一部分人是从内地陆续迁到该地区的汉族和回族百姓，此外还有一些解甲归田留在当地的士兵。在天山北路那些汉族和回族人口集中连片聚居的地区，来自各地操汉语各种方言的人群经过较长时期不断地适应、调整、融合，进而形成一种大家普遍能听得懂、说得出的共同汉语方言，这种共同汉语方言就是新疆汉语方言。由于原先生活于当地的"老新疆人"在北疆地区人口的重新聚集过程中占据优势，加之历史的惯性，在新疆汉语方言北疆片方言恢复和重新整合过程中，旧有的方言发挥了主导作用，因此以北疆片旧有汉语方言为基础，再次吸收和融合新来移民方言的某些特点，新疆汉语方言北疆片方言经过重新整合而再次形成。

（三）维吾尔语言文字在天山北路使用范围的扩大

同治社会动乱之前新疆维吾尔族人口就已经超过百万，战乱期间维吾尔人口的损耗相对较少。战争过后维吾尔人口迅速恢复并快速增长，光绪十三年（1887），维吾尔族人口约为 113.2 万人[①]，当时全疆总人口为 123.86 万人[②]，维吾尔族人口在全疆总人口中的比重超过 90%。人口的快速增长不仅促使维吾尔人在南疆地区的分布范围越来越广，而且促使他们向天山北路地区大批迁移。

光绪之前，天山北路除了伊犁之外其他地区很少有维吾尔人定居。光绪初年新疆收复后，南疆维吾尔人开始自发地向天山北路各地流徙迁移。新疆建省后，清朝政府取消了新疆省内人口自由流动的人为限制，南疆维吾尔人向天山北路各地迁移的人口越来越多，分布地域也越来越广。至清朝末年，伊犁、迪化、昌吉、绥来、阜康、奇台、宁远、精河、库尔喀喇乌苏等天山北路各地都有维吾尔人居住。如昌吉境内"现有缠头五十六户，内行商坐贾工艺之在南关者四十户，租地种瓜及受价雇为人耕作散在乡村者一十六户"[③]。精河县维吾尔族"来自南路，聚居本境，贸易者半，耕种者半，惟阿克苏、喀什籍为最多，而乌什、吐鲁番籍亦间有之"[④]。库尔喀喇乌苏维吾尔族"聚居本境，有自喀什噶尔来者，有自吐鲁番来者"[⑤]。随着维吾尔人在天山北路各地的广泛迁徙和分布，察合台维吾尔语言文字的使用范围也迅速扩展，

① （清）昆冈等续修《光绪朝大清会典》卷 17，商务印书馆，1936，第 111 页。
② （清）刘锦棠：《新疆田赋户籍造册咨部立案折》，《刘襄勤公奏稿》卷 12，《清代新疆稀见奏牍汇编》（同治、光绪、宣统朝卷，上册），新疆人民出版社，1997，第 398 页。
③ （清）佚名：《光绪昌吉县乡土志》，《中国地方志集成·新疆府县志辑》，凤凰出版传媒股份有限公司、凤凰出版社，2012，第 12 册，第 300 页。
④ （清）曹凌汉：《新疆乡土志稿·精河厅乡土志》，《中国地方志集成·新疆府县志辑》，凤凰出版传媒股份有限公司、凤凰出版社，2012，第 12 册，第 511 页。
⑤ 马大正等主编《新疆乡土志稿·库尔喀喇乌苏厅乡土志》，全国图书馆文献缩微复制中心，1990，第 167 页。

遍布天山北路的各个地区。

（四）外国语言文字进入天山北路

清代后期，随着与西方国家接触和交往日益频繁，外国语言文字也开始在天山北路的一些城市使用。特别是新疆收复之后，一些外国人出于经商、传教等原因，长期居住在天山北路的主要城镇，他们所使用的外国语言文字也由此进入天山北路。伊犁的宁远县、乌鲁木齐的迪化县是外国人定居较多的城市。如宁远县"外国人寄居一千二百二十四户，三千四百七十九丁口"，迪化县"外国人寄居二十三户，五百五十三丁口"①。这些外国人当中，大多数是俄国人，但他们并不一定都是俄罗斯族人，有些可能是加入俄国国籍的维吾尔族人。然而无论怎样，俄语是天山北路使用最多的外国语言。仅次于俄语的是英语，因为大多数欧洲人都会说英语。为了便于同俄国交涉，第一任新疆巡抚刘锦棠于1887年仿照京师同文馆章程在省城迪化设立俄文馆，培养俄语翻译人才。清末"新政"期间，省城迪化的一些新式学堂设置有外语课程，有些甚至还聘用俄国和日本外教。这些措施一定程度上促使外语在天山北路使用人口的增加和分布范围的扩展。

（五）多种语言在天山北路的交错分布

同治新疆动乱之前，天山北路大致可以划分为东、西两个不同的语言分布区。东部以乌鲁木齐为中心，这一语言区东起镇西府所辖宜禾县，西至乌鲁木齐所辖玛纳斯，是新疆汉语方言分布区。在这一区域内，汉语集中连片分布。同时，由于满族官兵驻扎在乌鲁木齐和巴里坤所属各城的满城中，所以满语也在这一语

---

① （清）王树枏等纂，朱玉麒等整理《新疆图志》，上海古籍出版社，2015，第793页。

言片区内呈点状分布。西部以伊犁为中心，东起库尔喀喇乌苏，西至巴尔喀什湖东南，北至塔尔巴哈台，南至天山，是多种语言交错分布的区域。在这一区域之内，满语、蒙古语、维吾尔语、汉语、哈萨克语等多种语言同时流行，但满语、蒙古语、维吾尔语三种语言使用的人数最多。

新疆收复之后，随着民族及其人口分布状况的改变，天山北路的语言分布状况也产生了一些明显变化。以乌鲁木齐为中心的天山北路东部地区在新疆收复之后虽然再次形成汉语方言区，但与同治动乱之前相比，汉语不再是本地区唯一流行的语言。除了汉语，维吾尔语也在这一区域开始流行。此外，新疆的其他各种语言在这一区域几乎都有使用的人群。因为新疆收复之后天山北路原有的民族分布格局被彻底打破，天山北路东部地区虽然汉人占据人口的多数，但新疆其他各民族在这一地区也有广泛的分布，尤其是维吾尔族，几乎每一个县都有，所以这一地区变为以汉语为主，多种语言交错分布的地区。

伊犁地区从总体上看仍然是多种语言分布的区域，但也有一些变化。首先，随着伊犁满族人口的急剧减少以及满洲贵族权力的衰落，满语不再是这一地区的主要语言，使用这一语言的人数大大减少。其次，随着汉族人口的迅速增加，汉语在这一地区的使用日益广泛，地位日益重要。如清末伊犁绥定县"本籍一千二百八十户，四千五百九十九丁口。本省人寄居七百四十八户，一千七百二十三丁口。外省人寄居九百四十九户，四千一百四十三丁口"①。这一统计数字说明绥定县人口当中，外省人口已经接近本籍人口。而外省人口当中，绝大多数应当为来

---

① （清）王树枏等纂，朱玉麒等整理《新疆图志》，上海古籍出版社，2015，第798页。

自内地的汉族，故汉族人口在当地总人口中已经占有相当比例。伊犁所属其他各县情况也大体类似。由于汉族人口所占比重显著提高，所以汉语在伊犁地区的使用日益广泛，甚至成为当地主要的交际语言。

第二节　清代天山北路宗教文化的变迁

有学者指出："宗教作为一种复杂的文化形式，她不但表现在宗教所具有的独特性之中，而且宗教的文化意蕴还通过对世俗道德、社会 - 国家政治形态、人类艺术、科学发展等多领域、全方位地发挥作用和影响，成为人类文明的重要的不可分割的组成部分。"① 从中可以看出，宗教对人类社会的许多领域产生重要影响，是人类文化不可分割的重要组成部分。从某种程度上讲，宗教是一种更为复杂、级别更高的文化，宗教的历史就是一部人类文化史。因此，在论述清代天山北路文化变迁时，我们必须对天山北路宗教文化的变迁做必要的探讨。

一　准噶尔部统治时期天山北路的宗教文化

藏传佛教俗称喇嘛教，元朝时一度在蒙古上层贵族中流行。当元帝国瓦解后，藏传佛教也逐渐从蒙古人的信仰中淡出，原始的萨满信仰又重新成为蒙古人的主要信仰。16 世纪末 17 世纪初，藏传佛教重新在蒙古人民当中传播，这种传播先从王公贵族开始，逐渐波及普通游牧民。需要说明的是，这一时期蒙古人重新

---

① 丁克家：《试论宗教与文化的关系》，《西北第二民族学院学报》2005 年第 3 期，第 50 页。

接受的藏传佛教与之前他们先辈们在元朝时期所信奉的藏传佛教有所不同，它是藏传佛教中的一个新的重要派别——格鲁派，即俗称之黄教。

卫拉特西蒙古人接受藏传佛教要比东部蒙古人晚三四十年，是从17世纪初才开始的，它同样是在卫拉特蒙古王公贵族的率先倡导下开始传播的。1616年，卫拉特各部封建主每人献出一个儿子去做喇嘛，并被送往西藏学习，这其中就有卫拉特联盟首领拜巴噶斯的义子咱雅班第达。咱雅班第达在上节内容中曾经提及，是他创制了托忒蒙古文。作为卫拉特蒙古著名的宗教和政治活动家，他为卫拉特蒙古佛教文化的发展做出了巨大贡献。1639年，咱雅班第达从西藏学成归来后，积极奔走于卫拉特各部传播佛教。1640年，在准噶尔部首领巴图尔珲台吉的倡导和支持下，西部卫拉特蒙古各部封建主联合东部喀尔喀蒙古各部封建主在塔尔巴哈台召开会议，会议制定了一部法典，即《蒙古－卫拉特法典》。该法典部分内容与发展藏传佛教有关，如有些条款规定如果侮辱或打骂僧人将受到何等处罚，有些条款则对萨满教进行压制和打击。由于该部法典规定黄教为卫拉特及喀尔喀蒙古各部共同信仰的宗教，因此对于卫拉特蒙古佛教的发展起到了很大的促进作用。这一时期，卫拉特各地陆续修建了一些寺庙。根据《咱雅班第达传》中的记述，1643年，杜尔伯特部的昆都仑乌巴什邀请咱雅班第达为岱青和硕齐建佛塔举行开光仪式；位于额尔齐斯河畔的土尔扈特部阿巴赖台吉也曾为修建寺庙举行开光仪式邀请过他。由于卫拉特蒙古人过着迁徙不定的游牧生活，所以这一时期他们的寺庙大多建在毡房内，毡房内供有佛像、佛经等。毡房内的寺庙卫拉特人称之为"库热"。在库热周围则是喇嘛们居住的小毡房。不过砖木结构的寺庙这时也有修建，特别是实力较强的部落首领往往会修建砖木结构的寺庙。1644 年从准噶尔汗国返回俄国的使者伊里音在其报告中记载："浑台吉现在在库布克（还是指和布赛克——兹特拉金）他自己的城市附近游牧，浑台吉有了三座砖城，全是白的……这些城市里住着浑台吉的喇巴和种地的人，而浑台吉就在这些城市附近游牧。"① 喇巴即喇嘛，兹特拉金认为巴图尔珲台吉在这里首先建造了寺院，然后才逐步发展为城②。我们无法断定这就是卫拉特人最早修建的砖木结构的佛教寺院，但它无疑是较早者之一。如果伊里音报告中的城是否为寺院尚值得怀疑的话，另外一位俄国使节费多尔·贝克夫的记载则明确得多："据说，小城是用粘土筑的，其中两个殿是石头的神像殿，城里住有喇巴和种地的布哈拉人。"③ 费多尔·贝克夫还看到过和硕特部首领阿巴赖建在城中的寺院："那里住着卡尔梅克喇嘛……喇嘛的住处附近有两个很大的佛像殿，它由焙烧过的砖砌成，他们的住房则是粘土的。"④

自从接受藏传佛教以后，卫拉特联盟的统治者就与西藏宗教上层建立了密切联系。准噶尔汗国的开创者巴图尔珲台吉曾被西藏五世达赖喇嘛赠予"额尔德尼巴图尔"的称号。汗国后来的统治者噶尔丹曾出家为僧，在西藏师从五世达赖喇嘛。他成为准噶尔汗之后，在其汗国境内修建佛教寺院，扶植佛教的发展。噶尔丹本人被五世达赖喇嘛赠予"博硕克图汗"的称号。噶尔丹以后的历任汗王大都重视佛教的发展，尤其是策妄阿拉布坦、噶尔丹策零在位时随着汗国社会趋于稳定以及经济的繁

① 〔俄〕兹特拉金：《准噶尔汗国史》，马曼丽译，商务印书馆，1980，第 182～183 页。
② 〔俄〕兹特拉金：《准噶尔汗国史》，马曼丽译，商务印书馆，1980，第 183 页。
③ 〔俄〕兹特拉金：《准噶尔汗国史》，马曼丽译，商务印书馆，1980，第 184 页。
④ 〔俄〕兹特拉金：《准噶尔汗国史》，马曼丽译，商务印书馆，1980，第 185 页。

荣，藏传佛教也得到了长足发展。据扎木巴老人回忆说："在策妄阿拉布坦时，卫拉特地区的佛教也进一步盛行起来。当时从西藏的扎什伦布寺、哲蚌寺请来几位大喇嘛到卫拉特地区传布佛道，修建了密宗学院和两座大僧院，僧众达几千人。"[①] 这一时期，在伊犁河北岸和南岸先后修建了固尔札和海努克两座规模宏大的寺院。由于固尔札寺庙顶部装饰得金碧辉煌，所以俗称金顶寺；而海努克寺庙顶部颜色银白，所以俗称银顶寺。这两座寺院有喇嘛数千人，是当时准噶尔境内规模最大的两所寺院。每逢重大节日，前往朝拜者络绎不绝，据《西陲总统事略》记载："岁首盛夏，其膜拜顶礼者远近咸集。往往捐珍宝，施金银，以事庄严，庙之宏壮，甲于漠北。"[②] 总之，从 17 世纪初卫拉特人接受藏传佛教开始，经过数十年的发展，至策妄阿拉布坦、噶尔丹策零统治时期，天山以北的藏传佛教达到鼎盛阶段，这种状况一直持续到清朝统一新疆之前夕。

藏传佛教的流行使得新疆天山以北地区卫拉特蒙古人的文化与习俗也发生了一些显著变化。有人认为"喇嘛教在一定程度上促使准噶尔人民和西藏文化接触。通过后者又认识了印度文化的种种因素。积累了有关博物学、地理学、宇宙论、医学等领域的知识"[③] 卫拉特蒙古人原本过着一种比较简单的游牧生活，各种文化知识相对有限，在接受了藏传佛教之后，他们的视野得以扩大，知识有所丰富，因此这种看法不无道理。由于喇嘛掌握文化知识，又享有较高的社会地位，因此受到人们的普遍尊敬。《西

---

① 扎木巴：《扎木巴老人谈卫拉特蒙古历史及宗教》，《新疆宗教研究资料》第 14 辑，新疆社会科学院宗教研究所编印，第 36 页。

② （清）松筠：《西陲总统事略》卷 12，《中国地方志集成·新疆府县志辑》第 3 册，凤凰出版传媒股份有限公司、凤凰出版社，2012，第 86 页。

③ 《准噶尔史略》编写组：《准噶尔史略》，人民出版社，1985，第 253 页。

域图志》记载："厄鲁特俗尚黄教，凡决疑定计，必咨于喇嘛而后行。自台吉、宰桑以下，或顶礼膜拜焉，得其一抚摸一接手者，以为大福。"① 对喇嘛的尊崇是当时的一种社会文化现象。由于藏传佛教的广泛流布，宗教的影响渗透到西部蒙古人的日常生活当中。但凡婚丧嫁娶，一般人家都要邀请喇嘛诵经。甚至产妇临产分娩时，她们"首先把菩萨供奉好，前面点上一盏小灯"②。藏传佛教的流行在一定程度上也改变了这个民族的性格，俄国学者尼·维·鲍戈亚夫连斯基指出："蒙古人精神面貌的各方面都打上了佛教的烙印。在佛教的影响下，以前尚武强悍的蒙古人，现在成为亚洲最安分的居民。"③ 总之，在皈依藏传佛教后，天山北路的卫拉特蒙古人的文化与习俗乃至民族性格都发生了显著的变化，藏传佛教无疑成为这个民族世俗生活和精神生活中非常重要的组成部分。

二 清朝平定准噶尔之后天山北路宗教文化的变迁

18 世纪中期准噶尔各部之间的内讧以及清朝平定准噶尔的战争使得准噶尔蒙古人口的损耗非常严重，加之清朝统一新疆后不久各族军民大批迁移到天山北路，使得天山北路原有的民族及人口分布状况发生了很大改变。这一改变对天山北路文化的诸多方面都产生了重要影响，天山北路原有的宗教文化分布格局也随着天山北路民族及人口分布的改变而发生了重要变迁。

---

① 钟兴麒等校注《西域图志校注》，新疆人民出版社，2002，第 511 页。
② 〔德〕P. S. 帕拉斯：《内陆亚洲厄鲁特历史资料》，刘迎胜译，云南人民出版社，2002，第 161 页。
③ 〔俄〕尼·维·鲍戈亚夫连斯基：《长城外的中国西部地区》，商务印书馆，1980，第 66 页。

（一） 藏传佛教在天山北路的衰落及缓慢恢复

在清朝平定准噶尔的过程中，由于喇嘛参与了阿睦尔撒纳的叛乱，很多喇嘛在战乱中被杀死，寺院被焚毁。《西域图志》记载："阿睦尔撒纳叛，诸喇嘛附和为逆。旋为阿睦尔撒纳所掠，乃各散去，庙毁于火。"① 由于准噶尔长期内乱以及同清朝中央政府博弈中的失败，其政权覆亡、人口锐减。"北疆原本土旷人稀，历经兵燹、疫病流行及清军的诛杀后，卫拉特蒙古人众非亡即散，损失殆尽，以致耕牧俱废，罕有人烟"② 。随着准噶尔人口的急剧减少，藏传佛教在天山北路信仰的人数也急剧减少，信仰的范围也随之大大缩小。原来盛极一时的固尔札和海努克两座佛教大寺院，也毁于战火之中。在清朝统一新疆之初，原来藏传佛教兴盛的伊犁地区，此时已显得非常衰败。格琫额在《建兴教寺碑记》中写道："窃见自准噶尔灭后，此地琉璃宝刹久成瓦砾之场。昔年之古橻真经，难寻灰烬之后，佛像少金身，僧众投异俗，一方众生，将何所持。"③ 当时佛教之衰败由此可见一斑。总之，在清朝统一新疆之初，天山以北的藏传佛教明显地衰落了。

为了达到控驭蒙古、笼络蒙藏封建上层贵族的目的，清朝历来对藏传佛教采取扶植和利用的政策。清朝统一新疆之后，承袭既往政策，对天山北路的藏传佛教也加以扶植和利用。早在天山北路尚未完全平定的1756年，乾隆皇帝就传谕将军兆惠在伊犁重修庙宇："再蒙古尊奉黄教，固勒札系伊犁善地，理宜重新庙宇，

---

① 钟兴麒等校注《西域图志校注》，新疆人民出版社，2002，第212页。
② 成崇德：《清代西部开发》，山西古籍出版社，2002，第63页。
③ （清）格琫额：《伊江汇览》，《中国地方志集成·新疆府县志辑》，凤凰出版传媒股份有限公司、凤凰出版社，2012，第9册，第533页。

遣大喇嘛前往诵经，着即将此庙为大臣办事之地。"① 1762 年，内
大臣阿桂在伊犁绥定城修建了兴教寺，安置伊犁喇嘛。翌年，该
寺被移往伊犁将军驻地惠远城东 10 公里处，并加以扩建。1767
年，敕赐该寺"普化寺"匾额，由京城雍和宫派遣堪布喇嘛、苏
喇嘛各一员主持经营，"黄教经法于是广行焉"②。除了普化寺外，
新疆统一之后地方官员还在塔尔巴哈台建有绥靖寺，在博乐建有
积福寺等。由于清朝新疆地方官员的倡导，不仅黄教寺院被陆续
修建起来，而且天山北路的喇嘛也逐渐增多。1771 年中秋，伊犁
将军舒赫德派满营协领格瑝额对伊犁地区的喇嘛进行清查。据格
瑝额的统计，当时伊犁地区已有各种喇嘛"凡八百六十九众"③。
这比兴教寺初建时只有 32 名喇嘛已经多出了数十倍。由此可见，
在清朝新疆地方官员的扶植下，黄教寺庙得以修建，僧众得以聚
集，藏传佛教逐渐恢复。除了清朝的扶植以外，新疆统一后天山
北路藏传佛教的恢复和发展也有赖于土尔扈特蒙古人的回归。
1771 年，游牧于伏尔加河一带的土尔扈特部蒙古人在其首领渥巴
锡的率领下，历经艰辛回到祖国，其中一部分被清政府安置在塔
尔巴哈台、库尔喀喇乌苏等天山北路地区。土尔扈特部蒙古原本
就信仰藏传佛教，他们回归时还携带着他们的七个库热（毡房式
寺庙），随着他们被分别安置在天山北路各地的同时，藏传佛教
也随之在这些地方重新流布。

总之，清朝刚刚平定准噶尔时，新疆的藏传佛教由于战乱的
影响衰败不堪。但是经过清朝地方官员的扶植以及土尔扈特部蒙

---

① 《清高宗实录》卷 517 "乾隆二十一年七月甲申"条。
② （清）格瑝额：《伊江汇览》，《中国地方志集成·新疆府县志辑》，凤凰出版传媒股份
有限公司、凤凰出版社，2012，第 9 册，第 538 页。
③ （清）格瑝额：《伊江汇览》，《中国地方志集成·新疆府县志辑》，凤凰出版传媒股份
有限公司、凤凰出版社，2012，第 9 册，第 539 页。

古人的回归，新疆的藏传佛教逐渐得以恢复和发展。不过与准噶尔强盛时期相比，它还是明显地衰落了。

（二）中原宗教文化及民间信仰移入天山北路

清朝底定新疆之后，即开始从内地调遣各族官兵到伊犁等地驻防。伊犁作为军府重地，驻军人数最多，乾嘉时期伊犁地区的驻军及其眷属人口有五六万人之多。与此同时，清朝政府在统一新疆后迁移大批内地农民到天山北路从事农业开垦。乾嘉时期移民开发的重点区域是乌鲁木齐和巴里坤地区，因此这两个地区的人口增长很快。统一之初，乌鲁木齐和巴里坤地区还是"千里空虚，渺无人烟"[①] 的空旷之地，到乾隆四十一年（1776），这两地的移民人口已经达"17121 户，71848 口"[②]。之后，这两个地区的人口不断增长，其中乾隆五十二年（1787）、嘉庆二十四年（1819）、道光十年（1830）、道光三十年（1850）、咸丰七年（1857）的统计数字分别为 114000 人、184000 人、207000 人、274000 人、310000 人。[③]

随着大量内地军民移居天山北路，内地人民信仰的道教与佛教以及各种民间信仰也被移民一同移入天山北路，其中最突出的是关帝信仰。关羽在清朝时被升格为关圣大帝，又被民间视为财神，他既属于道教中重要的神祇，也属于佛教的护法神，因此成为中原各族人民共同信仰和崇祀的武圣人和战神。伊犁是清朝统治新疆前期的军政中心，有大批满、汉等族官兵驻防和屯田。乾

---

① （清）七十一：《西域闻见录》卷 1，《边疆史地文献初编·西北边疆》第 1 辑，中央编译社，2011，第 9 册（全 24 册），第 30 页。

② 钟兴麒等校注《西域图志校注》，新疆人民出版社，2002，第 461～462 页。

③ 以上数字统计参看严中平等编《中国近代经济史统计资料选辑》附录"清代乾、嘉、道、咸、同、光六朝人口统计表"1－6，科学出版社，1955，第 362～367 页。

隆二十八年（1763），清廷在伊犁将军驻地惠远城建关帝庙。此后在满、汉军民集中驻扎的惠宁、绥定等城，也都建有关帝庙。除伊犁之外，移民集中的乌鲁木齐、巴里坤等地各城中一般都建有关帝庙，甚至连住户不多的小村落，也修建了关帝庙。嘉庆初年因事发遣伊犁的洪亮吉在记述沿途见闻时说："塞外虽三两家，村必有一庙，庙皆祀关神武，香火之盛盖接于西海云。"① 关帝信仰在天山北路的流行由此可见一斑。

除了关帝信仰，内地人民的佛道信仰和其他各种鬼神信仰，同样也为新疆地区的满、汉、锡伯等族人民所信仰。移民聚集的乌鲁木齐、巴里坤等地，各种宫观庙宇同样随处可见。如镇西厅"四营有四营之庙，山乡有山乡之庙……庙宇之多巍巍然成一郡之壮观也"②。据相关统计，有清一代，巴里坤全县共修建各类汉族传统信仰的庙宇 90 座，其中汉、满两城及城郊有庙宇 57 座，东、西、北三乡有 33 座③。在这些庙宇之中，或供奉道家始祖老子、或供奉佛祖释迦牟尼、或供奉土地神、或供奉财神、或供奉火神、或供奉牛王，名目繁多，难以枚举。

总之，随着各族军民大量移居天山北路，内地人民原来信仰的道教、佛教以及其他各种民间信仰都被移植到天山北路。就其传播的广度与深度而言，在清代以前的任何朝代，从未达到如此之规模和广度。其中，属于道教信仰的关帝信仰在各个移民区最为流行，佛教则稍逊一些，至于其他民间信仰，则依据移民源地

① 洪亮吉：《天山客话》，载杨建新主编《古西行记选注》，宁夏人民出版社，1987，第381 页。

② （清）阎绪昌修，高耀南、孙光祖纂《镇西厅乡土志》，《中国地方志集成·新疆府县志辑》第 11 册，凤凰出版传媒股份有限公司、凤凰出版社，2012，第 295 页。

③ 巴里坤县地方志编纂委员会编《巴里坤哈萨克自治县志》，新疆大学出版社，1993，第 506 页。

的不同各有差别。

（三）伊斯兰教在天山北路的扩散

自 14 世纪中期开始，伊斯兰教逐渐成为东察合台汗国境内各族居民共同信仰的宗教，一度在天山南北广为流行。从 16 世纪开始，东察合台汗国在天山以北的领地被不断西进的卫拉特蒙古人侵占，伊斯兰教也因此随着东察合台汗国领地的萎缩逐渐退缩到天山以南地区。17 世纪中期以后，随着准噶尔蒙古势力在天山北路地区的崛起以及藏传佛教在准噶尔蒙古人中的逐渐普及，藏传佛教成为天山北路地区占统治地位的宗教。但是由于伊犁地区有少量从南疆掳掠而来为准噶尔贵族种地的维吾尔族农民，因此伊斯兰教在天山北路地区也有零星分布。

18 世纪中期准噶尔部内乱以及清朝平定准噶尔期间，伊犁的塔兰奇人死亡逃散殆尽，因此伊斯兰教在伊犁几近绝迹。清朝统一新疆后，为了开发伊犁地区，清朝政府就近从南疆各地不断迁移维吾尔族农民到伊犁从事农业垦殖活动，伊斯兰教也随之重新返回伊犁地区。在移民开发展开的第二年，即乾隆二十六年（1761），在伊犁屯田的维吾尔族人口已达 800 户，3140 人。之后，伊犁地区的维吾尔人口不断增长，根据吴轶群的统计，伊犁地区的维吾尔人在乾隆四十一年（1776）、乾隆四十五年（1780）、乾隆末嘉庆初（约 1795~1796）、嘉庆末（约 1820）分别为 20356 人、20556 人、25644 人、34300 人，他们占到伊犁总人口的 22.6%~29.3%。[①] 迁移到伊犁的维吾尔族农民主要分布在伊犁惠远、惠宁城以东，尼勒克河以西的伊犁河两岸以及哈什

---

① 吴轶群：《清代伊犁人口变迁与人口结构特征探析》，《西域研究》2010 年第 3 期，第 23~32 页。

河流域，"自宁、远城以东三百里，皆回民田"①。因此，伊犁地区的伊斯兰教也主要分布在伊犁惠远、惠宁城以东，尼勒克河以西的伊犁河两岸以及哈什河流域。

清朝统一新疆后，在天山北路开始进行大规模的移民开发活动，在乌鲁木齐和巴里坤地区的移民人口持续增长，到咸丰七年（1857）移民人口已经超过30万。这些人口当中，大部分应当是来自甘肃、陕西两省的汉族农民，但也有相当数量的回族农民及商贩。清代迁往新疆的回族人口由于缺乏史料我们不得而知，奇曼·乃吉米丁认为乾嘉时期新疆移民当中回族人口所占比例最低限度也不低于五成。②刘锦增在他的文章中附和了这一观点。③笔者认为他们的估计过于夸张，乾嘉时期新疆移民中回族人口的比例不可能超过五成。一来这些移民的来源地虽然也有回族居住，但汉族人口一般仍然占据多数；二来清人眼中的乌鲁木齐和巴里坤地区，是一个"弦歌相闻，俨然中土"④的汉人社会，并没有特别浓厚的少数民族氛围，故回族人口不可能达到甚至超过五成。齐清顺认为"到19世纪20年代嘉庆朝末期，加上天山南部这一时期驻防经商等从事各种活动的回族官兵群众，这时新疆的回族人口应该超过十万人"⑤。这一估计也许更加接近当时的实际情况。但无论如何，乌鲁木齐和巴里坤地区的移民当中，一定有相当数量的回族人口。他们跟汉族移民一样，在这两个地区居住

① （清）徐松：《西域水道记》卷4，载《边疆史地文献初编·西北边疆》第1辑，中央编译出版社，2011，第7册，第273页。

② 奇曼·乃吉米丁：《中国新疆回族人口的变迁、分布与特点》，《人口学刊》2004年第6期，第45页。

③ 刘锦增：《清代回族在新疆的经济开发》，《回族研究》2017年第1期，第48页。

④ （清）纪昀著，陈效简等校注《乌鲁木齐杂诗注》，新疆人民出版社，1991，第88页。

⑤ 齐清顺：《1759—1949年新疆多民族分布格局的形成》，新疆人民出版社，2010，第78页。

生活，从事农业开发。同时，他们也将自己民族所信仰的伊斯兰教带到新的聚居地。因此，移民集中聚居的镇西府所属的宜禾县、奇台县，乌鲁木齐地区的迪化、昌吉、绥来、阜康等地，也成了伊斯兰教流布的地区。

总之，清朝统一新疆之后，随着部分南疆维吾尔人迁居伊犁和大量内地回族迁居乌鲁木齐与巴里坤地区，伊斯兰教在天山北路逐渐扩散开来。加上新疆统一之后天山北路藏传佛教已经衰落，而内地人民信仰的道教、佛教及各种民间信仰被移植到天山北路，这种变化使得新疆统一之前藏传佛教在天山北路一教独盛的局面被彻底打破，天山北路成为多种宗教并行的地区。

三　清代后期天山北路宗教文化的变迁

从乾隆中期统一天山南北直至同治初年的百余年间，天山北路社会秩序稳定，各民族和睦相处，多种宗教和谐共存。但是同治年间新疆社会的持续动荡使得天山北路各族人民遭受了巨大灾难，许多民族的人口在常年战乱之中死亡流散，从而使得自乾隆中期以来形成的多元化民族分布格局遭到严重破坏。相应地，天山北路多元宗教并存的局面同样遭到严重破坏，但伊斯兰教在天山北路的分布范围迅速扩大。左宗棠收复新疆之后，天山北路的多元宗教文化并存的局面重新恢复并产生新的变化。

（一）多元宗教文化并存局面遭到严重破坏

同治年间席卷全疆的反清起义以及其后不久阿古柏入侵并割据新疆，对新疆的宗教文化造成严重破坏，天山北路多元并存的宗教文化遭受的破坏尤其严重。起义之初，起义者的攻击目标主要是清朝官府，但后来随着回、维吾尔等族的权贵和宗教上层人物把持了起义的领导权，他们逐渐把矛头指向忠于清朝的满、汉、蒙古、锡伯等民族的普通民众。因为天山北路是满、汉、蒙古、锡伯等非伊斯兰教民族集中聚居的地区，所以遭受的灾祸要比天山南路严重得多。

剧烈又长期的社会动荡中，满、汉、蒙古等族人口的损耗十分严重，与此同时，满、汉、蒙古等民族修建的庙宇宫观等宗教场所绝大多数也在战火中化为灰烬。正是由于天山北路信仰道教、佛教、藏传佛教等其他非伊斯兰教信仰人口的大批丧亡以及庙宇宫观毁于战火，道教、佛教、藏传佛教等宗教在同治年间从天山北路的主要城镇消失或退出，自乾隆中期以来在天山北路逐步形成的多元宗教并存的局面由此遭到严重破坏。

随着满、汉、蒙古等民族人口的大量减少，天山北路许多地区成为以回族、维吾尔族、哈萨克族等为主的分布区域，而这几个民族中相当一部分群众信仰伊斯兰教，所以伊斯兰教在这一地区的分布范围迅速扩大。更为甚者，当阿古柏将统治势力扩展到天山北路的乌鲁木齐等地之后，伊斯兰教之外的其他宗教更是被禁止了。俄国人 A. H. 库罗帕特金在其著作中写道："从阿古柏伯克统治这个国家开始，其他宗教被禁止了；一些幸存的中国人都改信了伊斯兰教，因为他们必须在死亡与改变宗教信仰之间做出抉择。"① 幸存的满、汉人民，不少人迫于阿古柏之淫威，不得不改信伊斯兰教以图苟存。天山北路大多数地区除了伊斯兰教，其他宗教的分布范围大幅萎缩。这种状况一直持续到新疆收复之后，其他各种宗教才得以逐步恢复。

（二）多元宗教文化并存局面的重新恢复

光绪元年（1875）三月，清政府任命左宗棠为钦差大臣督办

---

① 〔俄〕A. H. 库罗帕特金：《喀什噶尔》，商务印书馆，1982，第31页。

新疆军务，率兵出关收复新疆失地。经过广大官兵三年浴血奋战，新疆全境除伊犁外全部收复。新疆收复之后，大量内地军民重新移居天山北路。随着大批内地军民移居天山北路，内地的各种宗教信仰又重新被移植到天山北路，多元宗教并存的局面重新形成。

道教方面，随着内地军民重新移居天山北路，各种宫观庙宇在天山北路各地重新修建起来。据《新疆乡土志稿》记载，清末新疆共有庙宇 260 余处，其中大部分分布于天山北路。这些庙宇之中虽然也包括一些佛教庙宇，但绝大多数为道教庙宇。如仅乌鲁木齐就有全真观、玉皇庙、城隍庙、关帝庙、娘娘庙、土地庙、方神庙、龙王庙等许多道教庙宇。据《新疆图志》统计，清末新疆共有男女道士 288 人，其中 259 人分布在天山北路，占全疆道士的绝大部分。汉族信众一般在婚丧嫁娶、破土修建、逢灾遇难时邀请道士进行择日、诵经、祈禳等活动。

与道教的发展相比较，新疆收复之后汉传佛教虽然再次被内地军民移入新疆，但已经显得非常没落。据《新疆图志》统计，清末新疆僧尼仅 31 人，在天山北路者只有 16 人。这种没落景象我们也可以从金国珍先生的相关研究中略窥一斑，金先生指出："虽各县建有大佛寺和观音阁等寺院，但无一正式剃度的出家和尚。至于看管寺院香火的，则为香火道人。再信奉佛教的只有在家吃斋念佛的素人（又称居士、善人）。这些吃斋念佛的素人，多系年老的老汉、老太婆和寡妇等。"① 许多寺院连一个正式出家的和尚都没有，信仰者又多是孤寡老人，这正是清朝末年天山北路汉传佛教没落的真实表现。

---

① 金国珍：《清末以后新疆的佛教》，《西北史地》1984 年第 4 期，第 103～110 页。

与汉传佛教的萎靡没落相比，天山北路的藏传佛教在新疆收复之后则有一定程度的发展。动乱时期，新疆的藏传佛教寺院虽然受到战火波及，但是由于它们大多处于交通不便的牧区，受祸程度远不及城市和乡村里汉满各族的宫观庙宇。所以在新疆收复之后，这些受损的寺庙大多很快得到了重建。不仅如此，一些新的寺庙也在这一时期被修建起来，如察布查尔县的靖远寺、博乐的积福寺、乌苏的承化寺、尼勒克的崇寿寺、昭苏的圣佑庙等一些较大规模的寺院大多是在光绪年间修建起来。靖远寺由锡伯族军民初建于乾隆年间，其后历经搬迁，现存寺院是光绪年间在现址上修建的。该寺占地面积 15000 平方米，建筑面积 3000 平方米，是祖国西陲"规模宏大、艺术荟萃的文化圣殿"①。圣佑庙由厄鲁特营左翼蒙古建于光绪二十四年（1898），据《伊江汇览》记载，该寺有"厄鲁特喇嘛二百十七众，察哈尔喇嘛八十一众"②。

至于伊斯兰教，虽然在收复新疆的过程中会有所损伤，但由于它被天山北路的维吾尔、回、哈萨克、柯尔克孜等多个民族共同信仰，这些民族人口当时在天山北路的人口中占有相当比例，加之又是全民信仰，因此在新疆收复之后，伊斯兰教仍然是天山北路的重要宗教。

（三）西方宗教传入天山北路

清朝收复新疆之后，天山北路宗教文化的一个显著变化就是基督教等西方宗教的传入。这一时期在天山北路进行传教活动的基督教派别主要有两个：比利时天主教的圣母圣心会和英国内地

---

① 刘元春：《靖远寺及其历史作用》，《法音》1990 年第 8 期，第 22 页。
② （清）格琫额纂《伊江汇览》，《中国地方志集成·新疆府县志辑》，凤凰出版传媒股份有限公司、凤凰出版社，2012，第 9 册，第 538~539 页。

会。当时西方传教士主要活动于天山北路的迪化县、绥来县、绥定县、宁远县、塔城厅等地。

比利时圣母圣心会是最先到新疆传教的西方教会组织①。1883 年甘肃主教韩默理派石天基等三人到伊犁开辟新教区②。石天基为荷兰人，后来被任命为伊犁传教团的最高负责人。他于 1887 年在伊犁建立了宁远天主教堂，而他所负责的区域于次年由罗马教廷宣布从甘肃中亚教区分会分出，成为独立的新疆传教区。该教团以后又陆续在绥定、迪化、绥来等地建立了教堂。

内地会于 1865 年在英国伦敦创立，是一个专门面向中国传教的组织，该组织成立后第二年即进入中国。内地会在新疆的创建者是英国人胡进洁，他于 1906 年 3 月到达迪化，次年在乌鲁木齐文庙街建立了福音堂③。

此外，基督教的另外一个支派东正教也在天山北路传播。19 世纪后半期俄国商人利用跟中国签订的不平等条约进入伊犁、塔城、乌鲁木齐等地经商的同时，也将其所信奉的东正教带入天山北路。清末，随着俄国势力在天山北路影响加大，东正教在天山北路传播的范围进一步扩大。不过由于该教一般不向当地异族传教，信仰者主要为俄国侨民，因此影响也相对有限。

西方传教士尽管作了种种努力在天山北路传播西方宗教，但是效果并不理想。根据魏长洪的研究，圣母圣心会清末在天山北路仅有天主教神甫 3 人，男传教士 2 人，女传教士 1 人，教徒 246

① 木拉提·黑尼亚提：《近代新疆天主教会历史考》，《西域研究》2002 年第 3 期，第 64 页。
② 汤开建、马占军：《清末民初圣母圣心会新疆传教考述》，《西域研究》2005 年第 2 期，第 64 页。
③ 钱松：《清末至民国基督教在新疆的传播》，新疆大学硕士学位论文，2005，第 19 页。

人；内地会共有男女教徒 16 人①。这是由于当地穆斯林对其他宗教非常排斥，根本不愿意接受除伊斯兰教之外的任何信仰。而汉族人则宗教观念淡薄，对外来宗教更不感兴趣。

总之，同治年间新疆大乱之后，天山北路多元并存的宗教格局遭到严重破坏，佛教、道教、藏传佛教等宗教遭受沉重打击，它们在天山北路主要城镇的分布极度萎缩。与此同时，伊斯兰教在天山北路一教独尊，势力膨胀。左宗棠收复新疆之后，天山北路的多元化宗教格局又重新恢复，大量的庙宇宫观又重新修建起来。道教作为民间广泛信仰和官方扶植的宗教，恢复的速度较快。但是汉传佛教已经显得非常没落，而藏传佛教则有一定程度的发展。至于伊斯兰教，由于信仰的人数众多，在天山北路仍然有重要影响。与此同时，西方宗教开始在天山北路传播，但是由于当地民众对西方宗教的抵制或者不感兴趣，西方宗教在天山北路的影响范围十分有限。

第三节　清代天山北路风俗习惯的变迁

风俗习惯是不同地域的人在漫长岁月中适应和改造地理环境的产物，是地域文化的风向标，也是不同地域族群的标识。汉代班固云："凡民函五常之性，而其刚柔缓急，音声不同，系水土之风气，故谓之风；好恶取舍，动静亡常，随君上之情欲，故谓之俗。"② 北朝刘昼亦云："风者，气也；俗者，习也。土地水泉，气有急缓，声有高下，谓之风焉；人居此地，习已成性，

---

① 魏长洪：《近代西方传教士在新疆》，《新疆大学学报》（哲学社会科学版）1989 年第 3 期，第 27 页。

② （东汉）班固：《汉书》卷 28《地理志下》，中华书局，1962，第 1640 页。

谓之俗焉。"① 在构成文化的诸多要素当中，风俗习惯与地域的关联非常密切。从先秦时起，中国各地的风俗习惯就具有明显的地域性，地处西北边疆的天山北路概莫能外。一方面，由于清代天山北路诸多民族杂处其间，风俗习惯与内地迥然有别，具有明显的地域特征。另一方面，随着时间的推移和不同民族之间的不断交往，清代天山北路的风俗习惯也在不断地发生变迁。这种风俗习惯的变迁，是各民族在不同文化传统影响下生活图景的再现，是清代天山北路文化地理的重要组成部分。对清代天山北路风俗文化变迁的研究，不仅有助于深刻理解清代天山北路的文化地理特征，而且能够为天山北路文化地理的变迁提供一种面相。

一　平定准噶尔之前天山北路的风俗习惯

清初，天山北路的主要居民是卫拉特蒙古人，不久卫拉特四部之一的准噶尔部统一了卫拉特各部，所以卫拉特蒙古人后来又被称为准噶尔人。除了准噶尔人，天山北路还有与其相邻的哈萨克人。这两个民族生产方式相同，都以游牧为生，但是因民族传统不同，尤其是宗教信仰不同，所以风俗习惯也有较大的差别。《西域图志》有云："即同一沙漠之壤，而种区族别，其性情好恶所著，暨岁时伏腊交际吉凶诸事宜，亦自各限土风，彼此不能相效。无他，俗使然也。"②

（一）准噶尔蒙古人之习俗

准噶尔各部以游牧为业，"准噶尔为乌孙故地，以逐水草为

---

① （北齐）刘昼：《刘子》卷9《风俗篇》，影印文渊阁《四库全书》，第848册，第927页。
② 钟兴麒等校注《西域图志校注》，新疆人民出版社，2002，第510页。

业"①。畜牧业是准噶尔蒙古社会的经济基础，人们的财富与衣食住行都与牲畜有关，"各有分地，问富强者，数牲畜多寡以对。饥食其肉，渴饮其酪，寒衣其皮，无一事不取给于牲畜"②。与此同时，准噶尔人也经营少量的农业，但农业在整个经济中的比重不大。17 世纪初，藏传佛教开始在卫拉特蒙古人中传播。到 17 世纪 40 年代准噶尔部统一卫拉特各部后，在汗王及各部首领的大力倡导与扶植下，藏传佛教已经深入人心，成为准噶尔各部共同信奉的宗教。《西域图志》云："厄鲁特俗尚黄教，凡决疑定计，必咨于喇嘛而后行。自台吉宰桑以下，或顶礼膜拜焉。得其一抚摸一接手者，以为大福。"③ 受畜牧经济方式以及藏传佛教的影响，准噶尔蒙古人的婚丧嫁娶以及接待宾客等风俗习惯都离不开他们拥有的牛羊马等牲畜，也离不开奉佛、诵经等宗教仪式，进而形成了具有本民族特色的风俗习惯。

准噶尔人结婚男方家庭需要给女方家庭送彩礼，彩礼以牲畜为主，彩礼的多少视男方财富多寡而定，"富家以牛羊马酒为礼，多者百计，少者十计，先期送至女家。……贫者不过一羊为礼"④。女方的陪嫁品也以牲畜及畜产品为主，"加赠牛羊马酒，及衣服首饰蒙古包之属。或多或寡，视其力之厚薄，与情之疏密焉。间有以女奴为媵者"⑤。成婚之日，女方和男方的家庭先后都要请喇嘛诵经，"婿先至女门，女家诵喇嘛经。……新妇乘马至婿家，婿家亦诵喇嘛经"⑥。

---

① 钟兴麒等校注《西域图志校注》，新疆人民出版社，2002，第 510 页。
② 钟兴麒等校注《西域图志校注》，新疆人民出版社，2002，第 512 页。
③ 钟兴麒等校注《西域图志校注》，新疆人民出版社，2002，第 511 页。
④ 钟兴麒等校注《西域图志校注》，新疆人民出版社，2002，第 513 页。
⑤ 钟兴麒等校注《西域图志校注》，新疆人民出版社，2002，第 513 页。
⑥ 钟兴麒等校注《西域图志校注》，新疆人民出版社，2002，第 513 页。

准噶尔人的丧葬习俗，因身份地位不同而有所差别。贵人死后崇尚火葬，"贵人殁，浴尸，韬以白布，縢囊舁至高原，平奠柴上，喇嘛诵经举火焚之"①。至于普通百姓，一般流行天葬，"常人死则以常服衣幂其尸，喇嘛取亡者年命卜地，马载之往，诵经，投乌鸦狐犬啄噬，旁炽火一炬，送葬者跃火而归"②。此外，准噶尔人也有实行五行葬法的，"应金葬则置诸山，应木葬则悬诸树，应火葬则焚诸火，应水葬则沉诸河，应土葬则埋诸地"③。如果不用五行葬者，"则撤蒙古包，弃尸于道旁"④。无论采用何种葬俗，葬时都要请喇嘛诵经。死者死后四十九天之内，死者家属要为死者一直诵经，并且用不杀生、不剃头的方式表示哀悼和孝顺，"自亡日起诵经四十九日。其家不杀生，其子不剃头。有剪发以为孝者"⑤。可见藏传佛教对准噶尔蒙古人葬俗影响之深。

准噶尔人虽然以游牧为生，但也注重礼仪，其礼仪风俗主要包括相见礼仪和待客之道。人们相见时，以其身份地位以及辈分年龄之不同，实行不同的礼数。首先是官长与属下的见面礼仪，"凡众台吉及图什墨尔以下，见大台吉，跪而敬抱台吉之膝。台吉以两手抚跪者之肩。其加礼者则以两手抱其肩。各台吉所属之人，见其主亦如之。宰桑以下见宰桑，以右手两指着眉间抑搔之，以致敬爱。俯而叩首，立而相抱"⑥。其次是尊长与晚辈及平辈间礼仪，"卑幼见尊长亦如之。尊长见卑幼相抱后，嗅卑幼之

---

① （清）王树枬：《新疆礼俗志》，成文出版社，1968，第9~10页。
② （清）王树枬：《新疆礼俗志》，成文出版社，1968，第10页。
③ 钟兴麒等校注《西域图志校注》，新疆人民出版社，2002，第513页。
④ 钟兴麒等校注《西域图志校注》，新疆人民出版社，2002，第513页。
⑤ 钟兴麒等校注《西域图志校注》，新疆人民出版社，2002，第513页。
⑥ 钟兴麒等校注《西域图志校注》，新疆人民出版社，2002，第512页。

面，或抚摩其间，以示慈爱。平等相见，各相抱以为礼。居恒所习熟者，相见各曲躬而已"①。其次是宾客之礼。"宾客至门，闻马蹄声，主人趋出，接缰下马，男西女东，启帘让客，由右进，坐佛龛下，荐乳茶、乳酒、乳饼，奉纳什，久则烹羊留食。其不相识者，至门必饫以酒食。住数日，敬如初，无辞客者。贵人官长止其家，情礼稠叠，屠羊饷客，必请视之颔而后杀。食则先割头尾肉献佛，乃饷客。食毕家人围坐，馂哎林父老，争携酒肉寿客，谓贵人至其家，将获大福，歌似侑之。卑幼者至门，绕舍后下马，置策而后入。婿至妇家，以馈熟羊头及蹶骨为敬。"② 从礼仪的程序看，等级越高越繁琐，平等及熟人相见则相对简单。

准噶尔蒙古人每年有四大节日，即元旦、四月八日、五月望日、十月二十五日。最为隆重者为元旦（新年）。"岁将除，预宰牲畜，至元旦诵喇嘛经、戒杀生；下见上，卑见尊，幼见长，皆叩首抱膝掐眉，如初相见仪。四月八日，造乳酒以祭天。五月望日及十月二十五日，俱礼佛诵经，不杀生。"③ 此外他们也有一些时令娱乐活动，"若春日则女子有踏鞠之戏，秋日则酋长有马射之棚，盛夏则亲朋有马湩之会，三冬则孩童有泼水之乐，大抵皆有取于逆暑应寒之意"④。

从清前期的准噶尔蒙古人的风俗习惯看，其生活中所遵循的习惯是在其游牧生活中产生的，与其所居住的生活环境相契合。同时，其岁时节日和婚丧习俗则明显受到藏传佛教的影响。至于其礼仪习俗，有较为明显的等级特点。经过清朝前期百余年的发

① 钟兴麒等校注《西域图志校注》，新疆人民出版社，2002，第512页。
② （清）王树枬：《新疆礼俗志》，成文出版社，1968，第12~13页。
③ 钟兴麒等校注《西域图志校注》，新疆人民出版社，2002，第513页。
④ 钟兴麒等校注《西域图志校注》，新疆人民出版社，2002，第513页。

展演变，准噶尔蒙古人的风俗习惯已经相对稳定。

（二）哈萨克人之习俗

哈萨克族是形成于 15 世纪的民族共同体。清初，哈萨克人大部分游牧于中亚锡尔河以北的哈萨克草原上，也有一部分散处于中国西北的阿尔泰山、塔尔巴哈台山以及伊犁以北的天山北路，并一度臣服于准噶尔蒙古。哈萨克人也以游牧为业，"无城郭庐室，逐水草、事游牧"①。与准噶尔人不同，哈萨克人信仰伊斯兰教，所以哈萨克人的风俗习惯深受游牧经济方式和伊斯兰教的双重影响，因此形成具有自己民族特色的风俗习惯。

哈萨克人的衣食住行与他们的经济方式密切相关。无论男女通常穿一种圆领窄袖的"袷袢"，冬春则身穿皮衣，头戴皮帽，脚蹬皮靴。他们喜欢喝茶，平常吃牛羊肉，尤其喜欢熏肉，"其俗喜食熏燔诸肉，而马腊肠为款客上品"②。烧水做饭用牲畜粪便烧火，一年四季住毡房，出行靠马匹。

哈萨克人对婚姻的限制和禁忌较少，"其婚嫁之礼，唯同乳不相妃"③。但是又很看重聘礼，"妃者不问门户，年岁，视聘资多寡。富人往往致马千蹄，牛千足，驼百峰，银二三千两"④。在议定聘礼数量后，媒人带着双方父母或者兄弟来到河边行"踏水礼"。所谓"踏水礼"，"即偕主婚之家长至河干，跃水而过，有因此跌折肢体而不恤者，其俗谓之踏水。盖一经踏水，即无悔心也"⑤。踏水之礼，意味着双方婚约的结成。在踏水之礼后，女方

---

① （清）王树枏：《新疆礼俗志》，成文出版社，1968，第 30 页。
② （清）王树枏：《新疆礼俗志》，成文出版社，1968，第 31 页。
③ （清）王树枏：《新疆礼俗志》，成文出版社，1968，第 34 页。
④ （清）王树枏：《新疆礼俗志》，成文出版社，1968，第 34 页。
⑤ （清）王树枏：《新疆礼俗志》，成文出版社，1968，第 34~35 页。

就开始按约定向男方家不断索要聘礼。只有当聘礼交付过半后，其婿才能"朝夕入女家，同寝餐，为夫妇"①，否则就有可能终身不得迎娶。成婚之日，新娘被迎入男方毡房。婚礼由莫洛大（回人主诵经者）主持，主要仪式是莫洛大手捧一碗清洁的水喃喃诵经，之后将水端给新郎新娘及在座的宾客饮用。到了晚上，一众男女聚集在新郎家里调笑取乐，吹奏弹唱，载歌载舞，尽兴后才各自散去。

婚礼次日，新娘要改变着装。将原先头上的数十个小辫梳成两支大辫子，辫子末梢系上红绳垂到足踝。用彩色的头巾裹头，头巾的尾部拖在脑后。再换上黑色的袷袢，系上红裙。然后在嫂子的陪同下去见婆婆，但是不能跟公公相见，"其俗翁媳不相见为礼，遇则背立，帕掩其面，贫者亦三二年后始得相见"②。这种习俗的根源尚未有明确的记载。

哈萨克人允许一夫多妻，也允许离婚。男子最多可以娶四个妻妾，"嫡妻执家政，诸妾同操作而已"③。而婚姻一旦难以存续，可以协商离婚，"夫妻反目，愿离异者，则延头人戚郯，论是非曲直，其夫指应出条事，赔嫁赀遣之去；其妻请离异者，则一切什物概不得持取。众反复谕之，不听，乃立离书"④。离婚后子女均归男方抚养，女方无权过问。婚姻关系的解除，财产的分配，都有明确的原则。在这种风俗的约束中，婚姻关系的协调性就较好。丈夫死后妻妾不能嫁给外族人，一般由丈夫的兄弟纳娶，如果女方不愿意再嫁也不勉强。

---

① （清）王树枏：《新疆礼俗志》，成文出版社，1968，第35页。
② （清）王树枏：《新疆礼俗志》，成文出版社，1968，第36~37页。
③ （清）王树枏：《新疆礼俗志》，成文出版社，1968，第37页。
④ （清）王树枏：《新疆礼俗志》，成文出版社，1968，第37页。

哈萨克人的丧葬礼仪非常简单，用时也短，"其俗亲死不居丧，不奠祭，惟举哀而已。死则速葬，不宿"①。在病人垂危之际，邀请莫洛大前来在病人耳侧诵依满经。人死之后，取净水洗净尸体，用细白布包裹，放到莫板上。在选定墓地后，挖一长方形的墓穴，将尸体头朝北、足朝南、面向西放好。然后用土堆起坟墓，念一番经，然后返回。未葬之前，众人不能饮食，葬后开始饮食。葬礼过后，"莫洛大攫死者衣物以去，既葬四十日以内皆诵经。莫洛大多者至二三十人，劣亦三四人。竣事各酬五岁马一匹，亦有报以银者"②。在整个葬礼中，莫洛大诵经是反复出现的情节，而葬礼举行后，四十日都会有诵经之举，这与其宗教信仰的关系非常密切。

富有人家在死者的头周年要设宴大会亲朋好友，前来赴宴之人都要量力馈赠牛马羊骆驼等礼物，并且自带帐篷驻扎在坟墓周围，届时要进行赛马、摔跤等比赛。哈萨克人的风俗，丈夫死后妻子要极尽哀戚之容，以脸上手上流血为尽哀，否则会被认为是薄情而遭人嘲笑。妻子对丈夫、子女对父母服丧并无定制，一般在四十天内不出门、不宴乐，但会时常邀请莫洛大来为亡人诵经。

哈萨克人朴实诚恳，对待宾客很讲究礼数。亲友远别重逢要拥抱在一起大哭。同辈人只需要握手搂腰。长辈对小辈则以吻接唇，以示亲昵和思念。客人坐定后要在客人面前铺上一块新布，摆上茶、奶酪等饮食。对待贵客还要宰羊热情款待。吃饭前要用净水洗手，戴好帽子，以示敬重。吃饭用手抓而不用筷子，肉用

---

① （清）王树枏：《新疆礼俗志》，成文出版社，1968，第37页。
② （清）王树枏：《新疆礼俗志》，成文出版社，1968，第38页。

刀子割着吃。禁烟酒，忌食猪肉。客人来无论认识还是不认识都要留宿，供给他们自己吃的肉食。

多数哈萨克人信奉伊斯兰教，每天早晨起来在水边洗手洗脸，一日五次礼拜诵经。由于游牧人没有寺院，就面朝西方礼拜。一年当中有一个月的封斋期，封斋期开始后从早到晚都不吃不喝，直到太阳落山，星星出来后才可以吃饭。封斋的最后一天就开斋过年，称为小年，即肉孜节。再过七十天才开始过大年，也即古尔邦节。届时人们穿上新衣互相往来，互相握手庆贺。家家户户都要准备丰盛的食物，相互拜节，三天内唱歌跳舞，还进行叼羊比赛等游戏活动。

哈萨克人的风俗习惯受游牧生活方式和宗教习俗的双重影响。其饮食习惯、待人接物、婚姻习俗、娱乐活动等受游牧生活方式的影响较深，而其岁时节日、丧葬习俗等受宗教文化的影响比较明显。

总之，在清朝统一新疆之前，天山北路的地域风俗习惯表现出浓厚的游牧民族习俗的特点。无论是准噶尔蒙古人还是哈萨克人，他们的衣食住行都与他们的游牧经济密切相关。另一方面，这一时期天山北路的风俗习惯还受到宗教文化的影响，这在当地的婚丧嫁娶、节庆活动中表现得非常突出，只不过两个宗教信仰不同的民族各自的表现不同而已。

二 平定准噶尔之后天山北路风俗习惯的多元化变迁

清朝统一新疆之初，天山北路成为地广人稀的地区。为了巩固西北边防，清朝政府开始从凉州、庄浪、西安、东北等地调遣满、察哈尔蒙古、索伦、锡伯等各族官兵到伊犁、乌鲁木齐等地进行军事驻防。同时，为了开发新疆，又从内地迁移大批汉族和回族农民到天山北路进行垦殖活动。此外，还有数千户维吾尔族农民也被迁徙至伊犁进行垦殖活动。随着各族兵民的大批到来，多个民族的风俗习惯也被带到天山北路，从而引起天山北路风俗习惯的变迁。

（一）满族习俗之传入

统一新疆后不久，为了巩固西北边防，清朝政府陆续从凉州、庄浪、西安、东北等地陆续分批调遣满洲、锡伯、索伦等族官兵进驻新疆。他们主要驻扎在天山北路的伊犁、乌鲁木齐、巴里坤、奇台等地。因为清代新疆境内的满洲、锡伯、索伦族语言相同，风俗相近，所以在清人及近代中外人士的眼中，他们是同一个民族，即满族。如清末沙俄驻新疆领事鲍戈亚夫连斯基指出：“原先满族仅指支持清朝征服中国的诸部落中的一个部落，而后其他讲满语的部落如锡伯、索伦、达斡尔也开始称满族。所以现时在中国西部有四个满族部族，或称部落。”[1] 成书于民国时期的《新疆志略》也说“满人之居新疆者，分为老满、新满、锡伯、索伦四部”[2]。乾隆年间迁移到天山北路的满族官兵及其眷属有三四万人，经过不断繁衍，到嘉庆年间，天山北路的满族人口已达七八万人。数万满族官兵及其眷属常驻天山北路，满人之习俗也自然被带到天山北路。

西迁至天山北路的满族人，与中原内地满族人的服饰相同。男子剃发留辫，喜欢戴瓜皮帽，妇女梳叉字头。无论男女老少，

---

① 〔俄〕尼·维·鲍戈亚夫连斯基：《长城外的中国西部地区》，商务印书馆，1980，第32页。
② （民国）许崇灏：《新疆志略》，《中国地方志集成·新疆府县志辑》第1册，凤凰出版传媒股份有限公司、凤凰出版社，2012，第365页。

一般都穿旗装，"满人之服制，清季均用八旗式样"①。八旗式样主要包括旗袍、氅衣、马褂、马甲等具有民族特色服饰。除了马褂为男性服装外，旗袍、氅衣、马甲男女均可穿着，只是男女样式有所不同。满族妇女在着装方面更显民族特色，"妇女之服装，过去均着旗袍，喜用绸缎，袖边、领边及衣襟等处，均用花边。妇女梳叉字头，上插金银簪，并戴绢花。其所着之鞋，亦有绣花，且用木底"②。与汉族妇女不同，清代满族妇女没有缠足的习俗。此外，满族无论男女都喜欢佩戴荷包。

天山北路的满族人饮食与汉族人基本相同，主食以麦面为主，兼以杂粮。但其食品中最具特色的品种是类似糕点的"饽饽"。其面条吃法有别于汉族，浇面的卤不勾汁，而是清汤羊肉卤。另有一种"酸汤子"的传统食品，是以各种叶菜在面汤中发酵制成，作汤食食用。满族肉食以猪、羊肉为主，尤喜食猪肉。猪油是最主要的烹调用油。"火锅"是满族传统主菜，多于喜庆之日食用，品种很多。满族还喜野味，野猪肉、野兔肉被视为待客佳肴。满族也喜食蔬菜，尤喜腌制酸菜、咸菜，备冬季食用。天山北路的满族人不重饮茶，但喜喝酒。此外，他们吸烟成风，除旱烟外，还有水烟、鼻烟，烟具讲究，鼻烟壶精者成为艺术品。

清代天山北路满族人的婚姻习俗一方面承袭了本民族的固有传统，另一方面受汉族影响，形成包办议婚制。其婚嫁仪式繁多，须经过订婚、迎娶、合卺几个程序。满族习俗女子出嫁本不

---

① （民国）许崇灏：《新疆志略》，《中国地方志集成·新疆府县志辑》第1册，凤凰出版传媒股份有限公司、凤凰出版社，2012，第366页。

② （民国）许崇灏：《新疆志略》，《中国地方志集成·新疆府县志辑》第1册，凤凰出版传媒股份有限公司、凤凰出版社，2012，第366页。

要聘金，后受汉族影响，男家须择吉日正式送聘礼至女家，叫
"过大礼"，即大定，此后可择吉日成婚。婚礼当日早晨，新娘由
娘家哥哥护送坐车出发，而新郎也从自己家出发用花轿去亲迎新
娘。进入院落时，要把新娘从一个火盆上抬过去，然后新郎向轿
下虚射三箭。之后行至院中天地桌前向北三叩首，俗称"拜北
斗"，即拜天地。至午，行"阿察布密礼"。礼成，亲朋围观祝
贺。晚上，亲朋好友歌舞助兴，也有闹洞房的习俗。婚后七日，
由新郎陪同新娘回娘家拜望，称"回门"。一月后，回娘家住一
个月，叫"住对月"。至此，婚礼全部结束。

　　清代天山北路的满族人一般实行土葬，其葬俗与汉族大体相
同。人死后，在西屋顺炕沿搭三块板子，将死者停放在上面。儿
女要用白布戴孝，孙子辈加一红布条。亲人要为死者守灵、哭
灵。入殓时，死者要从窗户抬出，装入木棺，并盖上印有佛教经
文的白布单，叫陀罗经被。孝子跪于灵枢两侧，亲朋吊唁，三酹
酒于地，孝子叩头，不迎送客人。出殡时，红幡前导，一路随行
随散纸钱，至墓地下葬，封土为坟。葬后，死者生前衣物、用具
尽行焚烧，谓之"烧饭"。葬后三天要圆坟，逢单七要祭奠，周
年要祭祀一次，三周年最后祭一次。以后只在每年腊月三十日
"供包袱"。所谓"包袱"是一纸糊口袋，外写亡人姓名称谓。亡
人子侄姓名写在下边。里面装金银纸锞和烧纸，于晚间焚烧给
死者。[①]

　　清代天山北路满族的节日大多与汉族相同，春节、清明、端
午、中秋、腊八等汉族传统节日也是满族人的重要节日，只是过
节的方式偶有不同。如过春节贴对联的同时要按旗属分别挂红、

---

　　① 薛宗正：《中国新疆古代社会生活史》，新疆人民出版社，1997，第625页。

黄、蓝、白不同颜色的彩笺，除夕夜要为死去的亡人"烧包袱"，中秋节时满人有"男不祭灶，女不拜月"之俗等。除了与汉族相同的节日，清代天山北路的满族人也有自己民族的传统节日，其中最具特色的是"颁金节"。"颁金节"在农历十月十三日，因1635年这一日，皇太极颁诏废除女真旧名，定满洲为族名，这一天就成了满族命名纪念日。此外，清代天山北路的锡伯族还有自己独特的节日"西迁节"，该节在每年农历四月十八日，这一节日是为了纪念锡伯军民离别故土，西迁至伊犁的历史壮举。

自乾隆中期以来进入天山北路的满人，是这里的统治民族，他们大多数人是职业军人，少部分人是各级军政长官。他们待遇优厚，生活优渥。为了维护其特殊地位和优厚待遇，他们尽量保持自己民族风俗。但是另一方面，由于他们人数较少而且处于汉族的包围之中，因此不可避免地与汉人接触，所以在许多习俗方面又受到汉人影响，故而其习俗在很多方面与汉人相同，这在节日方面体现得尤其突出。

（二）中原汉族习俗之流行

清朝统一天山南北之初，进入新疆的以汉人为主的绿营兵人数达两万人以上，他们大部分被调派到天山北路各地从事屯田活动。更为重要的是，随着统一之后清朝在新疆移民屯垦政策的不断推进，一批批内地农民不断地迁徙到天山北路从事垦殖活动。天山北路的户民人口因此成倍地增长，从统一之初的几百几千人增长到道咸时期的二三十万人。尽管这些户民人口中也包括一些回族人口，但汉族人口始终占据绝对多数。至少从乾隆四十一年（1776）开始，汉族就已成为天山北路人口最多的民族。他们集中聚居在天山北路的乌鲁木齐和巴里坤两个地区，也有少量居住在伊犁等地。随着汉人移民社会的形成和不断扩大，汉族人的习俗风尚也自然而然地开始在天山北路流行。

　　清代天山北路的汉族人衣着朴素，多用布裁剪缝制而成，样式和颜色都比较单一。纪昀在其一首诗的注解中说："地本军营，故以长裙为褒衣，以短裙为公服，官民皆用常色，惟商贾多以紫绿氆氇为之。"① 商贾穿上紫绿色氆氇裁剪的衣服，一开始在当地百姓眼中还是一件新奇的东西。不过，由于天山北路畜牧业发达，用羊皮或羊毛一类材料制作衣服不仅便宜便利，而且结实耐寒，很适合当地漫长而寒冷的冬季穿。祁韵士《皮裘》诗云："千羊皮集腋何肥，挟纩人披无缝衣；可爱黄绵冬日暖，寒侵黍谷觉春归。"②《毛褐》诗云："被褐名由宽博传，毳毛织就效洋毡；价廉买得当风雪，一幅深衣耐几年。"③ 此外，天山北路深山荒野中狐狸甚多，猎获狐狸并用狐皮制作衣服甚至比从牧民手中购买羊皮更为容易。纪昀诗中写道："西到宁边东阜康，狐踪处处认微茫。谋衣却比羊裘易，粲粲临风一色黄。"④ 用狐狸皮毛制作的衣帽既美观又实用，而且不用花钱，所以在汉人中也比较普遍。总之，在汉人移入天山北路后，衣服的样式仍是中原式，但也因地制宜，就地取材，毛皮类衣物增多，不仅使服饰材质多样化，而且体现出鲜明的地域特色。

　　饮食方面，清代天山北路的汉人以面食为主，辅以五谷杂粮和各种蔬菜。同一时期有关哈密汉人饮食的记载或许能够间接反映出天山北路汉人的饮食状况："哈密城虽五谷俱产，人家均用

---

① （清）纪昀：《乌鲁木齐杂诗》，参见吴蔼宸《历代西域诗钞》，新疆人民出版社，2001，第 88 页。
② （清）祁韵士：《祁韵士集》，刘长海整理，三晋出版社，2014，第 120 页。
③ （清）祁韵士：《祁韵士集》，刘长海整理，三晋出版社，2014，第 120 页。
④ （清）纪昀：《乌鲁木齐杂诗》，参见吴蔼宸《历代西域诗钞》，新疆人民出版社，2001，第 93 页。

面饭、羊肉而食者多，其食白米猪肉者甚少。日用率以包谷、豌豆、大麦、莜麦、小米，杂菜蔬为饔飧，谓其耐饥。酒、稻、粱除养老、祭先、宴宾之外不御焉。"① 除了个别情况，天山北路的汉人饮食应当与哈密汉人无太大区别，都以面食、五谷杂粮及蔬菜为主。因为天山北路是汉人连片聚居的地区，"猪是汉人村庄必不可少的东西"②。但是哈密汉人由于与维吾尔族杂处，很多汉人受维吾尔族饮食禁忌的影响而不吃猪肉。天山北路地旷人稀，深山荒野中禽兽甚多，汉族人还经常猎取野味改善生活，纪昀诗云："山珍入馔只寻常，处处深林是猎场。若与分明评次第，野骡风味胜黄羊。"③ 能够吃到各种野味，是天山北路自然环境对勤劳节俭的汉族人肉食欠缺的一种补偿。

　　一如内地北方诸省之民房，天山北路汉族人一般都住在三开间的平房里，而且每间房里都有一个土炕。鲍戈亚夫连斯基写道："不论在内地还是西域，甚至在最边远的地区，你走进任何一个汉族人家都可看到同一种风格款式。一定是三开间房，而每间又肯定都有家家都有的设备——炕。吃饭、睡觉，接待客人都在炕上。"④ 如果说与内地的房屋有所不同的话，天山北路汉族人的房屋的墙体多用泥土夯筑或是土坯垒砌而成，房顶也不覆瓦片。纪昀在诗歌中写道："雕镂窗棂彩画椽，覆檐却道泥土坚。

---

① （清）钟方：《哈密志》卷 17《风俗》，《中国地方志集成·新疆府县志辑》第 11 册，凤凰出版传媒股份有限公司、凤凰出版社，2012，第 116 页。

② 〔俄〕尼·维·鲍戈亚夫连斯基：《长城外的中国西部地区》，商务印书馆，1980，第 76 页。

③ （清）纪昀：《乌鲁木齐杂诗》，参见吴蔼宸《历代西域诗钞》，新疆人民出版社，2001，第 88 页。

④ 〔俄〕尼·维·鲍戈亚夫连斯基：《长城外的中国西部地区》，商务印书馆，1980，第 32 页。

春冰片片陶家瓦，不是刘青碧玉砖。"① 并在自注中解释道："惟神祠以瓦为之，余皆作瓦屋形而覆以土，岁以圬之云。"②

与游牧民族出行依靠马匹不同，天山北路的汉族百姓出行一般情况下只能靠步行。出行骑马或者坐轿的汉人很少，通常情况下只有官员才可以享受到这个待遇。贫苦百姓当初从几千里外的口内迁徙到天山北路时，多数也是靠双腿花费几个月的时间一路艰难跋涉而来的。至于被贬谪到新疆的官员，他们一般乘坐带有厢篷的马车来到天山北路。

清代天山北路汉人的婚姻习俗，大多与内地相仿。依照内地习俗，男女成年之后，要请人做媒说合，"请人说合，受聘金、盒酒为礼，纳彩、纳币，不过猪只、酒、米、布匹。婚期，远近亲戚聚集贺喜，有闹房俗规"③。在当地汉人婚姻中，也有些现象值得注意。一是"娶妇论财"的现象普遍存在。把婚姻与财产联系起来，买卖或变相买卖婚姻由此而生，加重了贫苦百姓的生活负担。二是很多成婚男女年龄悬殊。纪昀说，乌鲁木齐地区"多以逾壮之男，而聘髫龀之女，土俗类然，未喻其说"④。三是官府对民间婚姻干预也比较严重。纪昀说："遣户男多而女少，争委禽者多雀角鼠牙之讼，国同知立官媒二人司其事，非官媒所指配，不得私相嫁娶也。"⑤ 官府对遣户之间的婚姻采用"指配"的

---

① （清）纪昀：《乌鲁木齐杂诗》，参见吴蔼宸《历代西域诗钞》，新疆人民出版社，2001，第83页。
② （清）纪昀：《乌鲁木齐杂诗》，参见吴蔼宸《历代西域诗钞》，新疆人民出版社，2001，第86页。
③ （清）钟方：《哈密志》卷17《风俗》，《中国地方志集成·新疆府县志辑》第11册，凤凰出版传媒股份有限公司、凤凰出版社，2012，第115页。
④ （清）纪昀：《乌鲁木齐杂诗》，参见吴蔼宸《历代西域诗钞》，新疆人民出版社，2001，第87页。
⑤ （清）纪昀：《乌鲁木齐杂诗》，参见吴蔼宸《历代西域诗钞》，新疆人民出版社，2001，第87页。

办法，使婚龄男女完全失去了婚姻自主权，它虽在一定程度上减少了纷争，但不能从根本上解决汉人中男女比例失衡的问题，纷争依然存在。

清代天山北路的汉人一如内地之汉人，也要过各种各样的传统节日，这些节日主要有年节、元宵节、土地节、清明节、端午节、中秋节等。尼·维·鲍戈亚夫连斯基指出："长城外的汉族人无论在家、出门，在生活中仍然保持着祖先们一直遵循的旧规矩、老习惯，这些东西相沿成俗大约不止千年了。按旧风俗仍然要过大年和其他汉族节日，仍然拜年，送节礼。只是家庭婚丧喜庆办得不像内地那么隆重，因为这里没有那些必要的东西，比如没有必不可少的乐队、没有戏班子、没有花轿，因为在中国西部地区特别在多数小县城里，要弄到这一套很不容易，更不用说在农村了。"① 鲍戈亚夫连斯基说的虽然是清朝后期新疆汉人的情况，但对于这些千年变化不大的汉人风俗而言，鲍戈亚夫连斯基的记载同样能反映出数十年或者百余年前天山北路汉人社会的风俗面貌。

自乾隆中期以来进入天山北路的汉人，大多数人以务农为主，生活相对稳定，因此他们将家乡的各种习俗几乎原封不动地带入天山北路，并在他们聚居的地区世代延续。人们据此得以延续他们的亲情和乡情，是家乡情感的一种再现。而汉族民众的这些风俗，也受到天山北路地理环境的制约，也会因时制宜、因地制宜地发生些许改变，但从总体上来看，他们的习俗与中原内地没有太大差别。

---

① 〔俄〕尼·维·鲍戈亚夫连斯基：《长城外的中国西部地区》，商务印书馆，1980，第33页。

（三）回族习俗之传入

回族在清代及民国时期被称为"汉回"或"汉装回"，以此区别于被称为"缠回"的维吾尔族。如清人陶保廉说："天山以南各城土著曰缠头回，入陕、甘各省者曰汉装回。"[①] 民国时期的王日蔚认为"清初人们多用'熟回''民回'指称'汉回'，晚清'汉回'之名，始见固定"[②]。今人周传慧则认为"汉回"族称和族群的正式出现"应当是在明朝中期以前"[③]。

乾嘉时期迁入天山北路的回族跟汉族一样，迁入的原因主要是进行移民屯垦活动。他们分布的范围也与汉族分布的范围基本一致，主要分布在乌鲁木齐和巴里坤两个地区。经过不断迁徙及生息繁衍，至道咸时期天山北路的回族人口增加到十万人以上，成为人口仅次于汉族的民族。随着回族人口大量迁入天山北路，其习俗也自然而然地传入天山北路地区。

清代天山北路回族的居室衣服与汉族基本相同，清人记载新疆回族"男剃首，女缠足。居室衣服皆从华制"[④]。但是在寺中礼拜时回族男子要戴上六棱圆帽，这种帽子上锐下圆，用鹿皮、羊皮、布褐等制成，有各种颜色，但以白色为多。集市上做生意的回族人，一般都戴白帽。回族日常饮食以面食为主，逢年过节喜欢做"油香"和"馓子"。由于宗教的原因，他们"食肉禁犬豕，戒烟酒"[⑤]，也禁食一切不经宰杀自死的动物，宰杀牲畜时往往还要念经。

---

① （清）陶保廉著，刘满点校《辛卯侍行记》，甘肃人民出版社，2002，第374页。
② （民国）王日蔚：《回族回教辩》，《禹贡半月刊》1936年第5卷第11期，第244~245页。
③ 周传慧：《"汉回"名称及群体出现时间考》，《回族研究》2011年第1期，第60页。
④ （清）王树枏：《新疆礼俗志》，成文出版社，1968，第44页。
⑤ （清）王树枏：《新疆礼俗志》，成文出版社，1968，第50页。

　　清代天山北路的回族婚姻都由家长包办，请媒人说合。问
名、纳聘时一般以茶叶和银器为礼物，聘礼多少根据男方家境丰
俭而定，"纳征视家有无"①。迎娶之日，女婿骑马到女方家。新
娘父母对女儿训诫一番，然后女儿拜别父母，用盖头蒙面，出门
上车跟随女婿一起前往女婿家。到家后新娘下车进屋，由婆婆去
掉盖头，然后命座。主人在堂前招待送亲之人，夫妻行成婚之
礼。之后媒人将饭食用盘子端到新娘前，新郎进来同新娘一起用
食。饭后让新郎新娘洗手洗脸，然后请懂经典的老妇人给新郎新
娘教授夫妇之道。第二天早晨，新娘出来拜见公婆，三天后新娘
开始下厨做饭，满一个月后方可回娘家省亲。回族夫妻不能随便
离婚，"妻无故不得出，出则必告官吏，或声于寺之主教者，防
反复也"②。

　　清代天山北路回族的葬俗与汉人有较大不同。他们不用棺
材，不立牌位，不献祭品，不进行祷祝。病人临终的遗嘱要记下
来。病人断气后要头北足南面朝西放置。然后念经，更换衣服，
把尸体搬到尸床上，盖上白布。凌晨鸡叫时为死者沐浴，然后用
白布裹身。停尸不超过三天，下葬时"穿穴奠尸，闭隧封墓"③。
孝子们遵从遗嘱依次去实现死者的遗愿，早晚到墓前探视。也
有在坟旁搭建棚户，守墓百日的人。孝子三年内不宴客、不戏
游、不嫁娶，并且只穿戴素服。父母去世的日子要诵经、宰羊
进行祭祀，并把油炸的"油香"馈送给亲戚朋友。穷人家则不
必勉强。

　　跟内地回族一样，清代天山北路回族人最主要的节日为开斋

---

① （清）王树枏：《新疆礼俗志》，成文出版社，1968，第45页。
② （清）王树枏：《新疆礼俗志》，成文出版社，1968，第46页。
③ （清）王树枏：《新疆礼俗志》，成文出版社，1968，第48页。

节和古尔邦节。回族在伊斯兰历九月封斋一个月,白天不吃不喝,夜晚才可饮水进食,所谓"鸡鸣而食,星灿而开"①。封斋一月后,到了十月,初见新月而不再封斋,即是开斋节。在开斋节那天,回民要沐浴,然后穿上节日盛装到清真寺参加会礼,听教长讲经布道,庆祝节日。开斋节后七十天,伊斯兰历十二月十日,是古尔邦节,该节又称宰牲节,是回族最隆重的节日。节日当天回民沐浴馨香,着节日盛装,"入寺跪听赞颂,各施数十钱于寺"②。然后走访亲友,互道节日祝福,同时要根据自身的经济条件宰杀牛羊鸡等,并制作油香、馓子等美食,用以接待宾客或分送亲友。

在人生礼俗方面,回族"男子年十二,女子年八岁,谓之出幼。届期延师诵经以谢造我之主、生我之亲。教之礼拜诸式,责以成人之礼"③。出幼即意味着成人,教其感恩,并将宗教礼拜的程式教给他们,此后就要按照成人的礼仪来做。除此而外,天山北路的回族与汉族在其他一些习俗方面也有不同,例如他们"不信堪舆巫觋,不演剧,不置木偶,污浊之水不以沐浴。解疑伸屈捧经决之,营造迁徙以礼拜四日为吉,三日为凶"④ 等。

清朝统一新疆之后迁徙到天山北路的回族与汉族居住在相同的地域,处于相同的生活环境之中,他们有着共同的语言和相同的经济方式,着装、居室、婚俗等也基本相同。但是由于宗教信仰的不同,他们在生活习俗方面,诸如饮食、丧葬、节日等方面与汉族又有许多不同之处,依然保持着自己民族的特性。

---

① (清)王树楠:《新疆礼俗志》,成文出版社,1968,第49页。
② (清)王树楠:《新疆礼俗志》,成文出版社,1968,第49页。
③ (清)王树楠:《新疆礼俗志》,成文出版社,1968,第45页。
④ (清)王树楠:《新疆礼俗志》,成文出版社,1968,第50~51页。

（四）塔兰奇人之风俗

塔兰奇是历史上伊犁维吾尔人的专门称谓，其发端可上溯至17 世纪中叶准噶尔蒙古统治伊犁时期。[①] 清朝统一新疆后，为了解决伊犁驻军的粮食问题和开发伊犁，在 18 世纪 60 年代陆续从南疆的喀什、和阗、阿克苏、吐鲁番、哈密等地迁移维吾尔农户至伊犁屯田。这些在伊犁屯田的维吾尔人，有时跟南疆维吾尔人一样被称为"回子"或"缠回"，有时则被称为"塔兰奇"。至乾隆四十一年（1776），伊犁塔兰奇人口已达"六千四百零六户，二万三百五十六口"[②]。沙俄侵占伊犁前夕的同治十年（1871），伊犁地区塔兰奇"约达八万人"[③]。史志中对伊犁塔兰奇人的风俗习惯鲜有记载，这可能是因为他们从南疆迁徙而来，其习俗与南疆维吾尔族并无二致，不值得单独记载。基于这个原因，我们只能从记载南疆维吾尔人的史料中来探讨清代伊犁地区塔兰奇人的风俗习惯。

维吾尔人的服饰与哈萨克族基本相同，男女都穿圆领窄袖的"袷袢"。男子右衽且腰间束带，女子有领而无衽，穿时直接从头上套下来，但是生了孩子后则会当胸开襟，以便哺乳。在袷袢底下会穿长可及膝的衬衫。维吾尔人的帽子非常讲究，"镂金刻绣，冬以貂獭皮为，夏以绒緤，女子冬夏皆用皮。前后插孔雀文翚毛尾为饰"[④]。

维吾尔人习惯吃饼子，"回人不甚吃米饭，以饼为常食。大

---

① 赖洪波：《清代与民国时期伊犁塔兰奇社会历史文化变迁研究》，《伊犁师范学院学报》（社会科学版）2015 年第 1 期，第 34 页。

② 钟兴麒等校注《西域图志校注》，新疆人民出版社，2002，第 462 页。

③ 〔俄〕维纽科夫：《准噶尔边区居民考》，马曼丽译，《新疆大学学报》（哲学社会科学版）1980 年第 3 期，第 106 页。

④ （清）王树枏：《新疆礼俗志》，成文出版社，1968，第 18 页。

径尺余，用土块砌一深窟，内用细泥抹光，将窟烧红，饼擦盐水贴在窟内，顷刻而熟。贫者惟食此，饮冷水而已。富者有用糖油和面煎烙为饼。亦有小如棋子大者"①。这种烧烤而成的饼子就是馕，所谓"饼饵为囊"②。他们还有跟内地一样的馄饨，有羊肉烤包子。有用汤煮的面条，有将面和入开水锅中搅匀如糨子一样的搅团。这两种食物吃的时候大伙围坐在一起，只用一个小木勺轮流舀食。吃米饭的时候不用筷子，用手抓食。常吃的蔬菜只有原来本地产的蔓菁、芜荽、皮牙子三种，其他蔬菜几乎不吃。维吾尔人忌食猪肉以及自死动物之肉，但是他们喜欢喝酒，酒的品种主要有马奶酒和葡萄酒，其次有用沙枣、大米、大麦等酿造的粮食酒。

与其他定居民族一样，清代新疆维吾尔人也建有房屋，但是他们的房屋与汉族等其他定居民族的房屋不太一样，有自己的民族特色。据《回疆志》记载："回人屋宇不知向背偏正，门窗不分左右，惟视其地势能容，随时修盖。房楼概不起脊，亦鲜院墙。或有一屋内串通数处者，皆无柱，独恃墙以载椽檩。墙厚而窗小，门俱极矮。皆无炕灶，房上正中皆有天窗一眼，墙有火洞一座，燃柴取暖。由墙头穿一孔上通，烟直冲出。"③ 从远处看，房屋的样式掺杂错乱。进入屋内，发现里面穿插套连。他们的檩子椽子也有雕刻彩绘的，但是都不用石料和砖瓦，仅靠黏土做成的土坯及石灰砌墙。使用的檩椽都用质地疏松的柳木和杨木，所

---

① （清）苏尔德：《回疆志》，《中国地方志集成·新疆府县志辑》第 3 册，凤凰出版传媒股份有限公司、凤凰出版社，2012，第 278～279 页。

② （清）祁韵士：《西陲要略》卷 17《风俗》，《中国地方志集成·新疆府县志辑》第 4 册，凤凰出版传媒股份有限公司、凤凰出版社，2012，第 604 页。

③ （清）苏尔德：《回疆志》，《中国地方志集成·新疆府县志辑》第 3 册，凤凰出版传媒股份有限公司、凤凰出版社，2012，第 273 页。

以过十几年又得重新修建。这种房屋不耐雨淋，一下大雨屋子没有不漏雨的。

清代新疆维吾尔人婚姻颇为自由，这种自由表现在多个方面。一是婚配对象范围很广，除了同胞兄弟姊妹之间不能婚媾，即所谓"同出不婚"① 以外，其余男女之间不拘行辈，皆可婚媾。二是允许一夫多妻，有钱人家的男子娶三五个妻子都很正常。三是离婚也比较随意，只要觉得对妻子或丈夫不满意，男女双方都可以提出离婚，夫妻从一而终的现象并不普遍。四是男女婚姻有较大的自主权，有多种缔结婚姻的办法。除了父母或家族包办外，有结婚意愿的男女还可以到特定场所请求阿訇随意指定，即所谓"天定"；无父无母的男女如果双方情投意合，可以假托父母的遗命结合在一起，称为"奉遗"；家境先富后贫或家道中落的青年男女要自愿结合在一起称为"自配"②。清代新疆维吾尔人盛行早婚，一般情况下男子不超过十五岁，女子不超过十二岁。在议婚及结婚的过程中，少不了媒人的说合，也少不了向女方家送聘礼。婚礼先在女方家举行，"届期婿及父母亲戚，赍所送礼物如约，鼓乐迎导以至于女家。女家是日肆筵设席，邀阿浑、伯克，及亲戚以观礼"③。女方家将男方送来的布匹等礼物分给女儿和女婿，剩下的分送给亲戚，分给女儿女婿的布匹三天内要制成衣服。到第三天的时候要请阿訇来念经，女婿及女婿的亲戚要在阿訇面前发誓保证日后妻子没有大的过错不会虐待妻子。三天过后又到男方家举办婚礼，设宴款待亲朋好友。新娘到新郎

---

① （清）王树枬：《新疆礼俗志》，成文出版社，1968，第19页。

② （清）苏尔德：《回疆志》，《中国地方志集成·新疆府县志辑》第3册，凤凰出版传媒股份有限公司、凤凰出版社，2012，第282～284页。

③ 钟兴麒等校注《西域图志校注》，新疆人民出版社，2002，第517页。

家后先拜灶神，在灶神门口浇上油，然后进入屋内。婚礼当日新娘无需拜见公婆，直到半年或一年后才正式拜见公婆，并且行叩头之礼。

清代新疆维吾尔人的丧葬俗与回族大体相似。人死之后要用净水清洗尸体，并且"以水入尸口，云涤肠胃，始可见教主。裹之以白布，殡之以无底棺。其棺之底可以脱去也。覆以绸及缎。停枢于室。三日延阿浑诵阿尔必经后葬"①。下葬之日，亲朋好友都到坟墓送丧，爬着哭着到场。由于棺材底板是活动的，所以下葬时将棺材抬到墓穴上方，抽去底板，尸体掉进墓穴，然后用土填平墓穴，并在上方砌成一定的形状。维吾尔人的坟墓称为"麻扎尔"，其形状较为特别，"多如棺木之形，富厚者或圆形，或开穴，或绿琉璃为饰，多在大路两旁，请往来人员为之念经，祈冥福也"②。葬后将空棺带回以备下一位死者使用，而盖棺用的绸缎则分送给亲戚朋友。葬后还要请阿訇念经、礼拜，并且要封斋三十天或者给穷人布施钱物或食物。葬后三天要去坟墓祭奠，七天后再祭奠一次，满一年后进行第三次祭奠。每逢大年和小年，则要祭扫祖坟，在坟墓的树上悬挂灯笼。

与回族大体相同，清代新疆维吾尔人也有开斋节和古尔邦节。开斋节的第一天，"伯克戎装，赍教主所赐纛，鼓乐拥护，率所属赴礼拜寺行礼。众回人咸随以行礼。礼毕，交相叩贺"③。清人椿园氏对维吾尔人欢庆开斋节的场面做了生动的描述："开斋之日，竟夜鼓吹，至辰刻，其阿奇木伯克鲜衣怒马，戴金丝

---

① 钟兴麒等校注《西域图志校注》，新疆人民出版社，2002，第517页。
② （清）七十一：《西域闻见录》卷7，《边疆史地文献初编·西北边疆》第1辑，中央编译社，2011，第9册（全24册），第197页。
③ 钟兴麒等校注《西域图志校注》，新疆人民出版社，2002，第516页。

黄阿珲帽，驼马皆饰以锦鞍，各五、七对，旗帜鼓乐，海兰达尔歌舞纷纭前导，伯克、阿珲等皆白圆帽，围随左右。……一同入礼拜寺讽经。合城男女皆新衣，喧阗街巷，群瞻阿奇木威仪。礼拜毕，均随入阿奇木家拜年。阿奇木劳以牛羊之肉，葡萄之酒。男女跳舞歌唱，开饮尽欢而散。"① 另外在开斋节前十五天，传说这一天教主降临人间，监察人间善恶。在此前一天晚上全家人不睡觉，一直念经到天明。并且"悬葫芦于树，盛油其中，点以为灯。油尽灯落，遂踏破之，以是为破除一切殃咎云"②。开斋节后七十天是古尔邦节，届时各家宰羊祭天，互相祝贺。

　　清朝统一新疆之后迁徙到伊犁地区的塔兰奇人与南疆的维吾尔族在风俗习惯方面完全相同，但是与同处天山北路的满族、汉族、回族等其他民族相比较，其服饰、饮食、住房、婚姻、丧葬等许多方面又有诸多差异。大体而言，塔兰奇人与满族和汉族在上述诸多方面差异都比较显著。但与回族由于宗教信仰相同的原因，他们在节庆活动、饮食禁忌、丧葬习俗方面差别不甚明显，不过在服饰、住房、婚姻等方面依然有较大差异，从而表现出鲜明的民族特性。

　　以上仅仅从衣食住行、婚丧嫁娶、节庆活动等几个方面对清朝统一新疆后迁居到天山北路的满、汉、回、维吾尔等民族的风俗习惯做了比较概括的论述。这几个民族大体上是农耕民族，其经济方式基本相同，但是由于宗教信仰和文化传统的不同，他们在风俗习惯方面又有许多明显的差别，从而使得天山北路的地域

---

① （清）七十一：《西域闻见录》卷7，《边疆史地文献初编·西北边疆》第1辑，中央编译社，2011，第9册（全24册），第190页。

② 钟兴麒等校注《西域图志校注》，新疆人民出版社，2002，第516页。

风俗变得丰富多彩。民族迁徙带来的各种风俗习惯与之前就已经存在的蒙古、哈萨克等游牧民族的各种风俗习惯共同汇聚在天山北路，相互影响，彼此交流，从而使得天山北路的风俗习惯更加五彩斑斓。这种内容丰富、色彩斑斓的风俗场景与清朝统一新疆之前相比已然发生了巨大改变，它一方面充分体现了天山北路文化不断变迁的史实，另一方面也充分展示出天山北路多元文化的特征。

三　清代后期天山北路风俗习惯的嬗变

林荣琴认为"风俗在形成之后，其特征具有相对稳定性，即在时间上具有延续性，但这种延续性不是封闭的，而是在种种社会历史条件变化的影响下有相对变迁"[①]。清代后期，在经历了同治年间的社会动乱后，天山北路各族人口损失严重，满族和汉族人口的损失尤其严重，但是清朝重新收复新疆后天山北路的人口开始逐步恢复。至于天山北路的民族成分，非但没有因为战乱的影响而减少，反而在光绪初新疆收复后有所增加。清朝后期尤其是新疆建省以后，新疆人口自由流动的人为限制被取消，外省各族人口以及南疆维吾尔族人口大量进入天山北路的各个地区，从而促使各族人口在天山北路分布的范围更加广泛。此外，清代后期随着与俄国等周边国家交往的日益频繁，俄国及中亚国家的许多民族也移居天山北路。以上民族及人口分布的变迁，促使清代后期天山北路的风俗习惯逐渐地发生一些改变。

---

① 林荣琴：《试析〈史记·货殖列传〉与〈汉书·地理志〉中的风俗地理思想》，《西北大学学报》（哲学社会科学版）1997 年第 4 期，第 41 页。

（一）风俗多元化程度进一步加深

清朝统一新疆之后由于众多民族移居天山北路，天山北路的风俗习惯迅速实现了多元化。但是由于当时清朝实行比较严格的民族隔离措施，这种习俗的多元化明显受到民族地域分布的限制，如汉族和回族风俗主要在乌鲁木齐和巴里坤地区流行，蒙古、锡伯、索伦、塔兰奇之风俗在伊犁地区流行。即使分布范围最广的满族官兵在天山北路各地都有分布，但是他们一般都住在各地的满城之中，因此其风俗也局限于驻扎各城，呈点状孤立分布。

清代后期尤其是新疆建省以后，新疆人口自由流动的人为限制被彻底打破，不仅外省各族人口可以自由迁居天山北路，而且南疆各族尤其是人口众多的维吾尔族人口也可以自由迁居天山北路。到19世纪末20世纪初，在天山北路的各主要城镇乃至部分乡村，都有汉族、回族、维吾尔族人口的分布。这种民族交错杂居的状况改变了乾嘉以来形成的各族风俗自有分区的分布格局，演变为各族风俗交错共处的局面。由于各族风俗交错杂处，为各种风俗的交流融合提供了更多的机会。尽管各民族已有的风俗习惯在短时期内很难有大的改变，但是每个民族的风俗习惯在这种交错共处的环境中要做到一成不变也断无可能。如处于维吾尔族或回族聚居区的汉人或满人，为了照顾维吾尔族和回族的情绪，有可能放弃吃猪肉的习俗。处在汉族聚居区的维吾尔族，因为受到汉族习俗的影响，也可能逐渐习惯于吃各种蔬菜。19世纪70年代俄国军官A. H. 库罗帕特金在喀什看到当地维吾尔人饮食受到中国内地饮食的影响的情况："喀什噶尔居民还吃中国的火锅，这是一种与茶饮相类似的特别的锅做的汤，锅分成几个小格。这种非常复杂的菜肴里有各种肉、粉丝、辣椒、香菜芽、月桂叶。

这种菜只有本地的富人才吃得起。喀什噶尔居民同样还吃中国人吃的各种果子羹和果子冻。"① 这则事例虽然记述的是南疆维吾尔人饮食习惯在汉族人影响下发生的改变，但在天山北路地区，其情况大致也是如此。

此外，清朝后期随着与西方国家接触交流的日益频繁，越来越多的外国人来到天山北路地区进行商业贸易活动，他们将各自国家和民族的风俗习惯带到天山北路。日本人日野强在日记中记述了他在伊犁宁远城看到多个种族、多种风俗汇聚一处的景象："至于聚集在市场上的诸多种族，固然比不上喀什噶尔，但也有汉人、满人、汉回、缠回，以及锡伯、索伦、额鲁特、蒙古、哈萨克、敖盖意（俄国喀山州的回教徒）、吉尔吉斯、安集延、塔什干、浩罕、犹太、欧洲的俄罗斯人等诸多区分。这些人容貌不同，服装冠帽互异，操各种语言交谈，在那里你卖我买，步骑混合，东西往来的情景，实乃天下一大奇观。"② 尽管这种多个种族、多种风俗汇聚一处的景象只限于商业贸易的圈子，但它无疑也使得天山北路的风俗习惯更加复杂、更加多元化。

总之，清代后期天山北路民族分布格局的改变以及清朝对新疆政策的改变，加之新疆与周边国家和地区接触和交流机会的增多，促使天山北路风俗多元化程度进一步加深。

（二）俄国等西方国家风俗的浸染

18世纪60年代，沙俄通过不平等条约割占了中国西北40多万平方公里的土地，由此造成天山北路的伊犁、塔城等地区直接与俄国接壤。由于当时俄国已经步入了近代化进程，它一方面极

---

① 〔俄〕A. H. 库罗帕特金：《喀什噶尔》，商务印书馆，1982，第30页。

② 〔日〕日野强：《伊犁纪行》，华立译，黑龙江教育出版社，2006，第123页。

力发展与天山北路的商业贸易活动，另一方面又派遣领事、军官、探险家、传教士、农牧民等各色人等到天山北路活动，企图进一步侵略新疆。在这种背景下，许多俄国人或只身一人、或携家带口来到天山北路。他们或长期、或暂时居住在天山北路的伊犁、塔城、乌鲁木齐等主要城镇。日本人日野强指出："俄国臣民移居伊犁附近并定居在此从事农业的，或者分散在天山北路各处从事游牧的，大概多达数万人，但要弄清楚其数目并非易事。"① 这数万人中大多数应该是拥有俄国国籍的维吾尔人或哈萨克人，单纯的俄罗斯族人只是一少部分。但不管怎样，由于大批俄国人进入天山北路以及大量俄国商品倾销天山北路，天山北路的风俗不免浸染了俄国元素。

俄国习俗的影响主要表现在欧式建筑方面。1907 年 7 月，芬兰军官马达汉骑马进入乌鲁木齐城，在经过几个营盘后，他看到"路边开始种树，一些欧式的小房子就建在树荫底下。右边有一块不起眼的招牌，左边就是俄国领事馆"②。领事馆附近整个有林荫街道的区域"都被称为'俄国街'，人们叫它为俄国商店。这里的居民主要是俄国臣民"③。在乌鲁木齐市郊南端有"特地设计并建造起来的俄国商业区"④。"俄国领事馆""俄国街""俄国商业区"显然都是俄式或者说是欧式建筑。欧式建筑不仅仅是俄国臣民所特有，有些当地富人也建造这种房屋。日本人日野强在伊

① 〔日〕日野强:《伊犁纪行》，华立译，黑龙江教育出版社，2006，第 452 页。
② 〔芬兰〕马达汉:《马达汉西域考察日记（1906－1908）》，王家骥译，中国民族摄影艺术出版社，2004，第 257 页。
③ 〔芬兰〕马达汉:《马达汉西域考察日记（1906－1908）》，王家骥译，中国民族摄影艺术出版社，2004，第 258 页。
④ 〔芬兰〕马达汉:《马达汉西域考察日记（1906－1908）》，王家骥译，中国民族摄影艺术出版社，2004，第 266 页。

犁宁远时被伊犁将军安排在维吾尔族富商玉霍普的府邸下榻，该府是"一座有气势的西洋楼房，人称本城第一，凡内外高官贵客到来，无不至此投宿"[①]。

除了建筑风格对天山北路人们的习俗产生影响以外，俄国等西方国家的商品可能对人们的日常生活的影响更为普遍。上述"俄国街""俄国商业区"销售俄国商品自不待言，就是汉人经营的商店也出售俄国等西方国家的商品。马达汉在其日记中写道："在乌鲁木齐城内离南门约300尺的地方，有另一条整齐的街道，这条街同样也没有通到外城墙边。在这两条街道旁聚集了城里最富有的汉人商店，商店里有趣儿展销着俄国的上漆的铁皮等商品、日本的香烟、化妆品和其他舶来品。"[②] 除了记述市场上销售俄国等西方国家商品的情况，马达汉还详细介绍了西方商品对个人生活的影响。他在拜会因支持义和团运动被放逐到乌鲁木齐的醇亲王载漪时，不仅看到亲王家院子里的"桌椅家具和圆桌上摆放的饮料比一般的多些和更加欧式罢了"[③]，而且发现"亲王老头对枪支、摄影和留声机有极大的爱好，他的住所陈列着三台大型的机器"[④]。

总之，清代后期由于与俄国接触的日益频繁，天山北路人们的生活习俗日益受到俄国因素的影响。一开始这些影响主要发生在伊犁、塔城、乌鲁木齐等较大城市的上层社会人物中间，以后

---

① 〔日〕日野强：《伊犁纪行》，华立译，黑龙江教育出版社，2006，第1页。

② 〔芬兰〕马达汉：《马达汉西域考察日记（1906—1908）》，王家骥译，中国民族摄影艺术出版社，2004，第267页。

③ 〔芬兰〕马达汉：《马达汉西域考察日记（1906—1908）》，王家骥译，中国民族摄影艺术出版社，2004，第260～261页。

④ 〔芬兰〕马达汉：《马达汉西域考察日记（1906—1908）》，王家骥译，中国民族摄影艺术出版社，2004，第261页。

随着影响的逐步深入，也会慢慢扩散到小城镇和乡村的普通民众当中。受俄国习俗的浸染，是清代后期天山北路习俗变迁的一个重要特点。这种西方习俗的浸染从客观上讲是天山北路社会近代化的产物，但与沿海及内地相比，天山北路显然要落后三四十年。

综上所述，清代前期新疆未入清朝版图之时，天山北路是准噶尔蒙古及哈萨克人的游牧之地，其时游牧习俗盛行，但是由于宗教信仰的不同，准噶尔人与哈萨克的风俗又有许多不同之处。乾隆中期清朝统一新疆之后，随着各族军民大批进入天山北路，他们将各自民族的生活习俗也带入天山北路。民族迁徙带来的各种风俗习惯与之前就已经存在的蒙古、哈萨克等游牧民族的各种风俗习惯共同汇聚在天山北路，相互影响，彼此交流，从而使得天山北路的风俗习惯显得五彩斑斓、绚丽多姿，这是清代天山北路风俗习惯的一次巨大变迁。清代后期，随着新疆时局的不断变化，天山北路的风俗习惯也在逐渐地发生改变。这主要体现在风俗习惯的进一步多元化，西方尤其是俄国习俗的浸染等方面。但总的来看，这种变化只是局部的和缓慢的，它只是在部分民族或者各族的上流社会中首先发生改变。至于生活在天山北路的广大下层民众，由于他们的生产方式基本上没有发生改变，所以其风俗习惯依然沿袭既往，没有太多改变。

第四节　清代天山北路文化中心的变迁

文化中心是与文化区相关联的一个概念。有学者指出："文化区是指拥有相似文化特质的地理区域，由于文化区内这种相似的文化特质往往不均衡分布，那些文化特质分布较密集的地区，就构成了文化区的文化中心，其他地区则构成了文化的边缘地带。"① 由于文化中心与文化区密切相连，而本文研究的地域范围是天山北路，故文中的文化中心便是天山北路这一文化区之内的文化中心。相对于文化边缘地区，文化中心一般拥有更多、更丰富的文化资源。文化中心的形成是区域内文化长期发展演变的结果，同时也是区域内地理环境、政治、经济等多种因素综合作用的结果。文化中心一旦形成，便在区域内发挥文化聚集和辐射的功能，并且具有相对的稳定性，可以比较持久地维持其中心地位。但是随着区域内文化或者其他要素的重大变化，文化中心也有可能发生转移。随着清代天山北路文化的演变以及政治、经济形势的变化，其文化中心也一度发生了重大变迁。本节仍然按照准噶尔部统治时期、清朝统一新疆后、清朝后期三个阶段分别探讨清代天山北路文化中心的变迁。

一　准噶尔统治时期天山北路的文化中心

准噶尔部在西北地区的统治在策妄阿拉布坦及其子噶尔丹策零统治时期进入全盛时期，根据噶尔丹策零统治时期用托忒蒙古文绘制的"准噶尔汗国图"，其地域范围"东起哈密，西至中亚费尔干纳盆地的撒马尔罕，西北至巴尔喀什湖，北至楚河中游和塔拉斯，东北至喀尔喀界，西南至巴达克山"②。作为准噶尔统治中心的伊犁，向东经哈密与中原内地相接，向西通中亚各地，向北可抵达塔尔巴哈台，并经塔尔巴哈台与俄国相通，南控天山以

---

① 韩圣喜、石兆宏：《济南建设全国重要区域文化中心城市研究》，山东人民出版社，2014，第10页。

② 席会东：《清代地图中的西域观——基于清准俄欧地图交流的考察》，《新疆师范大学学报》（哲学社会科学版）2014年第6期，第16页。

南地区，可谓四达之区，因此成为准噶尔的地理中心，在地缘上具有天然的优势。不仅如此，伊犁的自然条件也明显优越于准噶尔统治的其他地区。由天山及其支脉夹持而成的伊犁河谷地带，可以说是天山北路甚至中亚地区水资源最丰富的区域。西宽东窄的喇叭状的地形结构，让伊犁河谷可以正对西风带拦截来自大西洋的水汽，从而使得河谷两侧的山地降水丰沛，进而形成众多牧草丰茂的优质草原。同时，降雨及冰雪融水汇集形成的众多水量充沛的河流漫流到河谷平原地带，为河谷平原的农牧业发展提供充足的水源。因此，伊犁成为西域自然条件最优越的地区，同时也常常成为西域游牧政权的王庭所在地，《西域图志》云：

> 伊犁形势甲西域，高山长河，表里环抱，汉之乌孙大昆弥治，唐之突厥可汗庭，当在于此。虽俗不土著，云集乌散，而厥酋负阻，是有常区，以为斗智角力之籍，亦所谓扼要者欤。[1]

正是由于自然条件优越，准噶尔部也将王庭设在伊犁。在准噶尔统治全盛时期，伊犁成为"人民殷庶，物产饶裕，西陲一大都会也"[2]。既然伊犁作为准噶尔统治时期天山北路乃至西域的一大都会，这一地区自然也会成为天山北路的文化中心。不过，作为一个由游牧民族建立起来的地处西北边疆的地方割据政权，其文化中心不大可能出现像中原内地一样设施完善、人才济济的景

---

[1] （清）傅恒等修纂，钟兴麒等校注《西域图志》卷1《图考》，新疆人民出版社，2002，第72页。

[2] （清）傅恒等修纂，钟兴麒等校注《西域图志》卷12《疆域》，新疆人民出版社，2002，第209页。

象。但是，作为一个地区性的文化中心，它必然聚集本区域内最
具代表性和最先进的文化要素，而藏传佛教在伊犁的繁荣足以证
明伊犁作为天山北路文化中心的地位。

藏传佛教自18世纪30年代传入卫拉特蒙古人当中以后，这
一宗教即在天山北路获得了长足发展。尤其是策妄阿拉布坦及其
子噶尔丹策零统治时，天山北路的藏传佛教达到了鼎盛阶段。据
扎木巴老人回忆说：

> 在策妄阿拉布坦时，卫拉特地区的佛教也进一步盛行起
> 来。当时从西藏的扎什伦布寺、哲蚌寺请来几位大喇嘛到卫
> 拉特地区传布佛道，修建了密宗学院和两座大僧院，僧众达
> 几千人。①

老人记忆中的两座大僧院应当是先后修建于伊犁河北岸和南
岸的固尔札和海努克寺庙。这两座寺院规模宏大，装饰辉煌精
美。由于固尔札寺庙顶部装饰得金碧辉煌，所以俗称金顶寺；而
海努克寺庙顶部颜色银白，所以俗称银顶寺。这两座寺院有喇嘛
数千人，是当时准噶尔境内规模最大的两所寺院。每逢重大节
日，前往朝拜者络绎不绝，据《西陲总统事略》记载：

> 每岁首盛夏，其膜拜顶礼者远近咸集。往往捐珍宝，施
> 金银，以事庄严，庙之宏壮，甲于漠北。②

---

① 扎木巴：《扎木巴老人谈卫拉特蒙古历史及宗教》，《新疆宗教研究资料》第14辑，
新疆社会科学院宗教研究所编印，第36页。

② （清）松筠：《西陲总统事略》卷12，《中国地方志集成·新疆府县志辑》，凤凰出版
传媒股份有限公司、凤凰出版社，2012，第3册，第86页。

在整个民族文化普遍水准不高的情况下，宗教文化的发展无疑能够扩大该民族获取知识的视野，提高他们文化知识的水平，因此宗教文化的发展水平往往也就代表着该民族、该地区文化的最高水平。数座规模宏大佛教寺院的修建，成千上万僧众的聚集，甚至还从西藏请来好几位大喇嘛传布佛道、讲经说法，每年夏天朝圣者络绎不绝地到来和聚集，这种现象在天山北路的其他地区从来没有出现，说明当时伊犁地区远比天山北路其他地区的文化发达，因此伊犁成为天山北路当之无愧的文化中心。

二　清朝统一新疆后天山北路多元文化中心的形成

伊犁地缘优势明显，自然条件优越，曾长期作为准噶尔地方割据势力统治的政治、经济、文化中心。但是准噶尔统治末期长年内乱及清朝统一新疆战争的影响，这一地区遭受严重破坏，尤其是准噶尔蒙古人口的大批丧亡以及金顶寺、银顶寺等重要宗教文化建筑毁于战火，伊犁作为准噶尔蒙古部落的文化中心已不复存在。清朝统一新疆后，采取"以北制南"的方针，由于地缘和自然环境方面的优势，也将伊犁作为统治新疆的军政中心。乾隆二十七年（1862），清朝设立总统伊犁等处将军，统管天山南北各地，将军起先驻于伊犁绥定城，不久移驻惠远城。由于军政中心城市地位的影响和带动作用，伊犁城市的文化功能逐渐显现，进而发展成为天山北路的文化中心。

（一）伊犁九城的修建

清代伊犁地区的城市始建于乾隆二十六年（1861），最初仅在塔奇奇河边筑一小堡，供屯兵居住，后陆续建绥定、宁远、惠远、惠宁四城，据《伊江汇览》记载：

伊犁于二十六年创始之初，仅于塔奇奇河修盖小堡一座，并无名目，以为屯兵居住之处。二十七年，在乌哈尔里克修建绥定城一，即以换防满洲官兵居之。嗣又于古尔扎修建宁远城一，以居回户。二十九年，在伊犁河北修建惠远城，彼时凉庄热河满洲官兵移驻居住，是为大城。三十年，西安满洲官兵移驻而来，爰建惠宁城以居之。①

绥定、宁远、惠远、惠宁四城与塔奇奇城并为五城。乾隆四十五年（1780），又在伊犁增建瞻德、广仁、拱宸、熙春四城②，分驻绿营官兵，从而形成"伊犁九城"的格局。其中，惠远城周长九里三分，东西南北各开一门，东曰景仁，西曰说泽，南曰宣闿，北曰来安，为九城当中规模最大的一座，也是伊犁将军驻治之所。其他八城规模都小于惠远城，分列惠远城周围，距离惠远城数十里至百余里不等。经过清廷数十年的苦心经营，以惠远城为中心的"伊犁九城"成为"官兵既众，商旅云集"的关外重镇。

（二）伊犁城市的文化功能

伊犁九城作为统管天山南北的军政中心，城内一般建有军政长官衙署、官兵营房，演武场、仓库、市场等军政及民用设施。同时，作为中国传统城市的有机组成部分，每座城池内还建有许多宗教坛庙等文化场所。如惠远城内就建有万寿宫、关帝庙、八蜡庙、刘猛将军庙、火神庙、老君庙、城隍庙、龙王庙、风神庙、子孙圣母庙、社稷坛、先农坛、文昌宫、文昌阁、真武庙、

---

① （清）格琫额：《伊江汇览》，《中国地方志集成·新疆府县志辑》，凤凰出版传媒股份有限公司、凤凰出版社，2012，第9册，第535页。

② （清）佚名：《伊江集载》，《中国地方志集成·新疆府县志辑》，凤凰出版传媒股份有限公司、凤凰出版社，2012，第9册，第595～596页。

魁星阁、祠堂、节教祠、喇嘛寺等。每逢岁首、春秋，或是一些特定节日，伊犁将军通常会带领各级文武官员进行祭祀祷祝活动。如建于惠远城北门之内的万寿宫，"南向三楹，殿址高爽，东西朝房各三间，宫门三间，环以木橱，悉丹绘之。岁逢之辰，大小臣工，皆肃班恭祝焉"①。其他各城也有类似的坛庙建筑和祭祀活动，只不过规模一般较惠远城小而已。鲁西奇、马剑指出："中国古代城市不仅是政治统治的中心，它本身就是统治者获取或维护权力的一种手段或工具；同时，城市还是一种文化权力，是用以标识统治者的正统或合法性，区分华夏与非华夏、王化之内与王化之外的象征符号。"②上述万寿宫、关帝庙等坛庙建筑的修建以及各级官员的祭祀活动，正是这种文化权力的象征，同时也有效发挥着中心城市的文化功能。

除了修建各种坛庙行祭祀活动发挥城市的文化功能以外，惠远城设立了各种学校，对八旗子弟进行文化教育，《新疆识略》记载：

> 清书学八所：乾隆三十一年，将军明瑞以八旗随营子弟不能家子为学，每旗各设清书学房一所。每学房教习二人，教书教弓，学生无定额，派满营官管理，年终派员考课；义学一所。乾隆三十四年，将军伊勒图奏明两满营特设敬业官学一所，派协领等官管理，满洲、蒙古教习各一人，学生各三十名，按年考拔。如果启迪有方，该教习于薪水外，赏给

---

① （清）格琫额：《伊江汇览》，《中国地方志集成·新疆府县志辑》，凤凰出版传媒股份有限公司、凤凰出版社，2012，第9册，第536页。

② 鲁西奇、马剑：《空间与权力：中国古代城市形态与空间结构的政治文化内涵》，《江汉论坛》2009年第4期，第82页。

盐菜，其学生分别等次，月给纸笔银两，该管官记录一次，其蒙古教习专教托忒字。敬业官学一所：嘉庆七年，将军松筠以八旗子弟能读书者甚多，因于旗学、义学，及八旗闲散童蒙中挑取聪慧者入敬业学肄业。于旗下及废员中选派满汉教习分司教读并宣讲《圣谕广训》。每月给教习薪水费，学生纸笔银两，派满营协领等官管理。俄罗斯学一所：乾隆五十七年，将军保宁以伊犁无通晓俄罗斯语之人，奏请于京城俄罗斯馆内选派一人来伊犁，教习官兵子弟十数人。①

以上清书学、义学、敬业官学、俄罗斯学等教育机构的设立和教育活动的展开，增加了伊犁八旗官兵子弟受教育的机会，提升了官兵的文化素质，有效地发挥了中心城市的文化功能，同时也加强了伊犁天山北路文化中心的地位。

（三）废流人员对提升伊犁文化中心地位发挥的作用

废流人员，废即革除官职、废而不用，流即流放，废流人员就是被朝廷革职废弃并且流放到边疆接受惩处的官员。清朝统一新疆后，新疆成为全国流放废置官员的重点地区之一，据《清史稿》记载："若文武职官犯徒以上，轻则军台效力，重则新疆当差，成案相沿，遂为定例。"② 废流人员在新疆的流放地点主要是伊犁和乌鲁木齐。伊犁将军保宁等人在乾隆五十四年（1789）的一份奏折中提及伊犁、乌鲁木齐两地共有废员"二百七十余员名"③。两地之中，作为军府重地的伊犁，其废员人数要多于乌鲁

---

① （清）松筠：《新疆识略》，《中国地方志集成·新疆府县志辑》，凤凰出版传媒股份有限公司、凤凰出版社，2012，第 1 册，第 158 页。
② （民国）赵尔巽：《清史稿》卷 143，中华书局，1977，第 4195 页。
③ 《清高宗实录》卷 1332 "乾隆五十四年六月乙卯"条。

木齐。嘉庆五年（1800），在惠远城举行的一次阅兵式上，废员
洪亮吉看到"谪吏一边三十六，尽排长戟壮军容"[1]的场面。谪
吏就是贬谪流放的废员，一边三十六人，两边就有七十二人，可
见其数量不少。

废员当中除了少数人被诬陷、牵连，或是朝廷的不当处置被
无辜贬谪流放外，大多数人一般犯有过错或失误而流放边地。但
不管出于何种原因被贬谪流放，废流人员一般都具有较高的文化
素养和较强的办事能力。对于伊犁这样经济文化落后、人才匮乏
的边疆地区，废流人员往往因为文化水平高、才能出众而得到重
用。事实上，这些废员中的许多人，出于"效力自赎"和期望
"早日释还"的目的，确实也在贬谪期间认真办事、辛勤效力，
故而对新疆尤其是伊犁地区经济文化的发展做出了积极贡献，
同时，他们的著述也为提升伊犁地区的文化中心地位发挥了积
极作用。以下仅举几例对伊犁地区文化事业做出突出贡献的废
流人员。

洪亮吉（1746～1809），清代乾嘉时期著名学者。官至贵州
学政、宫中上书房行走。嘉庆四年（1799），因上书指陈时弊、
冒犯皇威而被清廷贬谪伊犁。洪亮吉在伊犁待了不足百日，返回
内地后，他把在新疆耳闻目睹之事及各种感受写成诗文，共有
《伊犁日记》《天山客话》《万里荷戈集》《百日赐还集》四种著
作传世。祁韵士（1751～1815），乾隆四十三年（1778）进士，
授翰林院编修，乾嘉时期著名学者。嘉庆九年（1804）任户部宝
泉局监督时，因局库亏空案而被"加恩免其死罪，发往伊犁充当

---

[1] （清）洪亮吉：《伊犁纪事诗四十二首》，参见吴蔼宸《历代西域诗钞》，新疆人民出
版社，2001，第152页。

苦差"①。他到伊犁后，受到伊犁将军松筠重用，令其编纂志书。祁韵士在原废员汪廷楷纂写的《伊犁总统事略》稿本的基础上，修改增纂成 12 卷之《西陲总统事略》一书。此外，贬谪伊犁期间他还编写了《西陲要略》《西域释地》《西陲竹枝词》《万里行程记》等书。徐松（1781～1848），嘉庆十年（1805）进士，授翰林院编修，官至湖南学政。嘉庆十七年（1812），徐松因所出试题"割裂经义"等罪名被贬谪伊犁达十年之久。在此期间，他受伊犁将军松筠重用，对《西陲总统事略》再次进行加工增修，完成后被松筠进呈给道光皇帝，被赐名为《新疆识略》。另外，徐松还著有《汉书西域传补正》《新疆赋》《西域水道记》等。这些著作都是他在大量实地调查的基础上撰写完成的，特别是《西域水道记》一书，详细地叙述了西域诸水系的各种状况和相关史实，史料价值很高。

　　以上所举仅为放逐伊犁且在文化方面贡献特别突出的废流人员，其他的还有云南迤南道员庄肇奎、陕西汉兴道员陈庭学、闽浙总督舒敏、浙江长兴知县舒其绍、山东金乡知县汪廷楷、浙江湖州知府方士淦、湖广总督林则徐、直隶总督吴熊光等许多人②，也都在流放伊犁期间留下了许多诗文和史地著作。齐清顺认为这些废员的笔耕力作，"不仅大大丰富了当时新疆的文化宝库，促进了新疆文化事业的发展，而且也为后人研究新疆历史留下了大量的可贵资料"③，其言甚是。不仅如此，废流人员在伊犁的活动及其著述，对于提升伊犁在新疆的文化影响力和文化中心地位，

① 《清仁宗实录》卷 140 "嘉庆十年二月庚午"条。
② 周轩：《清代新疆流人与西域史地学》，《新疆社会科学》2008 年第 3 期，第 122～126 页。
③ 齐清顺：《清代"废员"在新疆的"效力赎罪"》，《清史研究》2001 年第 3 期，第 55 页。

无疑具有重要的推动作用。

（四）伊犁多元文化中心的形成

根据以上论述可知，随着伊犁被确定为统治全疆的军政中心，一批城市在伊犁被修建起来；随着伊犁城市建设的发展，众多的坛庙建筑等文化设施也一起修建起来，而各种祭祀文化活动也随之循例开展；随着大批军政人员及各族官兵聚集伊犁，各种形式的学校教育活动也逐步开展起来；随着一批批具有较高文化素养的废流人员陆续被放逐到伊犁，伊犁地区的史志编纂和诗文创作也活跃起来。所有这些，共同促使伊犁再次成为天山北路的文化中心。

需要指出的是，清朝统一新疆后在伊犁形成的文化中心与准噶尔部统治时期的文化中心有很大不同。准噶尔时期的伊犁，其文化中心的作用更多地体现在藏传佛教这一宗教文化内容方面；而清朝统一新疆之后在伊犁形成的文化中心，则是一个聚集多种文化、文化内容更加丰富的多元文化中心。一方面，这是由伊犁地区多元化的民族构成所决定的。清朝统一新疆后不久，伊犁地区很快形成了满、汉、蒙古、锡伯、索伦、维吾尔、回等多元化的民族分布格局。多元化的民族分布格局必然产生多元化的文化分布，而作为天山北路文化中心的伊犁，也必然是文化多元化的文化中心。另一方面，清朝在伊犁地区所进行的文化活动涵盖伊犁地区所有的民族。如在一些重大的祭祀活动中，各民族品级较高的官员都要跟随伊犁将军一起参加祭祀活动，即便是维吾尔族伯克也不例外。再如在伊犁地区接受学校教育的，不仅仅是满洲一族的子弟，也包括伊犁其他各民族的子弟，据《伊江汇览》记载：

　　三十一年凉庄热河满兵移驻伊犁以来，八旗各设官学一处，遴选教习一人，训课本旗子弟。嗣于三十四年，将军永贵因旗兵驻于新疆，为各部落总汇之区，凡国语、蒙古、汉文在在均须熟悉，始于办公应事有益，是以奏明建立满、汉、蒙古官学各一所。……至移驻之锡伯，虽务农者多，然向驻盛京，深沐风化，自三十四年领队大臣伊（勒图）振兴教养，各设官学于佐领中，其教习课读之规，尚与满营相埒耳。他如索伦、察哈尔、厄鲁特皆有教习蒙古字语者，第半系父兄自相传授。初无讲学之法，近于管理厄鲁特营领队大臣署傍，挑取厄鲁特子弟数十人，教以满蒙书字。年来用夏变夷，陶甄颇有可观，即回户诵经书字，亦各具诠指。①

　　上述记载接受文化教育的民族，既包括满族，也包括锡伯、索伦、察哈尔、厄鲁特等民族，甚至还包括维吾尔族，几乎囊括了伊犁地区所有的民族；接受教育的群体，既有八旗官兵子弟，也有民人（如回户）子弟。从教授内容来看，不仅包括满语满文、汉语汉文，也包括蒙古语文和维吾尔语文。因此，我们完全有理由认为清朝统一新疆后在伊犁形成的文化中心就是一个多元文化中心。

　　总之，清朝统一新疆后，伊犁被确定为统治新疆的军政中心，受军政中心城市地位的影响和带动作用，伊犁逐渐形成天山北路乃至全疆多元文化的中心。

---

① （清）格琇额：《伊江汇览》，《中国地方志集成·新疆府县志辑》，凤凰出版传媒股份有限公司、凤凰出版社，2012，第9册，第555~556页。

三 清代后期天山北路文化中心的变迁

伊犁在天山北路乃至全疆范围而言具有一定的地缘优势，在准噶尔统治时期和清朝统一新疆后直至同治新疆动乱之前的两百多年中，伊犁一直作为天山北路和全疆的政治和文化中心。清朝后期，尤其是鸦片战争之后，随着新疆边界的变动以及政治军事形势的巨大变化，伊犁丧失了作为地区政治和文化中心的基本条件，因此也就失去了地区政治和文化中心的地位。此后，随着乌鲁木齐在全疆首府地位的确立，其文化聚集的功能日益凸显，并且很快成为天山北路乃至全疆的文化中心。有清二百多年中，新疆天山北路的文化中心第一次发生了重大变迁。

（一）伊犁文化中心地位的丧失

鸦片战争之后，清朝国势日衰。乘着清朝衰乱之际，沙俄不断蚕食中国西部领土。同治年间，新疆又爆发了席卷全疆的各族反清大起义，清朝在新疆的统治濒于崩溃。随着新疆政治军事形势的巨大变化，伊犁失去了作为全疆军政中心的基础条件，同时失去了地区文化中心的地位。

1. 西部大片领土的丧失

伊犁在天山北路乃至全疆范围而言具有一定的地缘优势，但是如果将伊犁放到与中国内地的关系方面来看，这一地区又有一个十分突出的缺陷，那就是距离内地过于遥远。在交通不甚发达的传统农业社会，由于距离内地太过遥远，伊犁在遭遇外敌入侵和内部变乱的情况下很难得到中央政府及时有效的军事支援，从而容易陷入孤军奋战和无力应对的窘境，甚至有可能失去对所辖领土的控制。

19世纪前半期，沙俄完成了对哈萨克草原的吞并，紧接着又开始向中国所属的巴尔喀什湖以东以南地区扩张。1846 年，沙俄沿爱古斯河南侵，过勒布什河，占领了卡拉塔河以东的卡帕尔。1854 年，沙俄占领楚河与伊犁河之间的阿拉木图。之后，又将其侵略势力伸向了伊赛克湖地区。1864 年，沙俄通过《勘分西北界约记》等条约割占了巴尔喀什湖以东以南 44 万平方公里的中国领土。

巴尔喀什湖以东以南数十万平方公里领土的丧失，使伊犁丧失了全疆地理中心的地位。不仅如此，伊犁地区仅余的伊犁河上游河谷部分也直接暴露在俄国的军事威胁之下，这一地区随时都有被沙俄侵吞的危险。事实上，在同治新疆动乱期间沙俄就乘机出兵占领这一地区长达十年之久。1881 年，通过艰苦谈判，清廷从俄国手中收复了伊犁，但为此霍尔果斯河以西 7 万多平方公里的中国领土又被迫割让给俄国。失去西部大片领土的伊犁变为缺乏屏障和无险可守的塞外孤城，"自分界以来中外之势若处一堂，其地旷野平原，无关山险要可守，一旦有事，而孤悬远塞，征挽兵饷，累月不能即至，而彼之铁轨朝发夕至，利钝迟速不可以道里相计，名曰收复，实空城也"[1]。此时的伊犁从地理位置来看，不再是新疆的地理中心，从战略上考虑，伊犁也不再适合做新疆的政治军事中心。

2. 伊犁城市残破和人口损失

1864 年，新疆爆发了反清农民大起义，起义浪潮迅速波及伊犁，不到两年时间，伊犁九城先后被起义军攻陷。1871 年，沙俄乘机出兵侵入伊犁，对伊犁进行了长达十年之久的军事占领。1881 年，清朝虽然通过艰苦谈判从俄国手中收复了伊犁，但是经

---

[1]　（清）王树枏等纂修，朱玉麒等整理《新疆图志》，上海古籍出版社，2015，第 44 页。

历战火蹂躏和沙俄劫掠后的伊犁九城已是满目疮痍，面目全非。
伊犁将军金顺在其奏折中指出：

> 伊犁九城，将军、参赞旧驻惠远城，城西南当河流之
> 冲，承平时，每年筑坝防护，十余年来，西南两面城垣均已
> 被水冲坏，城内仓库、官厅、兵房荡然无存。巴彦岱、霍尔
> 果斯两城，均系同治年间被贼攻陷，城垣坍塌尤甚。以上三
> 城，亟宜另筑。绥定、塔勒奇、瞻德三城，现在回民居住，
> 房舍虽有存者，城楼、女墙均已损坏，城垣亦多坍塌之处。
> 熙春、广仁两城，现在汉民居住，城垣、楼橹坍塌不堪。①

从上述奏折看出，收复后的伊犁九城已经遭到严重损毁，残破不
堪。至于城市周边的屯田，更是"现皆一片荒芜，鞠为茂草，桥
梁渠道年久失修"②。

历经战乱的伊犁不仅城市残破不堪，而且人口损失也很严
重。惠宁城被起义军攻陷后"阖城死者二万余人"③。惠远城破时
"兵民死者数万"④。在经历了长年战乱后，伊犁"满汉民人约计
前后阵亡不下六七万人"⑤。遭遇兵燹的伊犁人民，在沙俄侵占后
又遭受诱骗和劫掠，"前后被劫掠至俄境的中国原居人口达十万

---

① （清）金顺：《伊犁将军金顺奏接收伊犁并分界事宜折》，收入王彦威、王亮纂辑《清季
外交史料》，李育民等点校整理，湖南师范大学出版社，2015，第 2 册，第 516 页。
② （清）金顺：《伊犁将军金顺奏接收伊犁并分界事宜折》，收入王彦威、王亮纂辑《清季
外交史料》，李育民等点校整理，湖南师范大学出版社，2015，第 2 册，第 516 页。
③ （清）王树枏等纂修，朱玉麒等整理《新疆图志》，上海古籍出版社，2015，第
2134 页。
④ （清）王树枏等纂修，朱玉麒等整理《新疆图志》，上海古籍出版社，2015，第
2136 页。
⑤ 中国第一历史档案馆藏：军机处奏折录副，民族类，档号 1558，光绪十三。

多人"①。伊犁原本就人口不多，再经如此惨重损失，更加成为人烟稀薄之地。

历经劫难的伊犁在饱受兵燹和沙俄劫掠后，城市残破，人口凋零，虽然清廷从沙俄手中收复了伊犁，但事实上它已经变为一座空城。此时的伊犁既无能力继续担当全疆政治中心的重任，也无条件继续作为天山北路的文化中心。

3. 伊犁文化中心地位的丧失

伊犁作为清朝统一新疆后的地区文化中心很大程度上是得益于它在全疆的军政中心地位，军政机构的各级官员仅仅依靠较高的政治地位和自身的文化素养来维系它在天山北路乃至全疆的文化优势地位，但在地方文化发展方面着实建树不多。即便有少数地方官员想发展伊犁的文化教育事业，也得不到清朝皇帝应有的支持。嘉庆八年（1803），时任伊犁将军的松筠奏请在伊犁设立学额时，竟然遭到嘉庆皇帝的拒绝和申斥：

> 伊犁地处边陲，毗连外域，非乌鲁木齐建立府厅州县、设有学额者可比，自应以武备边防为重。若令专习汉文，必至艺勇生疏……松筠系该处将军，尤应留意边防，整饬武备，何不晓事体若此，着传旨申饬。②

事实上，这一地区多半是依靠众多民族聚居而形成简单的多元文化聚集中心。在军府机构驻扎伊犁的百余年中，清廷只在乎维系这一地区的军政中心地位，而无意将这一地区各民族的多元

---

① 《沙俄侵略中国西北边疆史》编写组：《沙俄侵略中国西北边疆史》，人民出版社，1979，第 285 页。
② 《清仁宗实录》卷 108 "嘉庆八年二月丁巳"条。

文化整合成为一种具有较强凝聚力的共同文化，也无意将伊犁打造成天山北路乃至全疆具有强大影响力的文化中心。随着西部大片领土的丧失，伊犁不仅失去了全疆地理中心的地位，而且沦为边境地区。加之同治年间伊犁城市遭到严重破坏以及人口的大量损失，伊犁失去了作为文化中心的基础条件，随着政治中心的东移，其文化中心之地位自然也就消失了。

（二）乌鲁木齐成为天山北路的文化中心

乌鲁木齐地处天山北路中段，准噶尔盆地南缘，交通便利，土地肥沃，自然条件也比较优越。清朝统一新疆后，将乌鲁木齐作为移民开发的重点区域。经过广大移民数十年辛勤开发建设，乌鲁木齐一带成为新疆最为繁荣富庶的地区，同时，它也成为新疆文化发达的地区。但是由于清朝长期将伊犁作为统治全疆的军政中心，所以乌鲁木齐的文化影响基本上局限于本地区，它始终无法超越伊犁而成为天山北路的文化中心。光绪初年新疆收复之后，清廷将新疆的首府设在了乌鲁木齐的迪化城，受区域政治中心城市的影响和带动，乌鲁木齐很快成为天山北路乃至全疆的文化中心。

1. 乌鲁木齐的自然条件优势

乌鲁木齐南倚天山，东、西、南三面环山，北面是由乌鲁木齐河、头屯河、白杨河等河流冲积而成的广阔的冲积平原。乌鲁木齐北部平原土层深厚，水泉丰富，灌溉便利，所以土地肥沃，农牧皆宜，《西域图志》云：

> 准部以伊犁为庭，自今镇西府西行至伊犁三千里间，以乌鲁木齐为之中膏腴之地，今为迪化州全境。东南傍近祁连，山环水带，最称膏腴。两汉以来，未入中国，唐得之为

　　北庭都护府，非以其水深土厚，郁成都会欤。其左右诸境，水泉饶裕，并宜耕牧。①

上文中"山环水带，最称膏腴"，"其左右诸境，水泉饶裕，并宜耕牧"等语句都是对乌鲁木齐这片膏腴之地的客观评价。《西域总志》亦云：

　　其地山川灵秀，土宇旷平，多材木煤铁之利。沃野千里，足以耕种，草肥水甘，宜于牧放牲畜。且地当孔道，扼伊犁门户咽喉之要地。②

　　在天山北路，乌鲁木齐与伊犁的自然条件都比较优越，土地广阔而肥沃，宜农宜牧。与伊犁相比，乌鲁木齐地区的降水稀少，气候干燥，但是因为有天山北麓涌流而出的多条河流和大量水泉，也为牧草生长和农业灌溉提供了必要的保障，这在一定程度上弥补了该地区降水不足的缺憾，从而成为宜农宜牧的膏腴之地。而乌鲁木齐的优势在于地理位置适中，交通便利。它向东经吉木萨尔、奇台可达镇西，向西经昌吉、玛纳斯、库尔喀喇乌苏至精河，由精河向北可达到塔尔巴哈台，向南可至伊犁；同时，由乌鲁木齐向南可穿越天山至吐鲁番、焉耆、哈密等地。因此，乌鲁木齐处于连接天山北路东西，沟通天山南北的地理要冲上。此外，乌鲁木齐距离内地也相对近便，便于开发。新疆统一之初，清廷曾一度打算对伊犁地区进行大规模移民开发，但是由于

---

① 钟兴麒等校注《西域图志校注》，新疆人民出版社，2002，第68页。
② （清）七十一：《西域总志》卷3，《中国地方志集成·新疆府县志辑》，凤凰出版传媒股份有限公司、凤凰出版社，2012，第3册，第542页。

距离太过遥远，移民到达困难，最后不得不放弃这一计划，而将乌鲁木齐地区确定为移民开发的重点地区。

2. 乌鲁木齐地区城市的兴建和发展

清代乌鲁木齐地区的城市始建于清朝平定准噶尔之初，但关于具体年代诸史志的记载互有不同。如《清史稿》的记载为乾隆二十年，《西域图考》的记载为乾隆二十一年，《乌鲁木齐政略》的记载为乾隆二十三年，《新疆图志》的记载为乾隆二十八年。苏奎俊认为乌鲁木齐地区的城市始建年代应当是《乌鲁木齐政略》记载的乾隆二十三年，理由是二十二年十月，乾隆帝令筹备乌鲁木齐屯田事宜，要在乌鲁木齐长期驻扎军队，时已入冬，筑城完工时间只可能在乾隆二十三年（1758）。他还从《乌鲁木齐政略》记事的起止年代及成书时间分析了该书记载的可靠性。[①]今从其说。《乌鲁木齐政略》记载："旧城在迪化城南约一里，乾隆二十三年建，二十八年重修，周一里五分，高一丈二尺。"[②]乌鲁木齐的迪化旧城重修于乾隆二十八年，《清高宗实录》对此有较详细的记载：

> 乌鲁木齐办事副都统侍郎旌额理等奏，乌鲁木齐驻扎旧城，初系土堡，周围一里六分，现在街市房屋渐加稠密，拟将城垣加高一丈六尺，厚一丈，添建四门，八月内即可告竣。……寻钦定乌鲁木齐城曰迪化城，城门东曰惠孚，西曰丰庆，南曰肇阜，北曰憬惠。[③]

---

① 苏奎俊：《清代乌鲁木齐城市的构建及演变》，《新疆大学学报》（哲学·人文社会科学版）2011 年第 5 期，第 56 页。

② （清）佚名：《乌鲁木齐政略》，《边疆建制资料初编·西北及西南建制》（全 23 册），知识产权出版社，2011，第 8 册，第 339 页。

③ 《清高宗实录》卷 692 "乾隆二十八年八月癸巳"条。

乾隆三十年，在旧城北再筑新城，三十二年完工，新城"周四里五分，高二丈一尺五寸"①，并且沿用了旧城的城名及四座城门的名字。乾隆三十六年，清廷决定从甘肃凉州、庄浪抽调满洲八旗移驻乌鲁木齐，为了安置八旗官兵及其眷属，计划在迪化城西八里再筑新城，据《乌鲁木齐事宜》记载：

> 满城一座，周九里三分，墙连垛口高二丈二尺五寸，厚一丈七尺。……城楼、角楼、炮台、官兵衙署房间以及仓库、堆房并官铺，共计九千五百五十间。乾隆三十七年建筑。上赐城名巩宁城，东承曦门，西宜稼门，南轨同门，北枢正门。②

满城于乾隆三十七年动工修建，三十八年完工，皇帝御赐"巩宁"城名及四门名称。该城规制宏大，因为是满洲八旗驻地，故谓满城，而以原先的迪化城为汉城。

随着移民屯垦的不断发展，在乌鲁木齐周边地区也先后兴起一批中小城镇，如昌吉、阜康、呼图壁、奇台、古城、吉木萨尔、绥来等。这些城镇最初是出关移民的落户地和兵屯点，以后筑堡修城，派驻文员，设立州县，渐具城市规模。

随着移民人口的不断增加和农业屯垦的不断发展，乌鲁木齐地区的城市人口不断增长，商业渐趋繁荣。至乾隆六十年（1795），迪化州属民商人户"3326户，男妇大小近3万余口"③。当时乌鲁

---

① （清）佚名：《乌鲁木齐政略》，《边疆建制资料初编·西北及西南建制》（全23册），知识产权出版社，2011，第8册，第339页。

② （清）永保：《乌鲁木齐事宜》，《中国地方志集成·新疆府县志辑》第8册，凤凰出版传媒股份有限公司、凤凰出版社，2012，第540页。

③ （清）永保：《乌鲁木齐事宜》，《中国地方志集成·新疆府县志辑》第8册，凤凰出版传媒股份有限公司、凤凰出版社，2012，第573页。

木齐"店铺鳞次，内外各货无不丰备。市街宽敞，人民辐辏。茶房、酒店、优伶、歌童、工艺技巧之人，无一不可以觅食，嘉峪关外最为繁华富庶"①。迪化城南关厢有旧城一座，为商民所居，"旧城南北买卖商贩，市肆繁华，俨成都会"②。嘉庆十年（1805），祁韵士途经乌鲁木齐时看到满、汉两城夹河相对，东城为汉城，提督驻扎；西为满城，都统及道州各员驻扎。他认为乌鲁木齐是天山北路第一富庶之区，"廛舍稠密，炊烟四起，沙山林树，一望苍茫。形势扼要，一大都会也"③。

3. 乌鲁木齐地区文化的发展

一如伊犁地区的城市，乌鲁木齐地区的城市内外也建有许多具有文化功能的建筑。如迪化城内东街有万寿宫，城西门有城隍庙，城北门楼有真武、文昌、奎星等神阁，瓮城内有财神庙，至于环城寺庙颇多，难以备述。④ 巩宁城东门内的万寿宫有房31间，北门内的关帝庙有房32间，关帝庙西连城隍庙，东连龙王庙。东门瓮城内有火神庙，东关厢街东有文庙，文庙旁有州学正衙署，东关厢南头灵应山坡有龙王庙，城外西南隅有社稷坛，城外东南隅有先农坛，先农坛东小山岗上有八蜡庙。⑤ 每逢岁首、春秋，或是一些特殊日子，乌鲁木齐的军政长官通常会带领各级文武官员进行祭祀祷祝活动。而城市军民及附近乡村百姓也以祭

---

① （清）七十一：《西域总志》卷3《新疆列传》，《中国地方志集成·新疆府县志辑》第3册，凤凰出版传媒股份有限公司、凤凰出版社，2012，第543～544页。

② （清）永保：《乌鲁木齐事宜》，《中国地方志集成·新疆府县志辑》第8册，凤凰出版传媒股份有限公司、凤凰出版社，2012，第543页。

③ （清）祁韵士：《万里行程记》，甘肃人民出版社，2002，第22页。

④ （清）永保：《乌鲁木齐事宜》，《中国地方志集成·新疆府县志辑》第8册，凤凰出版传媒股份有限公司、凤凰出版社，2012，第543页。

⑤ （清）永保：《乌鲁木齐事宜》，《中国地方志集成·新疆府县志辑》第8册，凤凰出版传媒股份有限公司、凤凰出版社，2012，第540～542页。

祀活动为契机，开展各种娱乐文化活动。

随着大量屯田农民迁入乌鲁木齐地区，传统的封建文化教育活动也在这一地区逐渐展开。乾隆三十二年（1767），应乌鲁木齐办事大臣温福的奏请，乾隆皇帝批准在迪化、昌吉、阜康、吉木萨尔、奇台等地设立义学。[①] 这些义学有的以书院命名，如迪化的桐华书院、虎峰书院等，绥来的碧峰书院等。乾隆三十四年（1769），温福又奏准在乌鲁木齐设立学额，"岁入文生四名、武生四名，科入文生四名"[②]。此后，阜康、绥来等县学也相继奏准设立学额，学额与乌鲁木齐大体相同。以上州县在设立学额的同时，并设置学官，州为学正、县为训导，由他们负责对州县学校的管理。州县学校的建立和学额的设定，为乌鲁木齐地区文化教育事业的发展注入了动力，也给这一地区的文化事业的发展带来了新气象。纪昀在其《乌鲁木齐杂诗》之"芹香新染"一诗的自注中写道："迪化、宁边、景化、阜康四城，自建设学额以来，营伍亦建义学二处，教兵之子弟，弦歌相闻，俨然中土。"[③]《西域图志》记载：

> 兹当西域涵濡圣化之余，中外一家，版户鳞集，学校与州郡并建。莘莘俎豆，济济生徒，与内地无异。……昨岁丁酉秋闱，早有以迪化州通籍，歌《鹿鸣》而来者，是由感激奋兴，科第蔚起。固北庭西海之间，伊古未逢之隆规也已。[④]

---

① （清）和瑛：《三州辑略》，《中国地方志集成·新疆府县志辑》第 6 册，凤凰出版传媒股份有限公司、凤凰出版社，2012，第 177 页。

② （清）和瑛：《三州辑略》，《中国地方志集成·新疆府县志辑》第 6 册，凤凰出版传媒股份有限公司、凤凰出版社，2012，第 155 页。

③ （清）纪昀著，陈效简等注《乌鲁木齐杂诗注》，新疆人民出版社，1991，第 88 页。

④ 钟兴麒等校注《西域图志》，新疆人民出版社，2002，第 487 页。

学校的建立和教育的发展，使得乌鲁木齐地区的文化教育出现欣欣向荣的景象。如果抛开与内地的差距，仅从新疆自身来看，清朝政府在乌鲁木齐等地兴办教育的举措，无疑促进了当地文化教育事业的进步，同时也促使乌鲁木齐地区的文化教育在新疆处于领先的地位，与之比肩者，只有镇西府而已。

除了具有文化功能的各种设施的修建和学校教育事业的发展，大批废流人员的到来也为乌鲁木齐地区文化的发展颇多助益。跟伊犁一样，乌鲁木齐也是清朝流放废员的重点地区。据《三州辑略》的统计，从乾隆二十五年到嘉庆十二年近五十年中，乌鲁木齐先后安置各类废员 380 余名。① 在这些废流人员中，不乏学识渊博的饱学之士，如纪昀就是他们中的杰出代表。纪昀，字晓岚，乾隆十九年进士，官至翰林院编修，在清代文坛颇负盛名。乾隆三十二年因"漏言"被清廷革职发遣乌鲁木齐。他根据自己在乌鲁木齐的亲身见闻，写有《乌鲁木齐杂诗》160 首。返回内地后，在其所著《阅微草堂笔记》中，对新疆发生的事件也多有记载。他的诗文，生动地记述了当时乌鲁木齐地区的自然风光和社会生活状况。其他还有李銮宣、史善长等，在贬谪乌鲁木齐期间都有诗作留世，在此不一一赘述。值得一提的是蒙古镶黄旗人和瑛，嘉庆七年因"废弛政务"的罪名被清廷革职发遣乌鲁木齐。不久，转升喀什噶尔参赞大臣、乌鲁木齐都统等职。在新疆任职期间，他组织人力先后编纂了《回疆通志》和《三州辑略》两部地方志，这两部志书是研究清代新疆历史不可或缺的重要资料。总之，发遣至乌鲁木齐效力之废流人员的著述活动，对

---

① （清）和瑛：《三州辑略》卷 6《流寓门》。《中国地方志集成·省志辑·新疆、青海、西藏》第 6 册，凤凰出版传媒股份有限公司、凤凰出版社，2012，第 182 页。

于推动乌鲁木齐地区的文化发展颇多助益，对于提升这一地区的
文化形象增色不少。

4. 乌鲁木齐文化中心的形成

自乾隆统一新疆直至同治新疆动乱之前，随着屯垦事业的发
展，乌鲁木齐地区的社会经济和文化事业都得到了长足发展，尤
其是在文化教育领域，乌鲁木齐在新疆各地当中是比较领先的。
但是由于清朝长期将伊犁作为统治全疆的军政中心，加之又长期
在新疆内部实行文化上的隔离，所以乌鲁木齐地区的文化对其他
地区没有产生太大的影响，其影响范围基本上局限于天山北路的
东部地区，因此，这一地区始终无法超越伊犁而成为天山北路的
文化中心。

同治年间新疆的社会动荡对于乌鲁木齐地区社会经济的破坏
也相当严重，但比伊犁的情况要相对好一些。新疆收复之后在社
会经济的重建过程中，乌鲁木齐地区社会经济的恢复要比伊犁快
得多。光绪十年（1884），新疆建省，并将乌鲁木齐作为新疆的
首府，这一重大举措极大地提高了乌鲁木齐在全疆的政治地位。
乌鲁木齐作为新疆新的统治中心，首先要发挥它的政治功能，但
在发挥政治功能的同时，其文化功能也有意无意地得到了加强。
光绪十二年（1886），"升迪化州学为府学。设教授一，管理迪化
所属各县学务。旧设昌吉、阜康、绥来、奇台各训导均裁。镇西
府改厅学，仍设训导，不与他属"①。这一改变提高了乌鲁木齐的
教育行政级别，加强了乌鲁木齐的文化教育功能。

同治之前，乌鲁木齐地区的文化就相对发达，乌鲁木齐被定

---

① （清）王树枏等纂修，朱玉麒等整理《新疆图志》，上海古籍出版社，2015，第
695 页。

为省会城市后，其文化功能由于首府地位而得到了空前强化，这在文化教育方面表现尤其突出。光绪十八年（1892），为了适应新疆日益频繁的外交需要，新疆地方当局在省府迪化设立俄文学馆，培养俄语翻译人才。清朝末年，在全国实行"新政"形势的影响下，新疆也开始推行"新政"。清末在新疆实行的"新政"当中，文化教育的改革和发展得到特别重视，取得的成效也比较明显。首任提学使杜彤以"求普不求高，学务人厚薪不兼差，以次渐进不惑种人难于见功之说"① 为办学宗旨，在新疆积极推行新式教育，因此各类学堂如雨后春笋般在全疆范围内迅速兴办起来，各府厅州县遍设初高等小学。作为首府的乌鲁木齐，不仅设立了许多初高等学堂，而且先后设立法政学堂、中俄学堂、师范学堂、将弁学堂、巡警学堂、陆军小学堂、实业教员讲习所等一些专门学校。② 一方面，各地成绩优异的学生会被吸收到省会城市的高级学堂或各类专门学堂中进行进一步深造，显示首府城市的人才聚集功能；另一方面，在这些专门学校学习的学生毕业后被分派到全疆各地充当军政人员、警察、教师等职业，他们为以后新疆政治、经济、文化教育等许多领域的发展发挥了重要作用。这又显示出首府城市的文化输出功能。这种人才聚集和文化输出功能在新疆其他地区是无法办到的，充分显示了省会城市的文化优势。

当然，除了各地成绩优异的学生，新疆其他地区甚至内地的优秀人才也会受到首府城市人才聚集功能的影响而被吸引到乌鲁

---

① （清）王树枏等纂修，朱玉麒等整理《新疆图志》，上海古籍出版社，2015，第696页。

② （清）王树枏等纂修，朱玉麒等整理《新疆图志》，上海古籍出版社，2015，第705～706页。

木齐；同样，乌鲁木齐的优秀人才也会被输送到新疆各地，发挥文化辐射的功能。这与同治之前的情况已经有了很大不同。同治之前尤其是乾嘉时期，由于清廷在新疆实行严格的种族和文化隔离政策，人员的自由流动受到很大限制。即便是作为统治中心的伊犁，也很难吸收到新疆其他地区的优秀人才，当然也很少为其他地区输送优秀人才。至于乌鲁木齐，尽管文化相对发达，但其文化聚集和辐射的功能就更加有限。新疆建省后，人员自由流动的人为限制被彻底打破，作为新的首府的乌鲁木齐，新疆各个地区、各个民族的人才都有可能被吸引而来，真正发挥首府城市的文化聚集功能。同时，由于这里聚集了更多的各种优秀人才，才有可能为新疆其他地区输送更多人才，才能更好地发挥文化辐射的功能。正是有了这种强大的人才聚集功能和文化输出功能，使得乌鲁木齐逐渐形成天山北路乃至全疆的文化中心。

总之，新疆收复之后，由于乌鲁木齐首府城市地位的确立，其首府城市的文化功能得到比较充分的发挥，其文化聚集和文化输出的功能也得到了空前加强，进而使其取代伊犁成为清代后期天山北路乃至全疆的文化中心，并且呈现不断巩固和加强的趋势。这种状况直到清朝灭亡也不曾改变，直到现在乌鲁木齐依然是天山北路和整个新疆的文化中心。

第五节　清代天山北路文化特征的变迁

在谈及新疆的文化特征时，无论是研究者还是普通民众，一般习惯于将文化的多元性看作新疆文化的主要特征。诚然，以整个新疆这一广大的区域范围和一个较长的时间尺度来衡量，这种认识似乎没有太大的问题。但是，如果将其地域范围和时间尺度缩小，这种认识就很难说得上是准确了。就天山北路而言，事实上在清代以前的不同历史阶段，这一地区尽管曾经有许多民族生息繁衍过，但这些民族绝大多数是游牧民族。这些游牧民族除了语言文字有所差别外，其经济方式相同，风俗习惯大体相似，一般都表现出浓厚的草原文化色调，多元文化的色彩并不突出。甚至在清代前期准噶尔部统治天山北路时期，这一地区的文化依然表现为相对单一的草原游牧文化。但是清朝统一天山南北以后，天山北路的地域文化特征才开始发生显著变化，由一元变为多元。清代后期，这一地区文化的多元性特征有所深化。以下分准噶尔部统治时期、清朝统一新疆后、清朝后期三个阶段分别论述清代天山北路文化特征的变迁。

一 准噶尔部统治时期天山北路的一元文化

在明代，天山以北的广大地区是卫拉特蒙古人活动的区域。卫拉特蒙古主要由和硕特、土尔扈特、准噶尔、杜尔伯特等四大部组成部落联盟。明末清初之际，四卫拉特之一的准噶尔部强大起来，逐渐统一各部，建立起统一的准噶尔政权。准噶尔政权自建立至清朝乾隆中期灭亡，前后存续了一百多年时间。在准噶尔政权统治时期，仍然分为四个较大的部落分别游牧，其时四部为准噶尔、和硕特、杜尔伯特、辉特，因为当时土尔扈特部已经西迁到俄罗斯的伏尔加河流域，辉特部取代土尔扈特部成为新的准噶尔四部之一。在这四部当中，准噶尔部人口最多，势力最强，所以才能统治其他各部。

在准噶尔部统治时期，天山北路尽管由准噶尔四部分别游牧，但这四部都属于同一个民族，即准噶尔蒙古族。准噶尔蒙古各部，除了每一个部落有各自的首领，游牧于不同的地区之外，他们都使用共同的语言和文字，都以游牧为生，有着共同的宗教信仰，风俗习惯也完全相同，故其内部文化表现出高度的一致性，因此我们可以将准噶尔统治时期天山北路的文化看作是相对单一的一元文化。

语言文字方面，准噶尔蒙古人使用西部蒙古语和托忒蒙古文。西部蒙古语是蒙古方言的一种，蒙古方言分为多种方言，主要有"卫拉特语方言、巴虎尔布里亚特方言和内蒙古方言"①，卫拉特方言也就是西部蒙古语。因为卫拉特方言源于蒙古语，故其与蒙古语大体相同而略有区别，它被天山北路的准噶尔各部共同使用。托忒文字是由卫拉特高僧拉布紧巴·咱雅班第达于清顺治五年（1648 年）创制的，创制的目的是弘扬佛教。托忒蒙古文为字母文字，一共有 15 个字母，每个字母有 7 个不同的发音，不同字母组成文字。书写方式从上到下，从右到左，书写工具使用木笔。与古代畏兀儿蒙古文相比，"托忒文字母基本上做到了一字一音，使得该文字易学易懂，便于卫拉特蒙古族人民掌握使用，很快便在西蒙古地区传播开来"②。

经济方式方面，作为一个游牧民族，游牧经济自然是准噶尔蒙古人最主要的经济方式。天山北路地域辽阔，草场广布，拉铁摩尔指出，"在天山北麓，有一片重要的草场，阿尔泰山南麓的草场则更加肥美。这些草场可以使游牧人从东到西，或从西到东，连续地迁徙"③。准噶尔蒙古人利用这些丰美的牧场，积极发

---

① 清格尔泰：《中国蒙古语方言的划分》，《民族语文》1979 年第 2 期，第 13 页。
② 马大正、成崇德主编《卫拉特蒙古史纲》，新疆人民出版社，2006，第 632 页。
③ 〔美〕拉铁摩尔：《中国的亚洲内陆边疆》，唐晓峰译，江苏人民出版社，2005，第 106 页。

展游牧经济，在策妄阿拉布坦及噶尔丹策零父子统治时期，准噶尔汗国的游牧经济出现繁荣景象。椿园七十一指出，伊犁、乌鲁木齐、雅儿、珠勒都斯、玛纳斯、巴彦岱等地，"草肥、水甘"，牲畜易于蕃息，"马、驼、牛、羊遍满山谷"[①]。除了游牧经济以外，准噶尔蒙古人也利用从南疆掳获来的维吾尔农民耕种庄稼，但农业在其整个经济中所占比重不大。

宗教信仰方面，准噶尔蒙古人共同信仰藏传佛教。17 世纪初，在卫拉特蒙古王公贵族的积极倡导下，藏传佛教在天山北路地区开始传播。当时卫拉特各部封建主每人献出一个儿子去做喇嘛，并被送往西藏学习。这些学成返回的喇嘛，积极在卫拉特各部传播藏传佛教。这一时期，天山北路各地陆续修建了一些寺庙。最初修建的寺庙相对简陋，一般是将佛像、佛经供奉在毡房里面。不过也有一些寺庙是用石头或黏土修建而成。经过三四十年时间的传播和发展，藏传佛教很快成为天山北路准噶尔蒙古人全民共同信仰的宗教。在策妄阿拉布坦、噶尔丹策零在位时，天山北路的藏传佛教臻于鼎盛，当时在伊犁河两岸先后修建了固尔札和海努克两座规模宏大的寺院，在这两座寺院里常住的喇嘛多达数千人，"岁首盛夏，其膜拜顶礼者远近咸集"[②]。

风俗习惯方面，由于准噶尔蒙古人从事游牧经济，其衣食住行多与这种经济方式紧密相连。《西域图志》在论述准噶尔人的风俗时说道："择丰草绿缛处所，驻牙而游牧焉。各有分地，问富强者，数牲畜多寡以对。饥食其肉，渴饮其酪，寒衣其皮，驱

---

① （清）七十一:《西域闻见录》卷5,《边疆史地文献初编·西北边疆》第1辑,中央编译出版社,2011,第9册（全24册）,第142~143页。

② （清）松筠:《西陲总统事略》卷12,《中国地方志集成·新疆府县志辑》第3册,凤凰出版传媒股份有限公司、凤凰出版社,2012,第86页。

驰资其用，无一不取给于牲畜。储粮峙粜之计，所弗屑也。"① 他们的一些重大节庆活动，也与这种经济方式相关，"秋月则酋长有马射之棚，长夏则亲朋有马湩之会"②。此外，由于藏传佛教的影响，天山北路的准噶尔蒙古人在生活习俗的很多方面都有这种宗教烙印，如他们的婚丧嫁娶，一般都要请喇嘛念经。即便是生病就医，也多是请喇嘛医治或诵经。

总之，在准噶尔部统治时期，天山北路的民族成分相对单一，基本上是准噶尔蒙古人，他们使用共同的语言和文字，都以游牧为生，有着共同的宗教信仰，风俗习惯也完全相同，其内部文化表现出高度的一致性，因此该时期天山北路文化一元性特征比较明显。这种一元文化受到其经济方式的深刻影响，突出表现出草原游牧文化的色彩。

二 清朝统一新疆后天山北路多元文化的形成

清朝统一新疆之初，准噶尔人丧亡殆尽，天山北路成为地旷人稀的地区。为了巩固西北边防，清政府在统一新疆后不久即从东北、内蒙古地区调遣满洲、索伦、察哈尔、厄鲁特、锡伯兵丁携眷移驻伊犁、乌鲁木齐等地。同时，为了稳定和开发新疆的需要，清政府鼓励、招引、组织大批内地贫困农民至天山北路从事移民屯垦活动。这些移民多为汉族农民，其次为回族，他们主要分布在天山北路的乌鲁木齐、巴里坤、伊犁等地。另外，伊犁地区还有从南疆迁移而来的维吾尔族农民从事屯垦活动。随着内地各族军民移居天山北路以及清朝政府各项巩固统治政策的实施，

① 钟兴麒等校注《西域图志》，新疆人民出版社，2002，第512页。
② 钟兴麒等校注《西域图志》，新疆人民出版社，2002，第487页。

天山北路的文化特征在短时期内发生了巨大改变，当地原有的一元化的文化格局被彻底打破，多元化的文化格局在天山北路逐步形成。统一之后的天山北路，其文化的多元性特征在语言文字、经济方式、宗教信仰、风俗习惯、管理制度等诸多方面均有表现。

（一）语言文字的多元性

统一之后的天山北路各民族语言分别属于汉藏语系、阿尔泰语系两大语系。汉藏语系在天山北路仅有一个语族、一个语种，那就是汉语族的汉语言，与这一语言相对应的文字为汉字，使用这一语言文字的主要是汉族和回族，其次还有满族，他们的人口在天山北路占据优势地位，因此汉语汉字在天山北路使用很广，它们是清代天山北路官方通用的语言和文字。阿尔泰语系分为突厥语族、蒙古语族、满—通古斯语族。维吾尔语、哈萨克语、柯尔克孜语等语言同属突厥语族，这几种民族语言一般共同使用察合台维吾尔文；蒙古语、达斡尔语属蒙古语族，其文字为托忒蒙古文；满语、锡伯语属满—通古斯语族，其对应文字为满文。满语满文也是清代天山北路官方通用的语言文字。总之，清朝统一新疆之后天山北路有多种语言文字并行使用，充分体现了语言文字的多元性。

（二）经济方式的多元性

准噶尔部统治时期，天山北路盛行游牧经济，其他经济成分比重很小。清朝统一新疆后，随着天山北路大规模移民屯垦活动的展开，农业经济取代游牧经济成为这一地区的主要经济形式。在移民集中的巴里坤、乌鲁木齐等地区，农耕土地大片出现，村墟联络，人烟兴旺，天山北路成为一个新兴的农业区。与此同时，畜牧业经济在天山北路继续存在并占有相当比重。一来这一地区的蒙古族、哈萨克族等游牧部落，大多沿袭传统的游牧方式从事畜牧业生产，二来清朝政府为了满足屯田兵民的畜力和肉食需要也主动经营一些官营牧场，发展畜牧业。除了农业和畜牧业经济以外，商业经济在清朝统一新疆后在天山北路有了较大发展。其主要原因在于内地商人在天山北路经商限制较少，许多山西、陕西商人来到这一地区从事商品交易活动；其次，官方与哈萨克之间的贸易活动也很频繁。总之，清朝统一新疆后天山北路地区的经济方式也变得多元化。

（三）宗教信仰的多元性

准噶尔部统治时期，藏传佛教在天山北路盛极一时，但随着平准战争中准噶尔蒙古人口的大批丧亡，这一宗教在天山北路的影响趋于衰落。与此同时，随着内地各族军民迁入天山北路，中原内地的各种宗教也很快被移植到这一地区。中原内地人民信仰的宗教主要是佛教和道教，这两种宗教其实在魏晋至隋唐时期曾经在天山北路的局部地区一度流行过，随着信仰佛教和道教的驻防官兵、垦田农民、商贾等内地移民大量涌入天山北路，汉传佛教与道教又再次传入天山北路，并且逐渐复兴起来。在汉人较集中的巴里坤、乌鲁木齐，以及满人集中的伊犁等地，佛教寺院和道教宫观被大量修建起来。此外，随着维吾尔、哈萨克、回族等民族进入天山北路，伊斯兰教也在天山北路的局部地区流行起来。总之，随着新疆统一之后各族移民大量进入天山北路，藏传佛教一教独尊的格局被彻底打破，天山北路形成汉传佛教、藏传佛教、道教、伊斯兰教等多元宗教并存的局面。

（四）风俗习惯的多元性

天山北路民族众多，受不同经济方式、宗教信仰、文化传统等因素的影响，他们的风俗习惯各有特点，多姿多彩。大致而言，各个民族的衣食住行，多受经济方式的影响。以农耕为生的汉、回、维吾尔等民族，饮食以米面蔬菜为主，衣服原料多用布匹绸缎制作，他们居住在土木或砖木修建的平房里，出行一般靠步行，也会使用车、马、驴等交通工具；以游牧为生的蒙古、哈萨克等民族，以肉食为主，以乳酪、奶茶为饮料，其衣服原料多来自牲畜的皮毛和毛织品，他们住毡房或蒙古包，出行一般骑马。同时，他们的饮食习俗还受到宗教信仰的影响，如信仰伊斯兰教的各民族忌食猪肉，蒙古族则忌食狗肉、马肉。天山北路由于民族众多，节庆活动也远比内地丰富。汉族人的节日与内地相同，主要有春节、清明节、端午节、中秋节、重阳节等。维吾尔、哈萨克、回族等民族共有的重要节日为肉孜节、古尔邦节。蒙古族则有那达慕大会、麦德尔节等。锡伯族的节日与汉族、满族大致相同，但是过节的方式不大一样，此外西迁节是他们特有的节日。

（五）管理制度的多元性

清朝统一新疆后，在全疆范围内实行军府制统治。1762 年，清政府在伊犁设立总统伊犁等处将军，作为统治新疆全境的最高军政长官，在伊犁、塔城、喀什噶尔三地分别设参赞大臣，而在乌鲁木齐地区设都统，他们受伊犁将军节制，分别管理当地的军政事务。至于民政事务，则根据各地不同情况建立不同的管理制度。天山北路的伊犁地区，屯田的维吾尔族农民，以伯克制进行管理，而各族官兵，则以八旗制管理；乌鲁木齐、巴里坤地区的屯田农民，仿照内地建立府州县制进行管理；塔尔巴哈台地区的蒙古、哈萨克族游牧民，实行札萨克制。司法制度方面，在实行府州县制的乌鲁木齐、巴里坤地区，跟内地一样完全实行大清律例；在蒙古、哈萨克游牧民地区，除了重大刑事案件按大清律例裁决外，一般案件都由当地头目使用本民族的习惯法裁决；在维吾尔人聚居地区，除了重大刑事案件按大清律例裁决外，一般案件都由当地宗教头目依照伊斯兰教法实行裁决。多样的行政管理制度和多样的司法管理制度，充分体现了统一之后天山北路地区管理体制的多元性。

以上仅从语言文字、经济方式、宗教信仰、风俗习惯、管理制度等几个方面对其文化多元性进行简单的论述，从中我们不难看出在清朝统一新疆后，天山北路文化特征的变化。从一元到多元，从清朝统一新疆开始，天山北路的文化特征发生了历史性的转变。

三　清代后期天山北路多元文化遭到的破坏和重新恢复

自乾隆中期清朝统一天山南北直至道光末年的百余年中，清朝在天山北路的统治一直比较稳定，社会经济持续发展。在此基础上，天山北路的多元文化日益发展繁荣。但是同治年间新疆持续的社会动荡，使天山北路多元文化的发展遭到严重破坏。光绪初年新疆收复后，天山北路多元文化格局重新恢复。清朝末年，随着与西方文化接触交流的增多，天山北路文化的多元性特征进一步加深。

（一）同治年间天山北路多元文化遭到严重破坏

从同治三年（1864）四月开始，受陕甘回民起义的影响，新疆境内的回族和维吾尔族纷纷发动反抗清朝的武装起义。一时间，天山南北烽火遍地，但各地的统治权很快落入回、维吾尔等少数民族上层的手中，并形成许多割据势力。不久，中亚浩罕国军官阿古柏乘机侵入新疆，占据了南疆各地，接着又攻占了天山北路的乌鲁木齐等地。同治十年（1871），俄国又乘机侵占伊犁。至此，天山北路大部分陷入外国侵略者之手，这种状况一直持续到光绪初年清朝收复新疆为止。

同治年间席卷全疆的社会动荡，不仅使新疆的社会经济遭到巨大破坏，而且使新疆多元文化的发展遭受沉重打击，天山北路的多元文化在这次浩劫中遭受的创伤尤其严重。社会动荡之前，天山北路各民族基本上和谐相处，多元文化并行发展。然而在剧烈的社会动荡中，天山北路各族人口大量损耗，而满、汉、蒙古等民族人口的损失尤其严重。与此同时，天山北路的许多文化机构和建筑在这次劫难中也遭受严重破坏，据载："同治间，疆域糜烂，学宫荡然。惟镇西一城，较为完善。"① 不只是学校，各地的衙署、庙宇、宫观等建筑和文化设施也在战火中损毁殆尽。总之，经历了同治十余年的社会动荡，天山北路的多元文化遭到严重破坏。

（二）光绪初年收复新疆后天山北路多元文化的重新恢复

光绪元年（1875），清廷命陕甘总督左宗棠督办新疆军务。次年，清军出关西征，收复乌鲁木齐一带。光绪三年（1877），清军消灭阿古柏政权，收复了除伊犁外的新疆全境，持续十余年的新疆动乱终于结束。光绪七年（1881），伊犁也通过和平谈判回到祖国怀抱。新疆收复之后，随着天山北路人口的重新聚集和

---

① （清）王树枬等纂，朱玉麒等整理《新疆图志》，上海古籍出版社，2015，第693页。

经济重建工作的全面展开，天山北路的多元文化也逐渐恢复起来。新疆地方官员在文化重建方面的努力主要表现在发展地方文化教育方面。以左宗棠、刘锦棠为代表的边疆大吏极力主张在新疆发展学校教育，以消弭不同民族之间的文化隔阂，在他们的积极努力之下，包括天山北路在内，整个新疆的学校教育较动乱之前有了很大发展，据《新疆图志》记载：

> 光绪初，再经堪定，左文襄奏改设郡县、置学塾、训缠童以为潜移默化之具。而刘襄勤继之，自镇西以西划归新疆，于旧设昌、阜、绥、奇各训导均裁，升迪化州学为府学，改镇西府学为厅学，仍设教授训导各官。于旧无学额之伊犁、疏勒、温宿各府亦设训导以资启迪，于是大兴义塾。①

同时，动乱之中遭受破坏的各种庙宇宫观也被陆续修建起来。关帝作为天山北路汉、满、锡伯、蒙古等民族共同的精神信仰，关帝庙的修建工作尤其得到地方官员及乡民的重视，迪化、阜康、奇台、绥来、绥定、宁远、塔城等州县的关帝庙都在光绪年间得以重修或新建。佛教、道教、伊斯兰教、藏传佛教等各种宗教信仰，随着社会的逐步稳定和生产的持续发展，也逐渐恢复发展起来。

值得注意的是，新疆建省之后各族人民在新疆省内流动的限制被取消，促使大批南疆维吾尔等民族移居天山北路，进而促使天山北路多元文化向纵深发展。总之，在新疆收复之后，天山北路多元文化并存的局面重新形成并有了新的发展。

---

① （清）王树枏等纂，朱玉麒等整理《新疆图志》，上海古籍出版社，2015，第693页。

（三）清朝末年天山北路文化多元化程度的加深

清朝后期尤其是清朝末年，随着与俄罗斯、英国等西方国家接触交流机会的增加，西方世界的文化因子逐渐向天山北路渗透。首先，随着与俄罗斯、英国等西方国家商业贸易的发展，西方的各种工业化商品、银行、邮局、欧式建筑等新生事物开始在天山北路出现并逐渐扩展，从而使天山北路文化之中增加了西方文化的因子。其次，俄国境内的一些俄罗斯族、塔塔尔族人民由于经商等原因移居天山北路的伊犁、乌鲁木齐等地，逐渐成为当地居民。尽管他们在天山北路的人数不多，但他们异于当地其他民族的语言文字、宗教信仰、风俗习惯等文化因子，使天山北路文化的多元性成分进一步增多。再次，基督教、天主教、东正教等西方宗教在清朝末年也开始在天山北路传播。尽管对于这些外来宗教当地居民信仰者不多，传播范围也非常有限，但它使得天山北路的宗教文化更加多元。

清朝末年，清朝政府在新疆推行"新政"的各项举措，一定程度上也使得天山北路的文化更加多元化。清末新疆新政当中，着力最多且收效较明显的首推新式学校教育。在新疆地方官员的积极推动之下，省垣乌鲁木齐先后设立"法政学堂、中俄学堂、将弁学堂、陆军小学堂、实业教习所等"①，天山北路其他府厅州县也遍设初高等小学。其次，兴办实业也取得了一定成效。齐清顺认为清末新疆兴办的实业当中规模较大的有"塔城喀图山金矿、独山子油矿等，特别是伊犁制革厂，更是这一时期近代民族工业的代表"②，而这些近代企业都集中在天山北路。此外，编练

---

① 袁澍：《新疆教育近代化的转型与整合》，《新疆教育学院学报》2003 年第 1 期，第 21 页。

② 齐清顺：《论清末新疆"新政"》，《西域研究》2000 年第 3 期，第 36 页。

新军、实行警政、设立咨议局等新政活动也多在天山北路的乌鲁木齐、伊犁等地首先开展，并取得一定成效。

总之，清朝末年西方文化因子的渗透和清朝实行新政，使得天山北路在原有多元文化的基础上，增加了西方文化和近代化文化的因子，文化的多元性成分显著增加，从而促使天山北路文化多元性进一步深化。

第三章 清代天山北路文化变迁的原因与文化地理分区

清代天山北路地区在语言文字、宗教信仰、风俗习惯、文化中心等诸多方面都发生了显著变迁，而且其文化特征也发生了显著的变迁，即经历了从一元到多元，然后又经历了多元文化遭受破坏和重新恢复这一历史性变迁。然而，是什么原因导致清代天山北路的文化一再地发生变迁呢？这是我们必须探究的问题。同时，由于清代天山北路所包括的地域范围甚广，其内部不同地区受不同自然环境和人文因素的影响，文化也存在一定程度的差异。为了能够深入研究这一区域文化，我们有必要对天山北路进行文化地理分区，在文化地理分区的基础上，对其内部不同文化区进一步做比较研究。

第一节 民族与人口的变迁：清代天山北路文化变迁的根本原因

清代天山北路文化的变迁受到清代新疆政治形势、军事活动、经济方式、自然环境等多种因素的制约和影响，但从根本上来看，清代天山北路文化的变迁主要是受到清代天山北路民族分布及人口变迁的影响。以下分准噶尔部统治时期、清朝统一新疆后、清朝后期三个阶段分别论述清代天山北路民族与人口的变迁，并最终探讨这些变迁对清代天山北路文化特征变迁的影响。

一　准噶尔统治时期天山北路的民族分布及人口状况

明末清初，卫拉特蒙古游牧于天山以北地区，他们由四大部落组成，各有牧地，分别游牧。魏源《圣武记》云："初，厄鲁特四卫拉特部：曰绰罗斯，牧伊犁；曰杜尔伯特，牧额尔齐斯；曰土尔扈特，牧雅儿（即塔尔巴哈台）；曰和硕特，牧乌鲁木齐。"[①]

绰罗斯即准噶尔部，绰罗斯为其姓。准噶尔部后来强大起来，并不断欺凌其他各部，这最终导致土尔扈特部在 17 世纪 30 年代远徙俄国的伏尔加河下游一带游牧。而和硕特大部也在其首领图鲁拜琥的率领下迁往青藏高原，游牧于青海一带。这样，在天山以北的广大地区，准噶尔部一家独大，并最终统一了其他各部，建立起准噶尔部贵族在天山北路的统治。准噶尔统治时期卫拉特蒙古仍由四部组成，但原来附牧于杜尔伯特部的辉特部顶替土尔扈特部之空缺成为新的四部之一。新的四部虽然各有牧地，但他们仍属于同一个民族，并且都处于准噶尔贵族政权之下，因此人们通常把准噶尔部统治时期天山以北的卫拉特蒙古人统称准噶尔蒙古人。换言之，准噶尔蒙古人是准噶尔部统治时期天山北路地区最主要的民族，该时期天山北路的民族分布格局相对单一。

除了准噶尔蒙古人，在准噶尔部统治时期，天山北路还有一些为准噶尔贵族种地的维吾尔族农民，他们大多是被准噶尔

---

① （清）魏源：《圣武记》卷 3，岳麓书社，2011，第 118 页。

人从南疆掳掠而来。此外，还有少量被俘虏的俄罗斯人、哈萨克人、汉人等，他们或为准噶尔人种地，或为准噶尔人制作武器。尽管这些人与准噶尔人属于不同的民族，但由于他们人数很少，而且作为准噶尔人掳掠来的依附人口，地位近似奴隶，他们在准噶尔人的监视下为其劳动，在准噶尔人的政治生活中几乎不发挥任何作用，故很难将其看作是一个个独立的民族。因此，在准噶尔统治时期尽管还有一些其他民族的人口存在，我们仍然把这一时期天山北路的民族分布格局看成是一元化的民族分布格局。

关于准噶尔部统治时期的人口，《西域图志》卷首《准噶尔全部纪略》有比较详细的记载①。准噶尔汗王将其直属领地以及领地上的属民划分为若干鄂托克，委派 1 至数名宰桑为其管理。准噶尔部统治初期有 12 鄂托克，每一鄂托克有 3000～6000 户不等的人口（见表 3-1）。

表 3-1　准噶尔旧有 12 鄂托克户数表

地名	宰桑数	户数	地名	宰桑数	户数
乌鲁特	4	5000	阿巴噶斯、哈丹	2	4000
喀拉沁	1	5000	鄂毕特	1	3000
额尔克腾	1	5000	鄂罗岱	2	3000
克里野特	2	6000	多果鲁特	1	4000
卓托鲁克	1	3000	霍尔博斯	1	3000
布库斯	1	3000	绰和尔	1	3000

表 3-1 计鄂托克 12，宰桑 18，共计 47000 户。除了这 12 鄂托克

---

① 钟兴麒等校注《西域图志校注》，新疆人民出版社，2002，第 9～11 页。

外，准噶尔人还有专门供养喇嘛的 5 个集赛，也由宰桑负责管理。
5 个集赛除了 1 个集赛有 4000 户外，其余各集赛均有 1000 户。5
集赛共 5 宰桑，8000 户人。12 鄂托克户数加上 5 集赛户数，准噶
尔汗国在初期约有 55000 户。

准噶尔汗国到了策妄阿拉布坦及其子噶尔丹策零统治时期社
会比较稳定，游牧经济也有了显著发展，而其人口也随着迅速增
长起来。松筠称策妄阿拉布坦统治时期"历十余年，部落繁
滋"[1]；噶尔丹策零时期"且耕且牧，号富强"[2]。在原有 12 鄂托
克的基础上，准噶尔汗国又新增加了 12 鄂托克，每一鄂托克有
500 至 5000 户不等的人口（见表 3 - 2）。

表 3 - 2　准噶尔新增 12 鄂托克户数表

地名	宰桑数	户数	地名	宰桑数	户数
巴尔达木特	3	4000	阿尔阒沁	1	500
库图齐纳尔	5	4000	扎哈沁	3	2000
噶尔杂特	3	4000	包沁	3	1000
沙拉斯	2	3000	齐尔吉斯	4	4000
吗唬斯	1	5000	特楞古特	4	4000
布库努特	1	2000	鄂尔楚克	1	500
图古特	1	500	乌尔罕济兰	1	800
乌拉特	1	3000	明阿特	2	3000

表 3 - 2 中共有 16 个地名，其中布库努特与图古特共为一鄂
托克，特楞古特、鄂尔楚克、乌尔罕济兰共为一鄂托克，其余一

---

① （清）松筠：《西陲总统事略》卷 1，《中国地方志集成·新疆府县志辑》，凤凰出版
　传媒股份有限公司、凤凰出版社，2012，第 2 册，第 28 页。

② （清）松筠：《西陲总统事略》卷 1，《中国地方志集成·新疆府县志辑》，凤凰出版
　传媒股份有限公司、凤凰出版社，2012，第 2 册，第 30 页。

个地名为一鄂托克，共计 12 个鄂托克。这 12 鄂托克共有宰桑 36
人，43300 户。如以每户 5 口人计算，这 43300 户共有 216500 口
人。此外，又新增加了 4 集赛，其中有 2 个集赛人各 1000 户，而
另外 2 个集赛人各 300 户。新增加的 4 集赛共有 2600 户。这样，
新增的 12 鄂托克及 4 集赛共有 45900 户。新增的 45900 户与原有
的 55000 户相加，准噶尔部共计有 100900 户人口。若以每户 5 口
人计算，准噶尔汗王直属人口达 50 余万。另外，各个台吉也有自
己的游牧领地，各台吉的游牧领地称为昂吉，准噶尔境内共 21 昂
吉，这 21 昂吉的人口《西域图志》没有记载。《西域图志》明确
指出："统计其汗之二十四鄂托克，九集赛，及台吉之二十一昂
吉得二十余万户，六十余万口，成一部落者百十余年。"①《新疆
识略》也有相同的记载。由此可知，准噶尔部强盛时期其人口多
达 20 余万户，60 余万口。

二 清朝统一新疆后天山北路民族分布与人口的变迁

准噶尔统治时期，天山北路的民族分布相对单一，准噶尔蒙
古人是该地区的主要居民。清朝平定准噶尔之后，由于受战争及
疾疫的影响，准噶尔蒙古人口大批丧亡，天山北路成为地广人稀
的地区。为了巩固西北边防，清朝政府开始从东北等地调遣满、
察哈尔蒙古、索伦、锡伯等各族官兵到伊犁等地进行军事驻防。
在调遣至天山北路的各族官兵当中，满族人口最多，分布范围也
最广。自 1764 年至 1771 年，清政府从"凉州、庄浪、热河、西
安等地陆续调遣满洲官兵 6454 名连同眷属近 2 万人分数批迁驻伊

---

① 钟兴麒等校注《西域图志校注》，新疆人民出版社，2002，第 11 页。

犁"①。他们主要分布于伊犁、乌鲁木齐、巴里坤等地。其次为锡
伯族，官兵及其家眷 3000 余人，于 1764～1765 年从东北盛京迁
来，驻防于伊犁河南岸的察布查尔一带，屯田自给。再次为察哈
尔蒙古族，连同眷属 2000 余名，先后两次从张家口外抽调而来。
除 200 兵丁及其家眷留在乌鲁木齐，其余 1800 兵丁及其家眷迁至
伊犁地区的博罗塔拉、哈布塔海、赛里木淖尔一带游牧。迁移人
口最少的是索伦部，索伦部并非一个民族的名称，而是一个营伍
编制，它事实上由原居于东北地区的达斡尔、鄂温克、鄂伦春三
个民族共同组成。迁入天山北路的索伦部仅 1000 人，他们分布于
伊犁河以北、霍尔果斯河以西的策济、齐齐罕、萨玛尔、图尔根
等地。

　　与此同时，清朝政府出于开发天山北路的需要，更是大规模
从中原内地及新疆南疆地区陆续迁移大批汉、回、维吾尔农民到
天山北路进行移民屯垦活动。在这三个民族当中，汉族人最多，
其次为回族，再次为维吾尔族。汉族与回族主要分布于巴里坤、
奇台、吉木萨尔、乌鲁木齐、昌吉、玛纳斯等地，维吾尔族起初
只分布在伊犁地区。除了清朝政府调遣和组织各族军民移民至天
山北路外，土尔扈特部蒙古人也在新疆统一后不久从俄国归来，
被清朝政府安置在伊犁、塔尔巴哈台等地。此外，作为清朝藩属
的哈萨克、布鲁特等民族，有些不断越过边界进入天山北路清朝
领地进行游牧，部分后来逐渐成为清朝内属居民。

　　总之，在清朝统一新疆后不久，天山北路由原来的只有准噶尔
蒙古单一民族分布格局迅速演变为满、汉、回、蒙古、维吾尔、锡
伯、索伦、哈萨克等众多民族共同聚居的地区，天山北路在短期内

---

① 佟克力：《清代伊犁驻防八旗始末》，《西域研究》2004 年第 3 期，第 26 页。

实现了由一元民族分布格局向多元民族分布格局的转变。

清朝在平定准噶尔之初，天山北路地区由于准噶尔蒙古人的大批丧亡而变为"千里空虚，渺无人烟"①的荒凉之地。但随着各族官兵与屯田农民的陆续迁入，天山北路的人口逐渐恢复起来。在天山北路的各地人口当中，作为移民开发重点区域的乌鲁木齐和巴里坤两地，其人口增长较快。这两地在新疆统一之初，基本上渺无人烟，但经过近 20 年迁移聚集，根据《西域图志》的记载，到乾隆四十一年（1776），其移民人口已经超过 7 万人（见表 3 - 3）。这两地驻军人数合计 12318 人②。伊犁作为军府重地，各族官兵绝大部分驻扎于此。乾隆四十一年（1776），伊犁各族官兵共有 16299 人③，加上官兵眷属，其总数约为 6 万人④。官兵之外，该年伊犁还有屯田之维吾尔族 20356 人，民户 209 人，遣犯为民 244 人⑤。天山北路之蒙古族，包括伊犁、塔尔巴哈台等地之额鲁特、土尔扈特等部，据吴轶群推估，该年为 5.16 万 ~ 5.2 万余人⑥。以上兵民合计 21 万多人，也就是说，在清朝统一新疆 20 年后，天山北路各族兵民人口已经超过了 21 万。

---

① （清）七十一：《西域闻见录》卷 1，《边疆史地文献初编·西北边疆》第 1 辑，中央编译社，2011，第 9 册（全 24 册），第 30 页。

② 钟兴麒等校注《西域图志校注》，新疆人民出版社，2002，第 435 页。

③ 钟兴麒等校注《西域图志校注》，新疆人民出版社，2002，第 435 ~ 436 页。

④ 《西域图志》仅记载乾隆四十一年（1776）伊犁兵额，不记官兵眷属人数，《伊江汇览》则将官兵及其眷属全部统计在内。但《伊江汇览》所记为乾隆四十五年（1780）的统计数字，比《西域图志》所载数字晚 4 年。考虑到乾隆三十五年（1770）后很长时间清廷再没有继续从内地调遣驻防兵到伊犁，故短短 4 年之中伊犁官兵及其眷属总数不可能有太大变化，因此将《伊江汇览》所记之数目看作是乾隆四十一年（1776）之官兵及其眷属之数目，当无太大差错。此外，《伊江汇览》所记绿营兵 3000 人不含眷属，根据其他各族官兵与家属的比例，此处按 1∶3 的比例将绿营兵及其眷属的总数推估为 9000 人，最后计算出大约 6 万人。

⑤ 钟兴麒等校注《西域图志校注》，新疆人民出版社，2002，第 462 页。

⑥ 吴轶群：《清代新疆人口研究》，新疆大学硕士学位论文，2001 年 6 月，第 19 页。

表 3 - 3　乾隆四十一年（1776）迪化州、
巴里坤镇西府人口表

地区	户数	口数
镇西府所属宜禾县	697	2596
镇西府所属奇台县	1994	6824
迪化直隶州	3496	16631
迪化州所属昌吉县	4332	19734
迪化州所属绥来县	2252	7624
迪化州所属阜康县	4350	18405
合计	17121	71814

　　嘉庆二十五年（1820），乌鲁木齐和巴里坤地区户民增长为
184000 人[1]，伊犁地区的各营官兵及各类屯垦人员总数为 151940
人[2]，这两者之和已达 335940 人。这尚不包括乌鲁木齐、巴里坤
两地的驻军和塔尔巴哈台、伊犁两地的蒙古游牧民。即便上述两项
人口仍然维持在乾隆四十一年（1776）的 12318 人和 5.16 万人，
如果计入总数，天山北路兵民人口已经达 40 万左右。咸丰七年
（1857），乌鲁木齐、巴里坤两地的户民人口增长为 310000 人[3]，
但伊犁地区的人口没有相应的统计资料，而乌鲁木齐、巴里坤两
地的驻军和塔尔巴哈台、伊犁两地的蒙古游牧民同样没有统计数
字。假如仍然按照刚才的办法用以前的数字简单相加，我们大致

---

① 严中平等编《中国近代经济史统计资料选辑》附录"清代乾、嘉、道、咸、同、光
六朝人口统计表"1 - 6，科学出版社，1955，第 362~367 页。

② 吴轶群：《清代伊犁人口变迁与人口结构特征探析》，《西域研究》2010 年第 3 期，第
25 页。

③ 严中平等编《中国近代经济史统计资料选辑》附录"清代乾、嘉、道、咸、同、光
六朝人口统计表"1 - 6，科学出版社，1955，第 362~367 页。

可以推估出天山北路的兵民人口在咸丰七年可能达到 50 万左右。
这一数字与清朝统一新疆之初天山北路"千里空虚，渺无人烟"
的景象相比，已经有了天壤之别，但它未必是清朝统一以来天山
北路人口的峰值。因为之后的六七年间天山北路的社会继续保持
稳定，人口仍然在稳定增长。

三　清朝后期天山北路民族与人口分布的变迁

同治年间持续的社会动荡使得天山北路各族人民遭受巨大灾
难，许多民族的人口在常年战乱之中死亡流散，从而使自乾隆中
期以来天山北路形成的多元化民族分布格局遭到严重破坏。由于
满、汉、蒙古等兵民人口大量死亡逃散，战乱期间天山北路各主
要区域成了回族、维吾尔族、哈萨克族等信仰伊斯兰教民族分布
的区域。具体来说，乌鲁木齐地区战乱之前主要是汉族、回族、
满族人口分布的地区，战乱期间变为以回族为主的地区。伊犁战
乱之前为满、蒙古、维吾尔、锡伯、汉、回、索伦等许多民族共
同聚居的地区，战乱期间则变为以维吾尔族、回族为主的地区。
俄国占领这一地区后，俄罗斯族、塔塔尔族也进入这一地区。塔
城战乱之前主要是厄鲁特和察哈尔蒙古的游牧地，战乱期间则变
为哈萨克人分布的地区。只有巴里坤地区，战乱期间还能勉强维
持汉、满分布的状态。总之，同治社会动乱期间，天山北路多数
地区尤其是城镇地区变为回、维吾尔、哈萨克等信仰伊斯兰教民
族分布的地区。满、汉、蒙古等族由于人口的死亡流散在天山北
路的分布范围已大大缩小。尽管从总体上来看动乱期间天山北路
依然保持多元化的民族分布格局，但对于不同民族而言这种多元
化格局已经发生了明显改变。

同治年间持续的社会动荡使得天山北路的人口损失极其严

重。战乱期间，各地起义的领导权基本上被信仰伊斯兰教的权贵和宗教上层所把持，他们的主要目标是攻城略地、掌握城市的控制权。而驻守城市和要塞的主要是满、汉、蒙古等族兵民，一旦城池陷落，满、汉、蒙古等族兵民就会大量死于非命。同治三年（1864）四月，回族民众包围了古城，城内官兵及妇女"舍死巷战，相持多时，逆众狓猖，力不能支，均被杀害，其余官民人等亦俱纵火自焚，古城遂至失守"①。同年六月，古城等处回族"勾结叛弁索焕章等，扑犯乌鲁木齐满城，经都统平瑞督军固守，被围八十余日，粮尽援绝，力竭城陷，现经查明自该故都统以下两万余人，同时殉难"②。同治四年（1865）正月，伊犁惠宁城破时，"领队穆克登额率官兵巷战，阖城死者二万余人，穆克登额自焚死"③。满、汉、蒙古等族军民除了大量死于战火，劫后余生之民众也大多流离失所，伊犁"所有满蒙老幼失散，游行数万之众，无所栖止"④。有些则被迫逃往他处，"厄鲁特官兵一万多口，蒙民一千多人，被迫逃到镇西厅属境游牧"⑤。塔城七千多蒙古兵民被迫迁徙到科布多境内。乌鲁木齐一带的汉人则被迫逃往南山，在民团首领的带领下结团自保。总之，长期的社会动荡，使得天山北路的人口损失极为严重。根据相关档案记载，天山北路地区数十城，"死于锋镝者十之三，饥馑者十之三，疾病瘟疫者十之三，所存者不过当年十之一"⑥。伊犁原有三四万满族兵民，

---

① 《清穆宗实录》卷135"同治四年四月庚午"条。
② 《清德宗实录》卷64"光绪三年十二月辛丑"条。
③ （清）王树枏等纂，朱玉麒等整理《新疆图志》，上海古籍出版社，2015，第2134页。
④ 中国第一历史档案馆藏：军机处奏折录副，民族类，档号1562，同治七年。
⑤ 中国第一历史档案馆藏：军机处奏折录副，民族类，档号1562，同治七年。
⑥ 中国第一历史档案馆藏：军机处奏折录副，民族类，档号1552-1557，同治六年。

而到俄国占领时据俄当局统计全伊犁"满族人口仅 450 人"①。

　　光绪初年，清廷派左宗棠率部西征，不到两年时间，顺利收复了除伊犁之外的整个新疆地区。光绪八年（1882），清廷通过和平谈判从俄国手中收回伊犁。战争结束之后，随着社会趋于稳定，天山北路的人口又开始重新聚集和恢复。尤其是清朝政府颁行的一系列政治、经济措施，促进了当地经济的发展和人口的增长。光绪二年（1876），天山北路刚刚收复，清廷就下令"即行广为招徕，设法开垦，律无业穷民各安生计，不放流而为匪"②。光绪十年（1884），新疆建省，这一重大举措消除了内地人民移民新疆的政策限制，从此"关内汉、回携眷来新就食、承垦、佣工、经商者，络绎不绝"③。乌鲁木齐、昌吉、玛纳斯等天山北路仍然是内地移民迁徙的重点地区。同时，清廷解除了新疆人民省内流动的禁令，促使南疆维吾尔人民大量流向北疆地区。这些措施都直接促进了天山北路人口的恢复性增长。但是与南疆相比，由于天山北路战乱期间人口损失过于惨重，其人口恢复非常缓慢。光绪十三年（1887），除伊犁和塔尔巴哈台外，新疆全省人口已达 123.86 万人④。然而在这 123 万多人口中，根据《大清会典》的记载，维吾尔族 1132251 人，汉族 66441 人，回族 33114 人，其他各族 6777 人⑤。维吾尔族 113 万多，占绝对优势，但他们绝大多数分布于南疆各地。除去维吾尔族，汉、回等族总共才

① 〔俄〕M. A. 捷连季耶夫：《征服中亚史》第 2 卷，新疆大学外语系译，商务印书馆，1986，第 60 页。

② 《清德宗实录》卷 59 "光绪三年十月壬午"条。

③ （清）王树枏等纂，朱玉麒等整理《新疆图志》，上海古籍出版社，2015，第 1956 页。

④ （清）刘锦棠：《新疆田赋户籍造册咨部立案折》，《刘襄勤公奏稿》卷 12，《清代新疆稀见奏牍汇编》（同治、光绪、宣统朝卷，上册），乌鲁木齐：新疆人民出版社，1997，第 398 页。

⑤ （清）昆冈等续修《光绪朝大清会典》卷 17，商务印书馆，1936，第 111 页。

10万多人，他们大多分布于乌鲁木齐、巴里坤等地区，少部分则分布于南疆各地。即便这10万多人全部分布于乌鲁木齐和巴里坤两地，它也仅及这两地咸丰七年（1857）31万人口的1/3。这10万多人口不包括伊犁和塔尔巴哈台两地人口，但这两地人口数量也很少，根据光绪十八年（1892）的密奏，伊犁和塔尔巴哈台两地"现存索伦、锡伯、额鲁特、察哈尔人众五六万口"[①]。也就是说，新疆收复之后二十年，天山北路的总人口不会超过十五六万人。清朝末年，新疆总人口已经超过200万，而天山北路所属迪化、昌吉、呼图壁、绥来、阜康、孚远、奇台、镇西、库尔喀喇乌苏、绥定、宁远、精河、塔城各厅、县城乡总计人口才149650人。[②] 如果加上伊犁旧满营、新满营、锡伯营、察哈尔营、额鲁特营以及古城满营兵丁43976口[③]，天山北路总人口为193626口，才约及全疆人口的1/10，人口依然稀少。

光绪初年新疆收复之后，随着人口的重新聚集，天山北路的民族分布又重新朝着多元化的态势发展。但是与战乱之前的多元化相比，收复之后天山北路民族分布的多元化又有了新的变化。一是天山北路又有新的民族成员加入。19世纪后半期，随着俄国对新疆侵略的加深，一些俄罗斯人、塔塔尔人以及俄属中亚地区的乌兹别克人不断进入新疆，利用与清政府签订的不平等条约中所享有的特权从事商业贸易活动。他们主要居住在伊犁、塔城、乌鲁木齐等地，有些后来加入清朝户籍，为天山北路多民族大家庭中增添了新的成员。二是维吾尔、汉、回、哈萨克等族，尤其

---

① 中国第一历史档案馆藏：朱批奏折，光绪十八年十二月二十九日长庚"密呈"。

② （清）王树枏等纂，朱玉麒等整理《新疆图志》，上海古籍出版社，2015，第792～800页。

③ （清）王树枏等纂，朱玉麒等整理《新疆图志》，上海古籍出版社，2015，第813～816页。

是维吾尔族在天山北路的分布范围更加广泛。光绪之前，除了伊犁地区，天山北路其他地区维吾尔族鲜有分布。光绪之后，不少南疆的维吾尔人自发迁入迪化、绥来、阜康、奇台、宁远、精河等地。如精河县的维吾尔族"来自南路，聚居本境，贸易者半，耕种者半"①。总之，新疆收复之后，天山北路的多元化民族分布格局向纵深发展，其民族分布多元化特征更加明显。

四　民族与人口的变迁是清代天山北路文化变迁的根本原因

一个地区的区域文化是由区域内那些具有相同或不同文化特性的群体共同创造形成的，而那些具有相同或不同文化特性的群体可以根据其文化特性的不同区分为不同的民族。文化是构成民族的重要属性，同时也是进行民族区分的重要标准。白振声认为"一个民族之所以成为民族，最根本的莫过于形成自己特有的文化"②。区域内不同民族的文化面貌，共同组成该区域的整体文化面貌。区域内的民族分布状况在某种程度上可以决定该区域内文化的分布状况和总体面貌。相对单一的民族分布决定相对单一的文化形态，多元化的民族分布格局必然造就多元化的文化形态。同时，区域内不同民族人口的状况也会对该地区文化形象的塑造产生重大影响，滕征辉指出："人口是文化的载体和作用物，文化是人口的一种社会属性，架构二者关系的桥梁是一定社会制度下的生活方式。人口的数量多寡和质量高低制约着该人口集团的

---

① 马大正主编《新疆乡土志稿·精河直隶厅乡土志·人类》，全国图书馆文献缩微复制中心，1990，第 425 页。
② 白振声：《论文化与民族关系》，载《民族学教研文集》，中央民族大学出版社，2010，第 147 页。

文化性质和素质，人口发展过程是分析文化变迁的重要依据。"①
区域内某个民族文化影响力的大小，很大程度上是由该民族人口
的数量来决定的。一般来讲，人口多的民族，其文化影响力就
大；人口少的民族，其文化影响力就相对有限。总之，区域内民
族及其人口的分布状况，会直接决定该区域文化的分布状况和总
体面貌。区域内民族及其人口的分布状况一旦发生变迁，该地区
的文化特征也将随之发生变迁。

　　准噶尔部统治时期，天山北路的民族分布相对单一，因此其
文化形式也相对单一。同时，由于准噶尔蒙古的人口几乎是天山
北路整个地区的全部人口，所以准噶尔蒙古民族所具有的草原游
牧文化特征在该时期的天山北路表现十分鲜明。清朝统一天山南
北后，天山北路很快形成了多元化的民族分布格局，而区域内民
族分布的多元性势必造成区域文化的多元性。因为区域内每个民
族身上所附着的语言文字、宗教信仰、生活方式、风俗习惯等文
化因子都要通过其个体或群体时时表现出来，因此天山北路出现
了多种语言文字、多种宗教信仰、多种生活方式、多种风俗习
惯、多种社会制度并存的局面，进而使得天山北路形成绚丽多彩
的多元文化区域。新疆统一之后，汉族移民在天山北路的人口迅
速增长，成为该地区人口最多的民族。随着汉族人口的不断增
长，他们所代表的内地传统文化在天山北路的影响力迅速增长。
乾隆四十七年乌鲁木齐都统明亮看到乌鲁木齐地区大小城堡"棋
布星罗，安堵盈宁，渐成内地景象"②。当时在汉人聚集的乌鲁木
齐、巴里坤等地，不仅人们的语言、着装、饮食、居住条件等跟

---

① 滕征辉：《文化人口学》，载《中国文化报》1987 年 4 月 8 日，第 3 版。
② 中国第一历史档案馆藏：朱批奏折，屯垦类，乾隆四十七年八月二十二日明亮奏。

内地相同，就是他们宗教信仰、节庆活动等也与内地完全相同。新疆统一之后满族人口在天山北路的数量也比较多，有五六万之众。而且由于满族是当地的统治民族，所以满族所实行的制度在天山北路表现突出，军府制、八旗制便是明显的例证。新疆统一之后蒙古族人口尽管在天山北路占有一定比例，但与准噶尔统治时期相比，其人口数量已经极度减少，故曾经盛极一时的草原游牧文化在天山北路的影响大大下降。同治年间新疆社会动荡造成天山北路的满、汉、蒙古等人口的重大损耗，使得这几个民族的分布范围急剧缩小，从而使天山北路的多元文化格局遭到严重破坏。与此同时，由于动乱期间回、维吾尔、哈萨克等民族在天山北路分布范围的扩展，伊斯兰文化在天山北路一度占据了优势地位。光绪初年新疆收复之后，天山北路多民族分布格局重新形成并且有了新的发展，因此天山北路多元文化又重新恢复并且进一步深化。

总之，民族与文化之间关系密切，不可分割。一个地区的文化所具有的特征与该地区的民族分布密切相关，同时也与该地区各个民族的人口数量密切相关。随着该地区民族分布格局以及各民族人口的变化，这一地区的文化也会发生相应的改变。从准噶尔统治时期的一元文化到清朝统一新疆后的多元文化形成，再从同治年间多元文化遭到严重破坏到光绪初年多元文化恢复并进一步深化，天山北路的文化特征在清代发生了重大变迁，这一变迁过程受到清代新疆政治形势、军事活动、经济方式、自然环境等多种因素的制约和影响。但从本质上看，清代天山北路文化特征的变迁主要是受到天山北路民族分布及其人口变迁的影响，民族分布以及人口的变迁是清代天山北路文化特征变迁的根本原因。

第二节　清代天山北路文化的地理分区

准噶尔统治时期，天山北路文化相对单一，各地之间的文化差别不大。清朝统一天山南北之后，受环境尤其是人文环境的影响，天山北路不同地区之间的文化开始出现明显差别。分区比较是文化地理研究中普遍采用的方法，通过分区比较研究，能够深刻透视某一区域内部各种文化现象之间的差异。对清代天山北路文化进行地理分区的依据是其区域内部存在着一定程度的文化差异，而我们在对清代天山北路文化进行地理分区时必须遵循一定的原则。在对清代天山北路文化进行地理分区的基础上，我们将对其区域内部不同文化区之间的文化差异进行比较研究，并对产生差异的原因进行分析。

一　对清代天山北路文化进行地理分区的依据

对清代天山北路进行文化地理分区，既是对清代天山北路内部文化差异的客观比较，也是我们对清代天山北路文化的主观认识。我们对清代天山北路文化进行文化地理分区主要有以下两点依据。

（一）天山北路各地地理环境存在明显差异

天山北路地域辽阔，自然条件复杂多样，不同地区之间的自然环境差异比较显著。就地形而言，天山北路被阿尔泰山与天山以及这两大山系的支脉包围分割成为若干盆地和谷地，其中较大的地理单元有准噶尔盆地、塔城盆地、伊犁河谷地。就气候而言，准噶尔盆地面积广大，但是相对封闭，加之距离海洋遥远，气候比较干旱。不过其南侧沿天山一带降水较多，植被良好，有大片的草原和森林，而且天山北麓众多的河流和山泉为山前的冲积平原提供了灌溉用水，因此在北麓平原地带形成了大片的绿洲，适宜大规模的农业开发。与准噶尔盆地相比，塔城盆地面积较小，但是其西面敞开，降水相对较多，所以两侧山地植被较好，适宜畜牧。伊犁河谷气候温和湿润，降水充足，植被丰茂、草场广布，河流纵横，发展畜牧业和农业都有得天独厚的优势。就地理位置而言，准噶尔盆地在天山北路的东面，距离内地最近，交通条件相对较好。塔城盆地在准噶尔盆地之西面，距离内地较远，交通条件较差。伊犁河谷地在天山北路的最西面，距离内地非常遥远，交通十分不便。总之，由于自然地理环境的差异，不同地区之间在民族分布、经济状况、文化发展水平方面产生分异，进而影响到天山北路文化的地区差异，自然地理环境的差异是清代天山北路文化地理分区的重要基础和依据。

（二）天山北路不同地区之间文化存在明显差异

自然地理环境的差异可以作为清代天山北路文化分区的依据，但更为重要的是，天山北路的不同地区之间在文化上也存在比较明显的差异，这才是对清代天山北路进行文化地理分区的关键。大致而言，在准噶尔盆地内部，以乌鲁木齐为中心，内地的汉族和回族移民大量聚集，他们从事农业屯垦活动，使用汉语汉文，信仰佛教、道教或伊斯兰教，风俗习惯与内地汉族和回族相同，实行与内地相同的府州县制。在塔城盆地内部，以塔城为中心，蒙古及哈萨克游牧民族在这一地区生息繁衍，他们从事游牧活动，有各自的语言文字，信仰藏传佛教或伊斯兰教，保持着游牧民族的风俗习惯，实行札萨克制度。在伊犁河谷及伊犁河中下游地区，以伊犁为中心，满、蒙古、锡伯、维吾尔、索伦、汉、回等众多民族分布于此，他们从事农业或游牧活动，使用多种语言文字，信仰多种宗教，风俗习惯各异，实行多种管理制度。总之，清代天山北路不同地区之间在民族分布、经济方式、语言文字、宗教信仰、风俗习惯、管理制度等方面都存在明显的差异。天山北路不同地区之间文化的客观差异才是我们对清代天山北路文化进行地理分区最重要的依据。

二　清代天山北路文化地理分区的原则及具体分区

天山北路不同地区之间在自然地理环境和文化方面的差异为我们对这一地区进行文化地理分区提供了客观依据。同时，在对这一地区进行文化地理分区时，也应当遵循一定的原则。我们在对清代天山北路文化地理进行分区时主要遵循以下几条原则。

（一）地域毗连性原则

地域毗连性原则是指划分文化区时尽量保持地理区域的衔接性和完整性。一个地区的文化形成之后，往往有一个比较明显的文化中心或文化地带。如伊犁、乌鲁木齐、塔城等城市分别是该地区的文化中心，这些城市通常能够集中体现出该地区文化的各种特征并向周边地区产生文化辐射作用。然而在文化中心以外的地区，其区域文化特征表现不十分明显。尤其是在文化区的边缘地带，其区域文化特征表现更弱，甚至出现与毗邻地区文化交汇杂糅的状况，因此文化区的边界通常比较模糊而难以划分。但是为了便于研究和论述，我们往往人为地为文化区划出一条边界线，这个界限的设置通常可以以该地区内的政区边界来划分，但当政区时常变动无法确定时，我们就以自然分界线来划分它的文化边界，如天山北路境内的天山、塔尔巴哈台山、巴尔喀什湖等地理分界线是天山北路文化分区的天然界限。这样做既可以解决文化分区的边界问题，又能保持地理区域的完整性。

（二）文化相似性原则

文化相似性是相对于文化差异性而言的。由于天山北路各地的文化在其内部存在一定差异性，我们才能够划分出不同特点的文化区。因此，差异性是文化分区的基础或前提。然而，我们所划出的每一个文化区，其内部的文化特色、文化景观等必须具有一定的相似性或者相对的一致性。如果划定的文化区内部文化缺乏相似性或者相对的一致性，这种划分就不是科学划分，我们也很难开展进一步研究。

（三）行政区划原则

遵循行政区划的原则便于我们识别文化区的边界，周振鹤先生认为"行政区有明确的边界，便于将研究限制在确定的范围内"①。这对于我们的论述尤其是文化分区地图的绘制尤其重要。笔者认为"任何一个地区行政区划体制的创设、发展和演变，都会烙上本地区文化的印记。而行政区划一经设定，就会对区域文化的形成、发展与传播产生较为深刻的制约与影响"②。然而清朝统一新疆后设置的政区与内地不同，它不是单纯的行政区，而是"以军统政、军政合一"的军政区，即所谓的军府制度。在伊犁将军之下，天山北路分别设立伊犁将军辖区、乌鲁木齐都统辖区、塔城参赞大臣辖区三个不同的军政区，这些不同的军政区划充分考虑到天山北路各地的实际情况和文化传统，因此有明显的地方文化烙印。这些不同的军政区设立之后，反过来又对当地区

---

① 张伟然：《湖北历史文化地理研究》"序"，湖北教育出版社，2000，第 1 页。
② 杨发鹏：《两晋南北朝时期河陇佛教地理研究》，巴蜀书社，2014，第 340 页。

域文化的形成、发展与传播形成了相当的制约和影响。因此，我们对清代天山北路文化进行地理分区时，应该遵循军政区划的原则，以清代天山北路的军政区划为主来划分不同的文化区。然而遵循行政区划的原则并不等于文化区要完全按照行政区划来划分，如吐鲁番和哈密这两个地区当时属于乌鲁木齐都统军政辖区，但这两个地区并不在天山北路的范围之内，所以我们在以乌鲁木齐军政区划界时将这两个地区划出去。

（四）综合分析与主导因素原则

对清代天山北路文化进行地理分区时，我们将体现天山北路文化特征的民族分布、经济方式、语言文字、宗教信仰、风俗习惯、管理制度等诸多要素进行综合分析，以区分新疆地区内部文化之间的差异。在进行综合分析的基础上，把那些起决定性作用的几种要素如民族分布、经济方式、宗教信仰等作为分区的标准来进行文化地理分区。虽然构成天山北路文化的每一要素都可以成为文化地理分区的标准，但有些要素在天山北路不同区域之间并不一定都有明显差异。如清代天山北路的乌鲁木齐、伊犁、塔城等地区，几乎每一个地区至少有两个以上的民族、两种以上的语言文字、两种以上的宗教信仰，若以民族、语言、宗教的标准来区分这两个地区的文化差异就显得有些困难。因此，我们只能选取其中区别明显的一两个要素作为主导因素来进行分区，如以经济方式作为主导因素进行分区，就很容易区分出它们之间的差别。

（五）宁大勿小、宁少不多原则

天山北路地域非常辽阔，各主要地区之间大多相距遥远，并且各地之间的自然条件与人文环境都存在一定差别，因此造成各地之间的文化大都存在不同程度的差异。但是如果我们在进行文化地理分区时苛求过细，则势必增加文化分区的数目，这样一来就会造成无法准确归纳和提炼出各个分区之间在文化方面的明显差异。因此，我们在对天山北路文化进行分区时，要尽量并小为大，就近组合，遵循宁大勿小、宁少不多的分区原则。

基于以上文化分区原则，并结合清代天山北路不同地区的文化特点，将天山北路文化划分为乌鲁木齐屯垦农业文化区、塔尔巴哈台游牧文化区、伊犁农牧混合文化区三个文化区。

乌鲁木齐屯垦农业文化区主要包括乌鲁木齐、巴里坤、库尔喀喇乌苏三个地区；塔尔巴哈台游牧文化区只有塔尔巴哈台一个地区；伊犁农牧混合文化区也只有伊犁一个地区，但这一地区土地辽阔，它不仅包括伊犁河上游河谷地带，还包括伊犁河中游盆地和下游平原，此外还有楚河、塔拉斯河流域。

三 清代天山北路文化的区域差异

清朝统一新疆之前，乌鲁木齐、塔尔巴哈台、伊犁三个地区在民族分布、语言文字、宗教信仰、文化教育、经济方式、管理制度、风俗习惯等方面完全相同，三地之间的文化基本上没有什么差别，都是草原游牧文化。虽然在清朝统一之前巴里坤、乌鲁木齐等地已经有清朝军队的活动，中原文化也可能已经影响到巴里坤和乌鲁木齐一带，但这里依然是游牧文化占统治地位的区域。可以说，清朝统一新疆之前天山北路的三个文化区尚未形成。

清朝统一新疆之后，由于受自然环境、民族分布、文化传统、经济方式、国家政策等多种因素的影响，天山北路不同地区之间的文化开始出现分异，因而形成了乌鲁木齐、塔尔巴哈台、伊犁三个文化区。这三个文化区在民族分布、语言文字、宗教信仰、经济方式、风俗习惯、管理制度等方面都有许多显著的不同之处。为了更清晰地显示这三个区域之间在文化方面的差异，我们将乌鲁木齐、塔尔巴哈台、伊犁三个文化区的民族分布、语言文字、宗教信仰、文化教育、管理制度、司法管理、经济方式、风俗习惯等重要文化因子列出简表以便进行比较（见表3－4）。

表3－4　乌鲁木齐、塔尔巴哈台、伊犁三个文化区重要文化因子对照表

	乌鲁木齐屯垦农业文化区	塔尔巴哈台游牧文化区	伊犁农牧混合文化区
民族分布	汉族、回族为主	蒙古族为主	满、蒙古、维吾尔、锡伯、汉、回等族
语言文字	汉语，汉文	蒙古语，托忒蒙古文；哈萨克语，哈萨克文	满语满文，蒙古语、托忒蒙古文等多种语言文字
宗教信仰	佛教、道教、伊斯兰教	藏传佛教	道教、藏传佛教、伊斯兰教
文化教育	学校教育，实行科举	宗教教育	宗教教育为主，有少量学校教育
管理制度	府州县制度	札萨克制	八旗制、札萨克制、伯克制
司法管理	大清律例	习惯法	大清律例、习惯法、伊斯兰教法
经济方式	屯垦农业经济	草原游牧经济	游牧经济、屯垦农业经济

续表

		乌鲁木齐屯垦农业文化区	塔尔巴哈台游牧文化区	伊犁农牧混合文化区
风俗习惯	饮食习惯	汉族、回族均以粮食菜为主，回族忌食猪肉	蒙古族以牛羊肉为主，忌食马肉	满、锡伯等族以面食为主；蒙古、哈萨克等族以牛羊肉为主。蒙古族忌食马肉、哈萨克族忌食猪肉
	着装服饰	汉族男子剃发留辫，女子裹脚。平民百姓多穿土布对襟上衣和带腰大裆裤，自制纳帮牛鼻子布鞋。女装多是斜襟小袄，城镇中多旗袍。回族的服饰与汉人相同，唯男子礼拜时戴小圆帽	蒙古族男女都喜欢穿镶边的袍子，腰扎缎带，脚穿皮靴或毡靴，头缠红蓝布。哈萨克族男子以袍式为主，女子以裙装居多，男女均穿高筒皮靴	满族男女都穿直筒式的宽襟大袖长袍。锡伯族男子喜欢穿对襟短衫，妇女喜欢穿旗袍。蒙古族男女都喜欢穿镶边的袍子，腰扎缎带，脚穿皮靴或毡靴，头缠红蓝布。哈萨克族男子以袍式为主，女子以裙装居多，男女均穿高筒皮靴
	居住条件	汉族、回族住土木结构的平房。土炕占去室内大半地方，有简单家具	蒙古族住蒙古包、哈萨克族住毡房	满、锡伯、汉族住土木结构的平房，室内一般都有土炕。蒙古族住蒙古包、哈萨克族住毡房
	节庆活动	汉族的节日与内地相同，主要有春节、清明节、端午节、中秋节、重阳节等。开斋节、古尔邦节、宰牲节是回族重要的节日	蒙古族有那达慕大会、麦德尔节。哈萨克族的节日主要有肉孜节、古尔邦节等	满族、锡伯族节日与汉族相同，但锡伯族有东迁节。蒙古族有那达慕大会、麦德尔节。维吾尔、哈萨克、回族的节日主要有肉孜节、古尔邦节等
文化中心		乌鲁木齐	塔尔巴哈台	伊犁

从表 3-4 可以看出，乌鲁木齐屯垦农业文化区的居住民族主要为汉族，其次为回族，民族成分相对单一；汉语和汉文是通行的语言文字；汉族信仰道教和汉传佛教，回族信仰伊斯兰教；汉族和回族都是从内地迁移而来的农民，自从迁到乌鲁木齐地区以后，主要从事农业屯垦活动；文化教育以学校教育为主，并实行科举考试；管理制度是与中原内地相同的府州县制；司法管理方面也同于内地，使用大清律例；风俗习惯也与内地汉族、回族基本相同。从总体上来看，这一地区与中原内地的文化基本相同，是新疆中原文化特征最突出的地区。随着这一地区汉族人口的不断增长，这种文化特征也在不断加强。

塔尔巴哈台游牧文化区的居住民族主要为蒙古族，其次为哈萨克族，民族成分也相对单一；蒙古语和托忒蒙古文以及哈萨克语、哈萨克文是通行的语言文字；蒙古族主要信仰藏传佛教，哈萨克族主要信仰伊斯兰教；蒙古族与哈萨克族都以游牧经济为主；文化教育以宗教教育为主；管理制度一般是札萨克制；司法管理一般使用民族习惯法；风俗习惯依民族不同而不同。从总体上来看，这一地区依然保持着较为浓厚的游牧文化特征。

伊犁农牧混合文化区有满、蒙古、索伦、锡伯、哈萨克、维吾尔、汉、回等多个民族，民族成分多元；满语和蒙古语是通行语言，主要使用满文和蒙古文字；宗教信仰以藏传佛教、道教为主；蒙古、哈萨克、索伦等民族从事游牧活动，维吾尔、汉、回等民族从事农业，满族多为驻防官兵，基本上不事生产；文化教育仍然是寺院教育为主；管理制度为札萨克制、八旗制；司法管理方面，大清律例与习惯法并行；风俗习惯依民族不同而不同。从总体上来看，伊犁农牧混合文化区的文化多元性特征十分明显。清代天山北路文化的重要特征之一就是其文化的多元性，这一特征在伊犁农牧混合文化区表现尤为突出。

很显然，乌鲁木齐、塔城、伊犁三个文化区之间的文化差异是由居住民族的不同造成的。乌鲁木齐文化区民族相对单一，基本上是内地迁徙而来的汉族农民及其后代，一小部分为回族农民及其后代，因此中原农耕文化的特征突出。塔城文化区民族分布也相对单一，基本上是蒙古族和哈萨克游牧民，因此游牧文化特征突出。伊犁文化区民族众多，因此文化的多元性特征比较明显，而且农耕民族和游牧民族人口都有相当比重，所以其文化保持农牧混合文化的色彩。这三个不同文化区的形成，是从清朝统一新疆后开始的，并在清代新疆历史演变过程中不断巩固和发展。从整个天山北路文化区范围来看，在新疆统一之初，伊犁文化区的文化影响力要大于乌鲁木齐文化区的影响力，因为伊犁是军府驻地，是天山北路乃至整个新疆的政治、军事中心。但是乌鲁木齐文化区的文化影响力呈现快速增长的趋势，并很快超过伊犁文化区的文化影响力。这是由于乌鲁木齐地区的人口始终处于快速增长之中，其人口规模很快超过伊犁地区，而且在天山北路总人口中的比重越来越大。清代后期，新疆的首府由伊犁转到了乌鲁木齐，这一方面确认了乌鲁木齐地区文化影响力增长的事实，另一方面也更加巩固和增强了这一地区文化的影响力。至于塔尔巴哈台文化区，由于人口规模一直很小，所以在整个天山北路文化中的影响力一直不大。

第四章　清代天山北路文化变迁的规律和机制

马克思唯物主义史观认为，历史是不断向前发展的，但发展的道路并非一帆风顺，它总是在曲折和反复中不断向前发展演变。历史文化作为历史的一部分，它的发展演变也遵循这一规律，在曲折和反复中不断向前演进。就清代天山北路文化而言，除了遵循在曲折中不断向前发展这一总的规律以外，它也有自身演变的一些特殊规律。与此同时，任何事物的发展演变都有其内在的机制，清代天山北路文化的发展演变也一定是在某种内在机制的作用下不断向前发展演变的。本章就清代天山北路文化变迁的规律和内在机制这两个方面进行研究，以此探索清代天山北路文化变迁的深层问题。

第一节　清代天山北路文化变迁的规律

清代天山北路文化变迁是如何演进的，其变迁过程有无规律可循，是需要我们思考的问题。根据笔者的观察和研究，发现清代天山北路文化的变迁遵循一定的规律。它们分别是文化渐变与突变交替进行；从相对单一向多元化演变；与内地文化由疏远到逐渐接近；从传统向近代化方向发展。以下分别论述之。

一 文化渐变与突变交替进行

清代天山北路的文化在不断地发生变迁，但是不同时期文化变迁的速度和强度并不均匀。有时候变化和缓，且历时较长，处于渐变状态；有时候则变化剧烈，而且历时较短，处于突变状态。从总体上来看，清代天山北路文化渐变与突变交替进行，共同推动清代天山北路文化向前发展。

（一）准噶尔时期天山北路文化的渐变

从 17 世纪 30 年代准噶尔部统一卫拉特四部开始直至 18 世纪中期准噶尔政权覆灭前夕，天山北路社会基本稳定。在此期间，准噶尔蒙古所代表的游牧文化也在逐渐地发生改变。在这期间天山北路文化渐变的表现主要体现在两个方面：一是藏传佛教从逐渐传播到臻于兴盛，二是托忒蒙古文字逐渐推广行用。

17 世纪初，藏传佛教在王公贵族的倡导下开始在卫拉特蒙古人当中传播。17 世纪 40 年代，卫拉特各部首领陆续在自己的领地上建立了一些寺庙。所谓的寺庙大多不过是在毡房之内供奉佛教经像，称为"库热"，但是也有土木或砖木结构的寺庙被修建起来。噶尔丹以后的历任汗王大都重视佛教的发展，尤其是策妄阿拉布坦、噶尔丹策零在位时随着汗国社会趋于稳定以及游牧经济的繁荣，天山北路的藏传佛教也得到了长足发展。当时在伊犁河北岸和南岸先后修建了固尔札和海努克两座规模宏大的寺院。这两座寺院各有喇嘛数千人，是当时准噶尔境内规模最大的两座寺院。每逢重大节日，前往朝拜者络绎不绝。随着藏传佛教的流行，天山北路准噶尔蒙古人的风俗习惯也深受该种宗教的影响。但凡婚丧嫁娶，都需要邀请喇嘛诵经。喇嘛成为准噶尔蒙古人中知识和文化的传承者和传播者，他们在社会上受到普遍的尊崇。

托忒蒙古文字的创制与藏传佛教在卫拉特蒙古人中的传播密切相关。因为卫拉特蒙古人之前使用的回鹘式蒙古文与梵文和藏文有相同的字母，给翻译佛经带来一定困难。清顺治五年（1648），鄂齐尔图和阿巴赖台吉命令卫拉特高僧拉布紧巴·咱雅班第达创制一种新的易于读写的文字，是为托忒文。托忒文一共有 15 个字母，每个字母有 7 种读音，15 个字母一共有 105 种读音。该文字自右至左竖行书写。与回鹘式蒙古文相比，托忒文字母基本上做到了一字一音，使得该文字易学易懂，便于掌握使用，因此在天山北路的卫拉特蒙古人中推广开来。

（二）18 世纪中期天山北路文化的突变

清乾隆十年（1745）准噶尔首领噶尔丹策零死后，准噶尔部贵族为争夺最高权力陷入长达十年之久的内讧之中。长期的内部争斗严重削弱了准噶尔部的统治力量。清朝乾隆皇帝乘机出兵新疆，历时两年，平定了准噶尔之乱，将天山北路纳入清朝的疆域之内。准噶尔部的内乱以及清朝平定准噶尔之乱的军事行动，对天山北路造成了巨大的冲击。在接连不断的军事冲突和政权更迭的十余年中，天山北路的文化迅速进入突变的历史阶段。这十余年中天山北路文化突变主要表现在三个方面：一是以准噶尔蒙古人为代表的游牧文化趋于衰落；二是天山北路政治格局的突变；三是天山北路在纳入清朝版图之后迅速实现了文化的多元化。

以准噶尔蒙古人为代表的游牧文化的衰落从根本上来讲是由准噶尔人口的大批丧亡造成的。文化的本质是人化，随着准噶尔蒙古人口的大量丧亡，附着在这个游牧群体上的游牧文化自然而然地衰落了。与此同时，准噶尔蒙古人所信仰的藏传佛教文化也迅速衰落下去。清朝平定准噶尔之乱后，天山北路尽入清朝版图。随后清朝在伊犁等地派兵驻防，设立各级统治机构，进行直接管理。这种统治较之历史时期的羁縻统治，显然有了本质的飞跃。从羁縻统治甚至地方割据到完全归属中央管辖，天山北路的政治格局在短期内发生了天翻地覆的变化。清朝建立起对天山北路的统治后最主要的措施就是派兵驻防和移民屯垦。这两项措施的实施使得大批各族官兵和农业人口移居天山北路，从而使天山北路的文化在短期内由相对单一迅速实现了多元化。这是清代天山北路文化的一次重要突变，同时它也是近两千年以来天山北路文化的一次重要突变。

（三）乾隆中期以后天山北路文化的渐变

自从乾隆中期清朝确立起在新疆的统治并对天山北路实行移民开发政策后，百余年间清朝对天山北路的政策再无大的变更。而这百余年中，天山北路的社会秩序稳定，经济持续向前发展，各族人口不断增加，这一地区迎来了历史上难得的发展时期。在这一发展过程中，天山北路的社会文化也在逐渐地发生改变，即天山北路的社会文化进入渐变的历史阶段。

巴里坤和乌鲁木齐地区是移民开发的重点区域，随着大批内地移民的到来，当地的社会文化面貌也在逐渐地发生改变。乾隆三十八年（1773）陕甘总督勒尔谨给乾隆皇帝的奏折中声称：

> 巴里坤地方，近来生息增繁，兵民子弟，敦书讲射，渐已蔚然可观……自平定西陲以来，关外耕屯日辟，商旅往来，生聚滋繁，其诱民并知蒸蒸向化，弦诵相闻，渐成乐土。[1]

---

[1] 《清高宗实录》卷926"乾隆三十八年二月癸亥"条。

勒尔谨奏折中所说的"敦书讲射,渐已蔚然可观""弦诵相闻,渐成乐土"等语言表述,表明当时天山北路社会文化风貌的改变处于一个渐变的过程。在这一渐变过程中,以汉族为主体的内地移民将其宗教信仰、风俗习惯等文化事项带到天山北路来。信仰方面,内地人民的佛道信仰以及各种民间信仰,都被移民带入天山北路,其中最突出的是关帝信仰。这些宗教及民间信仰为天山北路地区的满、汉、锡伯等人民所共同信仰。移民聚集的乌鲁木齐、巴里坤等地,各种宫观庙宇同样随处可见。风俗习惯方面,内地人民的各种节庆活动如春节、元宵节、清明节、端午节、中秋节、腊八节等在新疆移民社会一应俱全;内地流行的戏曲、说书、棋艺、舞狮、竹马、灯船、马戏等娱乐活动在新疆移民社会也颇为流行①。另外移民社会的婚俗与葬俗等也与内地基本相同。

(四) 同治年间天山北路文化的突变

同治三年 (1864),新疆爆发了回、维吾尔等民族的反清起义。不久,天山北路的乌鲁木齐和伊犁两地的政权分别被回族和维吾尔族封建上层所掌握。同治九年 (1870),早已攫取南疆统治权的浩罕侵略者阿古柏以武力迫使乌鲁木齐地区归于其统治。次年,沙俄出兵攻占伊犁各城,将伊犁地区置于俄国的统治之下。至此,天山北路大部分地区陷入外国侵略者之手。同治年间接连不断的战乱之中,天山北路的文化迅速进入突变的历史阶段。

---

① 齐清顺:《清代新疆汉民族的文化生活》,《新疆大学学报》(哲社版) 1996 年第 4 期,第 41~45 页。

同治年间天山北路文化的突变主要表现在两个方面：一是自乾隆中期以来形成的多元文化遭到严重破坏；二是伊斯兰文化在天山北路迅速扩张。同治年间席卷全疆的社会动荡对天山北路地区造成的破坏极其严重。一方面，随着各民族人口尤其是汉、满、蒙古等民族人口的锐减，这些民族所代表的民族文化分布范围大为缩减，影响力大大降低，因此多元文化遭到严重破坏。另一方面，随着阿古柏侵略势力侵占天山北路的乌鲁木齐等地并在占领区强行推行伊斯兰教，伊斯兰教在天山北路迅速扩张。总之，同治年间新疆的社会动荡使得天山北路的文化发展轨迹发生了突变。

（五）光绪年间新疆收复之后天山北路文化的渐变

光绪元年（1875），清朝任命左宗棠为钦差大臣，出兵收复新疆。次年，清军前敌总指挥刘锦棠率领五六万清军攻入天山北路，仅几个月时间就接连将古牧地、乌鲁木齐、昌吉、呼图壁、玛纳斯等天山北路大部分地方收复。光绪七年（1881），通过和平谈判，清朝从沙俄手中收回伊犁地区。至此，天山北路重新归于清朝的统治之下。随着清朝重新收复新疆以及其后的一些重建措施，天山北路的社会文化又进入渐变的历史阶段。这一渐变过程中，天山北路文化主要发生了两个方面的变化：一是多元文化重新恢复并进一步深化，二是天山北路出现了近代化文化因子。

新疆收复之后，各族人口又开始在天山北路逐渐聚集。新疆收复之后尤其是新疆建省之后，各族人口在新疆自由流动的人为限制被彻底废除，不仅关内各族人口大量迁居天山北路，就是天山南路的维吾尔等民族，也大量迁居天山北路的各个地区。这使得天山北路多民族分布格局重新形成并有所加深，从而使多元文化在天山北路重新形成并有所深化。如在伊犁宁远城的集市上，人们不仅可以看到汉、满、回、锡伯、维吾尔、蒙古、哈萨克、吉尔吉斯等新疆各民族，而且中亚的安集延人、浩罕人、塔什干人，犹太人，欧洲的俄罗斯人都可以看到。他们容貌不同，服装各异，操各种语言交谈，能够集中展现天山北路多元文化的特征。天山北路近代化文化因子的出现是伴随着与以俄国为主的西方国家的商业贸易的发展及清末新政在新疆的实施而出现的。这些近代化因子既包括各种近代化的工业商品和欧式建筑，也表现在近代化的新式教育、警察、军队等许多方面。尽管新疆收复三十多年之后清朝在天山北路的统治宣告结束，但是这一地区文化向近代化渐变的进程并没有终止。

总之，随着政治局势的变化和社会的不断演进，清代天山北路文化的变迁始终处于渐变与突变交替进行的历史进程中。根据已有的史实来看，渐变的过程一般历时较长，需要数十年乃至上百年的时间，而突变的过程只需要几年或者十余年的时间即可完成。渐变时文化以延续既有的文化传统为主，变化部分在潜移默化中悄然发生，不易察觉。突变时文化以颠覆既有的传统为主，变化剧烈而明显，很容易被感知到。渐变与突变交替进行，这是清代天山北路文化变迁的一条规律。倘若清朝在新疆的统治一直延续下去，这一规律将一直发挥作用。

二　从相对单一向多元化演变

清代天山北路的文化始终处于变迁之中，在不同的历史阶段，其文化变迁的内容有所不同。从总的趋势来看，其文化经历了一个由简单到复杂、由一元向多元转变的过程。准噶尔部统治时期，天山北路的文化表现为相对单一的草原游牧文化。清朝统一新疆以后，天山北路的地域文化由一元变为多元。清代后期，这一地区文化的多元性特征有所深化。

（一） 准噶尔时期相对单一的文化

在准噶尔部统治时期，天山北路尽管由准噶尔四部分别游牧，但这四部都属于同一个民族，即准噶尔蒙古族。准噶尔蒙古各部，除了每一个部落有各自的首领，游牧于不同的地区之外，他们都使用共同的语言和文字，都以游牧为生，有着共同的宗教信仰，风俗习惯也完全相同，故其内部文化表现出高度的一致性，因此我们可以将准噶尔统治时期天山北路的文化看作是相对单一的一元文化。

语言文字方面，准噶尔蒙古人使用西部蒙古语和托忒蒙古文。西部蒙古语是蒙古方言的一种，与蒙古语大体相同而略有区别，它被天山北路的准噶尔各部共同使用。托忒文字是由卫拉特高僧拉布紧巴·咱雅班第达创制的，创制的目的是弘扬佛教。经济方式方面，作为一个游牧民族，游牧经济自然是准噶尔蒙古人最主要的经济方式。除了游牧经济以外，准噶尔蒙古人也经营少量的农业，但农业在其整个经济中所占比重不大。与此同时，准噶尔蒙古人也与清朝及周边的哈萨克、俄罗斯有商业贸易往来。宗教信仰方面，准噶尔蒙古人共同信仰藏传佛教。17 世纪初，在卫拉特蒙古王公贵族的积极倡导下，藏传佛教在天山北路地区开始传播。经过三四十年时间的传播和发展，藏传佛教很快成为天山北路准噶尔蒙古人全民共同信仰的宗教。在策妄阿拉布坦、噶尔丹策零在位时，天山北路的藏传佛教臻于鼎盛，当时在伊犁河两岸先后修建了固尔札和海努克两座规模宏大的寺院，在这两座寺院里常住的喇嘛多达数千人，"每岁首盛夏，其膜拜顶礼者远近咸集"①。风俗习惯方面，由于准噶尔蒙古人从事游牧经济，其衣食住行多与这种经济方式紧密相连。他们的一些重大节庆活动，也与这种经济方式相关。由于藏传佛教的影响，天山北路的准噶尔蒙古人在生活习俗许多方面都有这种宗教烙印，如他们的婚丧嫁娶，一般都要请喇嘛念经。总之，在准噶尔部统治时期，由于天山北路的民族成分相对单一，其内部文化的同质性比较明显，因此这一时期天山北路文化的一元性特征比较明显。

（二）清朝统一新疆后天山北路多元文化的形成

清朝统一新疆之初，准噶尔蒙古人丧亡殆尽，天山北路成为地旷人稀的地区。为了巩固西北边防和开发边疆，清朝政府从西安、东北等地调遣大批满洲、索伦、察哈尔、厄鲁特、锡伯兵丁携眷移驻伊犁、乌鲁木齐等地，同时又从内地迁移大批汉族和回族农民到乌鲁木齐、巴里坤地区实行移民屯垦。此外，还从南疆迁移部分维吾尔族到伊犁地区进行屯垦。这样，短时期内天山北路成为诸多民族共同聚居的地区。正是由于多民族分布格局的快速形成，天山北路的文化也由相对单一迅速向多元化方向发展。统一之后的天山北路，其文化的多元性特征在语言文字、经济方式、宗教信仰、风俗习惯、管理制度诸多方面均有表现。

语言文字方面，天山北路有满语、汉语、维吾尔语、蒙古语、哈萨克语等多种语言以及汉文、满文、察合台维吾尔文、托忒蒙古文等多种文字。经济方式方面，随着大批移民的到来，农业很快成为天山北路主要的经济方式，从事农业的主要是汉、回、维吾尔等民族。同时畜牧经济在天山北路仍占有重要地位，

---

① （清）松筠：《西陲总统事略》卷12，《中国地方志集成·新疆府县志辑》，凤凰出版传媒股份有限公司、凤凰出版社，2012，第3册，第86页。

从事畜牧业的主要有厄鲁特、哈萨克等民族。此外，天山北路的商业贸易活动也比较活跃，不仅内地商人来此经商，官方与哈萨克之间的贸易活动也比较频繁。宗教信仰方面，虽然藏传佛教遭受沉重打击，但是依然在天山北路地区的蒙古人中流行。与此同时，随着大批满、汉官兵与移民涌入天山北路，汉传佛教与道教以及各种民间信仰再次传入天山北路，并且逐渐活跃起来。此外，随着维吾尔、哈萨克、回族等民族进入天山北路，伊斯兰教也在天山北路的局部地区流行起来。一时间，天山北路形成汉传佛教、藏传佛教、道教、伊斯兰教等多元宗教并存的局面。风俗习惯方面，由于天山北路民族众多，受不同经济方式、宗教信仰、文化传统等因素的影响，他们在饮食习惯、居住条件、节庆活动等风俗习惯方面各有特点，多姿多彩，难以尽述。此外，清朝政府为了适应这一地区多民族聚居的实际情况，本着"因俗而治"的方针，对于不同民族聚居区实行了不同的管理制度和司法制度，更加增添了天山北路地区文化的多元性。总之，从一元到多元，从清朝统一新疆开始，天山北路的文化特征发生了历史性的转变。

（三）清代后期天山北路多元文化的进一步加深

自从乾隆中期清朝统一新疆直至咸丰末年的百余年中，天山北路的多元文化迅速形成并日益发展。同治年间新疆持续的社会动荡，使天山北路多元文化的发展遭到严重破坏。光绪初年新疆重新统一后，天山北路多元文化格局重新恢复。不仅如此，随着与西方文化接触交流的增多以及清朝在新疆实行的改革措施，天山北路文化的多元性特征进一步加深。

同治年间持续的社会动荡使得清朝在天山北路百余年来建设的成果几乎毁于一旦。由于各族人口的大量损耗，自乾隆中期以来形成的多元文化遭到严重破坏。在各族人口的损耗中,汉族人口的损失最多,因此以汉族为代表的中原文化的损失也最为严重。光绪初年新疆收复之后,随着社会的逐步稳定和生产的逐步恢复,各族人口又重新在天山北路聚集起来,天山北路的多元文化也因此重新恢复起来。以左宗棠、刘锦棠为代表的边疆大吏极力主张在新疆发展学校教育,以消弭不同民族之间的文化隔阂,在他们的积极努力之下,包括天山北路在内,整个新疆的学校教育较动乱之前有了很大发展。同时,动乱之中遭受破坏的各种庙宇宫观也被陆续修建起来。光绪十年(1884),新疆建省,建省之后各族人民在新疆省内流动的限制被取消,促使大批南疆维吾尔等民族移居天山北路,进而促使天山北路多元文化向纵深发展。清朝后期,随着与俄罗斯、英国等西方国家接触交流机会的增加,西方世界的文化因子逐渐向天山北路渗透。清朝末年,在全国实行"新政"的大背景下,清朝政府在新疆也开始推行"新政",实行"新政"的各项举措,一定程度上也使得天山北路的文化更加多元化。

总之,从准噶尔时期相对单一的一元文化到乾隆中期多元文化的形成,再到清朝后期文化多元程度的加深,清代天山北路文化沿着由单一向多元化的轨迹发展。尽管同治年间出现过多元文化遭受严重破坏的情形,但这不过是在多元化道路上出现的挫折和反复,从总的趋势看,由单一向多元化的方向发展并没有改变。因此,由单一向多元化方向发展,是清代天山北路文化变迁的一条重要规律。

三 与内地文化由疏远到逐渐接近

清代天山北路的文化变迁之中,有一个值得关注的现象,那就是当地文化的内地化趋向。准噶尔部统治时期，天山北路的地域文化与内地文化之间差异十分明显，两地文化关系疏远。清朝统一新疆以后，天山北路的地域文化与内地文化逐渐接近。清代后期，天山北路的地域文化与内地文化进一步接近。

（一）准噶尔时期天山北路与内地文化之间的差别与隔阂

在准噶尔部统治时期，天山北路不在清朝的版图之内，当地文化与中原内地文化之间差异十分明显。大致而言，民族分布方面，天山北路主要是准噶尔蒙古人，中原内地是以汉族为主体的多元化民族分布格局。经济方式方面，天山北路主要是游牧经济，中原内地主要是传统的农业经济。语言文字方面，准噶尔蒙古人使用西部蒙古语和托忒蒙古文，中原内地主要使用汉语和汉字。宗教信仰方面，天山北路盛行藏传佛教，中原内地人民主要信仰汉传佛教与道教，此外还有许多不同的民间信仰。风俗习惯方面，天山北路的准噶尔蒙古人与内地民众在衣食住行、婚丧嫁娶、节庆活动、娱乐游戏等方面也各不相同。

在准噶尔部统治时期，尽管当时准噶尔蒙古与清朝之间存在着朝贡贸易关系，但是由于准噶尔地方政权与清朝长期处于对立状态，时战时和，所以双方之间的经济交流十分有限且很不稳定。至于双方之间的文化交流，由于疆域所限，道路险远，加之民族不同，言语不通，制度有别，风俗各异，彼此之间交流甚少，因此造成文化隔阂，即所谓"大荒之西，伊古声教阻绝"①的状态。在政治对立和文化隔阂的状态下，天山北路与中原内地的文化自然无法亲近，因此显得隔阂而疏远。

---

① （清）王树枏等纂，朱玉麒等整理《新疆图志》，上海古籍出版社，2015，第 1 页。

（二）清朝统一新疆后天山北路文化逐渐与内地文化接近

清朝统一新疆之后，随着大批内地军民移居天山北路，当地文化风貌逐渐与内地接近。在军府重地伊犁，与内地布局及设施相同的城市被陆续修建起来。乾隆二十六年（1761），第一任伊犁将军阿桂疏定约束章程，"建绥定、安远二城，兵居、民房次第立，一如内地，数千里行旅晏然"①。这些城内不仅有官员衙署、兵营、民房，与内地相同的各种宫观庙宇也被修建起来，官员会定期带领僚属进行各种祭祀活动。同时，满族官兵的生活习俗跟内地满族人甚至汉族人的生活习俗几乎完全相同，他们吃跟内地人一样的食物，穿跟内地人一样的衣服，过着跟内地人一样的节日。

至于内地移民集中的乌鲁木齐和巴里坤地区，其社会文化风貌几乎与内地完全相同。被贬官到乌鲁木齐的纪昀在当地看到几乎与内地相同的景象："古来声教不及者，今已为耕凿弦诵之乡，歌舞游冶之地"。"迪化、宁边、景化、阜康四城，旧置书院四处。自建设学额以来，各屯多开乡塾，营伍亦建义学二处教兵之子弟。弦歌相闻，俨然中土。"② 乾隆三十七年（1772），陕甘总督文绶疏言："巴里坤、乌鲁木齐年来日繁盛。……往时嘉峪关恒闭，过者候讥察，今关外已同内地，请令辰开酉闭；兼开乌鲁木齐城南七达色巴山梁以利行旅。"③ 乾隆四十七年乌鲁木齐都统明亮看到户民云集的乌鲁木齐地区，大小城堡"棋布星罗，安堵盈宁，渐成内地景象"④。

---

① （民国）赵尔巽：《清史稿》卷318《阿桂传》，中华书局，1977，第10738～10739页。
② （清）纪昀著，陈效简等注《乌鲁木齐杂诗注》，新疆人民出版社，1991，第79页。
③ （民国）赵尔巽：《清史稿》卷332《文绶传》，中华书局，1977，第10958～10959页。
④ 中国第一历史档案馆藏：朱批奏折，屯垦类，乾隆四十七年八月二十二日明亮奏，档号：03-0834-023。

伊犁将军阿桂疏言中的"一如内地"，流人纪昀眼中的"俨然中土"，陕甘总督文绶疏言中的"今关外已同内地"，乌鲁木齐都统明亮奏折中的"渐成内地景象"等言论，都表明一个事实，那就是清朝统一新疆后天山北路的社会文化风貌逐渐与内地接近。需要指出的是，尽管清朝统一新疆后天山北路地区文化逐渐与内地文化接近，但对于天山北路的不同地区而言，其文化与内地文化的亲近程度存在很大差别。大致而言，在移民集中的乌鲁木齐和巴里坤地区，其文化与内地最为接近；而在伊犁、塔尔巴哈台等地的哈萨克、维吾尔、蒙古等少数民族地区，其文化与内地文化仍然有相当的差距和隔阂。

（三）清代后期天山北路文化与内地文化进一步接近

乾隆中期统一新疆及移民开发天山北路的举措，促使天山北路的区域文化与内地逐渐接近。但是与内地相比较，清朝对于这一地区的统治制度仍有别于内地。清朝在新疆实行军府制度，在军府之下，对于不同民族地区实行不同的管理制度。就天山北路而言，一方面，移民集中的乌鲁木齐和巴里坤地区在行政上隶属甘肃行省，实行府州县制；另一方面，在伊犁、塔尔巴哈台等地游牧的蒙古人和哈萨克人当中实行札萨克制，在伊犁屯田的维吾尔人中，实行伯克制度，即由各族王公贵族分别管理本民族的内部事务。札萨克制和伯克制度的存在，虽然在当时条件下有利于赢得当地封建贵族和宗教人士对清朝政权的拥护和支持，但长远来看它又滞碍了当地少数民族与中原内地文化之间的交流，不利于当地民族文化向内地看齐。

清代后期，同治年间爆发的各族人民的反清暴动使得清朝在新疆的统治濒于瓦解。光绪初年新疆重新收复之后，旧有的军府制度已经难以恢复。为了巩固西北边防和在新疆实行更加有效的统治和管理，朝廷中的有识之士和边疆大吏纷纷提出了在新疆实行行省的建议。在这一背景下，清朝终于在光绪十年（1884）下诏建立新疆行省，"授刘锦棠为甘肃新疆巡抚，仍以钦差大臣督办新疆事宜；以甘肃布政使魏光焘为甘肃新疆布政使"①。新疆建省有多方面的重要意义，在此只简单讨论其对于促进天山北路与内地文化之交流和亲近方面的意义。建省之后，"关内汉、回携眷来新就食、承垦、佣工、经商者，络绎不绝"②。络绎不绝的关内人民大量来到天山北路谋生，再次将内地的各种文化源源不断地带到天山北路，这无疑会增加内地文化在当地文化中的比重，也会促进天山北路与内地文化之交流和亲近。第一任新疆布政使魏光焘云："于是武功大定，文治聿昭，人物繁熙，比于中土诸行省焉。"③ 这表明建省之后包括天山北路在内的新疆文化进一步与内地接近。

从军府制到行省制，从多种管理体制并存到一元化管理体制的建立，从与内地制度显著区别到与内地制度基本相同，清代新疆文化从制度层面上发生了巨大改变。因此，以新疆建省为标志的政治制度改革成为清朝后期新疆制度文化变迁最主要的表现。它既是天山北路文化与内地文化由疏远走向亲近的表现和结果，同时这一制度的实施又进一步促进天山北路文化与内地文化更加亲近。

总之，准噶尔时期天山北路与内地文化之间有着显著的差别与隔阂。清朝统一新疆后，天山北路的区域文化逐渐与内地文化接近。清代后期，由于行省制度的实施，天山北路与内地文化之间制度差异的藩篱被彻底打破，从而促使这一地区的文化与内地文化之间进一步接近。与内地文化从隔阂疏远到逐渐接近，是清

---

① 《清德宗实录》卷195 "光绪十年十月癸酉"条。
② （清）王树枏等纂，朱玉麒等整理《新疆图志》，上海古籍出版社，2015，第1956页。
③ （清）魏光焘：《勘定新疆记》卷7，文海出版社，1976，第275页。

代天山北路文化变迁的又一规律。

四 从传统向近代化方向发展

准噶尔部统治时期，天山北路地区游牧文化盛行。清朝统一新疆以后，屯垦农业文化迅速成为天山北路的代表性文化。无论是游牧文化还是屯垦农业文化，都属于传统文化的范畴。清代后期，随着跟西方接触交流的增多以及政府的改革措施，天山北路出现了近代化的文化因子。

（一）清代中前期天山北路的传统文化

在准噶尔部统治时期，天山北路以游牧经济为主，畜牧业得到了长足发展，"伊犁、乌鲁木齐、雅尔、珠勒都斯、玛纳斯、巴彦代之间，地广、草肥、水甘，牲畜易于蕃息。……驼、马、牛、羊遍满山谷"①。当此之时，天山北路草原游牧文化盛行，人们的衣食住行、生活起居都与这种游牧经济方式息息相关。清朝统一新疆之后，天山北路由于准噶尔蒙古人的大批丧亡，草原游牧文化迅速衰落。与此同时，随着大批内地移民迁居天山北路和农业垦殖活动的逐渐展开，农耕文化逐渐取代游牧文化成为天山北路的主流。当然，游牧文化在天山北路的局部范围内依然流行。游牧文化和农耕文化是中国固有的两种传统文化类型，在中华大地上延续了数千年之久。无论这两种文化在天山北路如何发展兴盛，在本质上都没有脱离中国传统文化的范畴。尽管农耕文化取代游牧文化对于天山北路地区而言是一次文化的巨大变迁，但它不过是中国传统的农耕文化在天山北路地区的扩展和延伸。

---

① （清）七十一：《西域闻见录》卷5，《边疆史地文献初编·西北边疆》第1辑，中央编译社，2011，第9册（全24册），第142～143页。

因此，在清朝的大部分时间里，天山北路地区都是沿着中国既有的两种文化传统缓慢向前发展，两百年间没有太大改变。

（二）清代后期天山北路近代化文化因子的出现

道光二十年（1840）的鸦片战争之后，中国被迫打开国门，开始被动地接受某些西方近代工业文明的因子。地处西北边陲的天山北路地区，由于交通闭塞，文化落后，一开始并没有跟内地一样接触到西方近代工业文明。直到咸丰元年（1851）中俄签订《伊犁塔尔巴哈台通商章程》后，俄国的近代工业产品开始在天山北路地区行销。19世纪六七十年代，清廷中的一些有识之士开始主动学习西方，积极举办洋务。当内地洋务运动如火如荼的时候，原本就落后于内地的新疆地区正值十余年的社会动荡期，因此错失了向西方工业文明学习的机会。光绪初年新疆收复之后，新疆的社会秩序逐步稳定，社会经济逐步恢复。光绪十年（1884）新疆建省之后，天山北路地区出现了一些官办、官督商办、官商合办、商办的带有近代工业性质的采矿、冶炼、铸造等厂矿企业，如对塔城金矿、孚远铁矿、乌苏银矿、独山子石油等矿产资源开采和冶炼的企业。这些企业一般雇用外国技术人员，使用机器采矿，因此具有近代企业的性质。

然而直到20世纪初的清朝末年，包括天山北路在内的新疆地区才开始真正意义上的近代化的进程。当时清朝举国推行"新政"，新疆虽然比内地稍晚一两年，但清朝在新疆的地方官员还是积极响应朝廷推行"新政"的诏令。时任新疆巡抚的联魁在给清廷的奏折中说："遵筹西北全局，大旨不外置省、改官、开垦、兴学、练兵数端，应酌量缓急，择要施行。"[①] 清末新疆"新政"

———

① 《清德宗实录》卷591 "光绪三十四年五月己丑"条。

比较有成效的主要有编练新军、兴办实业、开设学校、建立咨议局等项。通过实行"新政",包括天山北路在内的新疆地区建立起近代化的陆军和巡警,开办了一批近代化企业,发展了通信,开设了大量学堂,设立了咨议局。这些社会文化现象在天山北路之前的历史中从未有过,是一种全新的近代化的社会文化现象。尤其是大量新式学校的开办,给当地培养了大批优秀的人才,这些人才对于当地社会经济和文化的发展无疑会发挥重要作用。

由于自身条件的限制,清末新疆"新政"起步时间比内地省份稍晚,成效也不如东部沿海及内地诸省显著,但就其自身的条件来说,"新政"取得的成就还是值得肯定的。清末"新政"期间,天山北路地区较天山南路地区发展迅速,各方面都有明显进步,许多全新的文化事项纷至沓来,令人目不暇接。

总之,在清代的大部分时间里,天山北路地区沿着既有的传统文化道路缓慢发展。但是到了清代后期,尤其是清末"新政"时期,近代文化的各种因子在天山北路纷纷出现,使天山北路文化出现了近代化的端倪。正如齐清顺先生所言:"清末新疆的'新政',为新疆在20世纪向近代化、乃至现代化迈进,开了一个好头。"① 尽管它只是一个开头,但它表明了天山北路文化发展的一种趋向。从传统向近代化方向迈进,是清代天山北路文化演变的又一规律。

第二节 清代天山北路文化变迁的形成机制

清代天山北路文化变迁受多种因素的制约和影响,是各种因

---

① 齐清顺:《论清末"新政"——新疆迈向近代化的开端》,《西域研究》2000年第3期,第39页。

素综合作用的结果。清代天山北路文化变迁是否按照一定的机制运行？这也是需要我们探索的问题。笔者通过观察和研究发现，在引起天山北路文化变迁的众多因素中，有些因素会决定天山北路文化特性，有些因素会推动天山北路文化向前发展，而某些因素又会导致当地文化的衰退。此外还有某些因素会对当地文化的发展起引领作用。所有这些因素相互影响，共同作用，最终形成清代天山北路文化变迁的机制。

一 国家政策引领文化发展方向

为了维护在天山北路地区的统治，地方或中央的统治者在不同的历史阶段往往会根据形势的需要出台不同的政策。这些政策中有一小部分可能与文化直接相关，而大多数则可能只关乎政治、经济以及其他方面。与文化直接相关的政策当然会直接影响当地文化的发展，而有许多看似与文化没有太多关系的政策或多或少也会对当地文化的发展产生一定影响。那些直接或间接的影响不仅仅表现在它们对当地文化的促进或抑制方面，在很多情况下，它们还会对地方文化的发展起到引领作用。

（一）准噶尔时期的宗教政策对天山北路藏传佛教文化的引领

藏传佛教开始在卫拉特蒙古人中的传播还只是 17 世纪初的事情，它的传播首先得益于卫拉特各部封建上层的支持和带动。1616 年，卫拉特各部封建主每人献出一个儿子去做喇嘛，并被送往西藏学习。这其中就有卫拉特联盟首领拜巴噶斯的义子咱雅班第达，此人后来成为著名的宗教和政治活动家，为卫拉特蒙古佛教的发展做出了巨大贡献。1640 年，在准噶尔部首领巴图尔珲台吉的倡导和支持下，西部卫拉特蒙古各部封建主联合东部喀尔喀

蒙古各部封建主在塔尔巴哈台召开会议，会议制定了一部法典，
即《蒙古—卫拉特法典》。该法典部分内容与发展藏传佛教有关，
如第九条规定"十人中必有一人献身于佛"①。第十七条规定"以
言辞侮辱高级僧侣者，科罚九九；侮辱喇嘛、王公的教师者，科
罚五九"②。鼓励出家以及保护和优待僧侣的政策促使卫拉特蒙古
僧侣数量的增长，进而促使藏传佛教在天山北路地区的发展。以
后的统治者大都沿袭这些政策，最终促使天山北路地区的藏传佛
教文化在 18 世纪前期臻于鼎盛。

　　总之，藏传佛教在天山北路地区的长足发展一方面是以准噶
尔蒙古游牧经济的兴盛作为基础，另一方面，当地统治者对这一
宗教的政策支持也起了关键作用。它不但推动了藏传佛教在天山
北路地区的快速发展，而且引领了当地文化发展的潮流。

（二）统一新疆之初驻军和移民政策对天山北路多元文化的引领

　　天山北路原本地广人稀，在清朝平定准噶尔之乱后，这一地
区更是成为千里不见人烟的空旷之地。随着准噶尔之乱的平定以
及军府制度的建立，清廷陆续从凉州、西安、宁夏、热河、盛
京、黑龙江等地抽调了满洲、蒙古八旗及锡伯、察哈尔、厄鲁
特、达斡尔、索伦等各族官兵近 2 万名携眷驻防伊犁等地。同时，
为了开发和改变天山北路人烟稀少的状况，清朝政府在天山北路
展开大规模的移民屯垦活动。最初出关的户民完全由政府组织，
全额资助路费，对于那些只身出关民人"眷口在内地者，一体官

---

① 罗治平编译《1640 年蒙古卫拉特法典》，中国社会科学院民族研究所历史室编印，
　　1977，第 40 页。
② 罗治平编译《1640 年蒙古卫拉特法典》，中国社会科学院民族研究所历史室编印，
　　1977，第 43 页。

为资送"①。移民到达目的地后由官府分给口粮，划拨地亩，代建房屋，借给种子、牲畜、农具等生产资料，进行妥善安置。由于清廷及地方官员筹划得当、措施合理、组织有序，在乾隆年间很快掀起一股移民天山北路的热潮，乾隆四十年（1775），乌鲁木齐、宜禾、昌吉、伊犁、阜康、奇台、玛纳斯等七个地区的移民已达七万余人；乾隆四十六年（1781）以后，政府组织的移民活动基本停止，但是自发移民到天山北路的热潮方兴未艾。乾隆末年，天山北路的移民数量达到十二余万②。此外，乾隆年间还有数千户南疆维吾尔族农民在政府组织下陆续迁居伊犁，对这一地区进行屯垦开发。

　　乾隆年间调遣各族官兵驻防伊犁和移民开发天山北路的政策，主观上是出于巩固边防和开发新疆等政治与经济方面的目的，但是客观上对于天山北路社会文化面貌的改变也起到引领和推动的作用。著名学者葛剑雄指出："人口在空间的流动，实质上就是他们所负载的文化在空间的流动。所以说，移民运动在本质上是一种文化的迁移。"③ 自从大批各族官兵和移民迁居天山北路之后，天山北路地区短期内形成了多民族分布的格局，进而促成天山北路多元文化的形成。与此同时，随着大批内地移民迁往天山北路，中原内地的传统文化在这一地区落地生根，影响日益扩大，成为天山北路最具影响力的文化。而其他各民族的文化随着人口的不断增长，影响也在逐步扩大。总之，清朝统一新疆之后在天山北路地区的驻军和移民政策，间接引领了天山北路社会

---

①　（清）佚名：《乌鲁木齐政略》，《边疆建制资料初编·西北及西南建制》（全23册），知识产权出版社，2011，第8册，第299页。

②　徐伯夫：《清代前期新疆地区的民屯》，《中国史研究》1985年第2期，第85～95页。

③　葛剑雄：《中国移民史》，福建人民出版社，1997，第102页。

文化面貌发展的方向。

（三）清末新疆"新政"对天山北路近代文化的引领

20 世纪伊始，以慈禧太后为首的统治集团决心改革旧制，并以光绪皇帝名义颁布诏书在全国推行"新政"。由于新疆地处偏远，情况特殊，新政的推行较内地稍晚几年。光绪三十二年（1906），伊犁将军长庚奏称"预筹新疆应办事宜：一、练兵，二、蕃牧，三、商务，四、工艺，五、兴学，亟应次第举行"①。光绪三十四年（1908），甘肃新疆巡抚联魁奏称"遵筹西北大局，大旨不外置省，改官、兴学、练兵数端，应酌量缓急，择要施行，始能收整顿之效，免纷更之偾事"②。上述新政内容主要包括编练新军、发展经济、兴办学校、机构改革等，不过长庚与联魁的提法略有不同。在新疆地方官员的积极推动下，各种新的政策陆续出台并渐次付诸实施，不少政策取得了一定的实际成效。

清末新疆"新政"的实行，使得包括天山北路在内的新疆的社会文化面貌发生一些显著变化。通过"新政"，新疆建立了几所军事学校，编练了一支新式陆军，建立了近代巡警。兴办了一批工艺厂、工艺局、劝工所、织造局、农林试验厂等各种经济实体。建立了一大批不同类别、不同等级的新式学校，教师和学生人数大量增加，教育规模不断扩大，教育科目、教育内容较以往的科举教育也发生了很大变化。民族教育也部分地摆脱了传统经学教育的桎梏，向世俗化、近代化的方向发展。设立咨议局等新的政治机构。尽管"新政"取得的成就与内地相比还有很大的差距，但对于经济文化落后的新疆地区而言，很多都是全新的

---

① 《清德宗实录》卷 563 "光绪三十二年八月乙酉"条。
② 《清德宗实录》卷 591 "光绪三十四年五月己丑"条。

事物。

总之，随着清末"新政"在新疆的推行，包括天山北路在内的新疆地区的社会文化面貌发生了很大改观，许多新生事物纷纷出现，近代社会文化的因子日渐增多，天山北路的文化面貌出现了前所未有的新气象。在这一改变过程中，清朝的国家政策无疑起了重要的引领和推动作用。

二　民族分布格局决定文化特性

民族与文化之间关系密切，不可分割。一个地区的文化所具有的特征往往与该地区的民族分布有关，随着该地区民族分布格局以及各民族人口的变化，这一地区的文化也会发生相应的变迁。从某种程度上来讲，民族及其人口的分布格局决定着清代天山北路文化的特性。

在清朝统一新疆之前，准噶尔蒙古人是天山北路最主要的居民。天山北路之伊犁、乌鲁木齐、雅儿、珠勒都斯、玛纳斯、巴彦岱等地，准噶尔人的"马、驼、牛、羊遍满山谷"①。在准噶尔强盛时，其人口有 60 多万。由于当时天山北路民族构成相对单一，所以其地域文化内部也相对一致，基本上是单一的草原游牧文化。语言文字方面，准噶尔蒙古人使用西部蒙古语和托忒蒙古文。经济方式方面，作为一个游牧民族，游牧经济自然是准噶尔蒙古人最主要的经济方式。宗教信仰方面，藏传佛教是准噶尔蒙古人共同信仰的宗教。风俗习惯方面，准噶尔蒙古人的衣食住行多与游牧经济紧密相连。同时由于藏传佛教的影响，天山北路准

---

① （清）七十一：《西域闻见录》卷5，《边疆史地文献初编·西北边疆》第1辑，中央编译出版社，2011，第9册（全24册），第142～143页。

噶尔蒙古人在生活习俗许多方面都有这种宗教烙印，如他们的婚丧嫁娶，一般都要请喇嘛念经。即便是生病就医，也多是请喇嘛医治或诵经。总之，清朝统一新疆之前天山北路相对单一的民族分布格局决定了其地域文化的单一性特征。

清朝统一新疆以后，为了驻防的需要，从内地调遣满洲、察哈尔蒙古、索伦、锡伯等各族军民驻防伊犁。同时为了开发地广人稀的天山北路地区，从内地迁移大批汉族、回族农民进入乌鲁木齐、巴里坤地区从事屯垦活动，从南疆就近迁移大批维吾尔人到伊犁屯垦。与此同时，哈萨克、柯尔克孜等民族成为清朝的藩属，其中一部分后来成为天山北路的居民。总之，清朝统一新疆后天山北路的民族成分在短期内迅速增加到近十个。由于不同民族具有不同的语言及文字、不同的宗教信仰、不同的风俗习惯、不同的文化传统，所以随着诸多民族的迁居天山北路，他们将自身的语言文字、宗教信仰、风俗习惯、文化传统等移植到天山北路。这些不同的文化与天山北路之前已有的民族文化聚合在一个共同的区域之内，就形成了天山北路文化的多元化特征。同时，清朝政府为了适应当地民族多元、文化传统和风俗习惯差异显著的特点，在当地实行了"因地制宜、因俗而治"的治理方针，所以采用了多种不同的行政管理体制以及司法制度。这一方面迎合了天山北路文化多元化的特征，同时又加剧了这一地区文化多元化的倾向。因此，从根本上来看，是民族成分的多元化决定了清代天山北路文化的多元化，倘若没有如此众多的民族聚居天山北路，天山北路文化的多元性就难以形成。清朝统一新疆之后天山北路的文化之所以体现出多元化的特点，虽然有各种因素的影响，但从根本上来看，是清代天山北路民族成分的多元性起了决定性作用。

清朝同治年间持续的社会动荡，使得天山北路各族人口的损失非常严重，而汉族和满族人口的损失尤其严重，这又导致自乾隆中期以来在天山北路形成的多元文化遭受严重创伤，其文化的多元性特征尤其是中原汉文化特征有所减弱。虽然同治年间各族人口的损失导致天山北路文化多元性特征有所减弱，但其地域文化的多元性特征并没有消失，因为当时天山北路依然是多民族分布的格局，只不过不同民族的文化在区域文化中的影响力大小有所不同而已。清朝收复新疆后，天山北路多元化民族分布格局得到进一步强化。一是内地移民再次大批迁居天山北路；二是维吾尔族在天山北路的分布范围更加广泛；三是天山北路又增加了俄罗斯、塔塔尔等新的民族成分。这种多元化民族分布格局的强化无疑又促使天山北路多元化特征的进一步加深。

总之，清代天山北路的民族分布格局决定着该区域文化的特征，该区域文化特征随着区域民族分布格局的变化而变化。当区域民族成分单一时，其地域文化的一元性特征就比较明显；当区域民族分布由一元变为多元格局时，其地域文化的多元性特征就逐步形成并持续发展；当区域多元化民族分布格局得到强化时，其地域文化的多元化特征也进一步加深。

三　社会经济发展推动文化发展

经济与文化的关系十分密切，二者之间相互渗透，相互影响。一般说来，经济形式决定着文化的内容和形式，经济在二者关系当中处于基础地位；文化则会反作用于经济，对社会经济产生积极或消极的影响，从而促进或抑制经济的发展。一旦经济面貌发生改变，文化也一定会发生相应的变迁。

天山以北草原辽阔，许多地方曾是水草丰美的牧场。历史上

乌孙、匈奴、鲜卑、柔然、高车、突厥、回鹘、蒙古等许多民族
曾在此游牧驰骋。在清朝平定准噶尔之前，天山以北的广大地区
是准噶尔人的游牧之地，畜牧业是准噶尔汗国最主要的经济来
源，准噶尔游牧民的生活所需几乎全部依赖畜牧业的产出。《西
域图志》在论述准噶尔人的风俗时说道："择丰草绿缛处所，驻
牙而游牧焉。各有分地，问富强，数牲畜多寡以对。饥食其肉，
渴饮其酪，寒衣其皮，驱驰资其用，无一不取给于牲畜。储粮峙
粮之计，所弗屑也。"① 从巴图尔珲台吉统一厄鲁特四部起，经过
百余年的经营和发展，至 18 世纪上半期策妄阿拉布坦及噶尔丹策
零父子统治时期，准噶尔汗国的游牧经济出现繁荣景象。椿园七
十一指出，伊犁、乌鲁木齐、雅儿、珠勒都斯、玛纳斯、巴彦岱
等地，"草肥、水甘"，牲畜易于蕃息，"马、驼、牛、羊遍满山
谷"②。松筠称策妄阿拉布坦统治时期"历十余年，部落繁滋"；
称噶尔丹策零时期"且耕且牧，号富强"③。

准噶尔人游牧经济的发展繁荣促进了天山北路文化的发展，
当时最能代表准噶尔人文化的藏传佛教在策妄阿拉布坦及噶尔丹
策零父子统治时期得到了长足发展。据史料记载："在策妄阿拉
布坦时，卫拉特地区的佛教也进一步盛行起来。当时从西藏的扎
什伦布寺、哲蚌寺请来几位大喇嘛到卫拉特地区传布佛道，修建
了密宗学院和两座大僧院，僧众达几千人。"④ 这一时期，在伊犁

---

① 钟兴麒等校注《西域图志》，新疆人民出版社，2002，第 512 页。
② （清）七十一：《西域闻见录》卷5，《边疆史地文献初编·西北边疆》第 1 辑，中央
  编译社，2011，第 9 册（全 24 册），第 142 ~ 143 页。
③ （清）松筠：《西陲总统事略》卷1，《中国地方志集成·新疆府县志辑》，凤凰出版
  传媒股份有限公司、凤凰出版社，2012，第 2 册，第 30 页。
④ 扎木巴：《扎木巴老人谈卫拉特蒙古历史及宗教》，《新疆宗教研究资料》第 14 辑，
  新疆社会科学院宗教研究所编印，第 36 页。

河北岸和南岸先后修建了固尔札和海努克两座规模宏大的寺院。由于固尔札寺庙顶部装饰得金碧辉煌，所以俗称金顶寺；而海努克寺庙顶部颜色银白，所以俗称银顶寺。这两座寺院有喇嘛数千人，是当时准噶尔境内规模最大的两座寺院。每逢重大节日，前往朝拜者络绎不绝，《西陲总统事略》记载："每岁首盛夏，其膜拜顶礼者远近咸集。往往捐珍宝，施金银，以事庄严，庙之宏瞻，甲于漠北。"①

　　清朝在统一新疆之后，为了驻防需要和改变天山以北人烟稀少的状况，即在天山北路展开大规模的移民屯垦活动。屯垦分为兵屯、回屯、户屯、遣屯、旗屯等五种形式，其中兵屯和户屯最为重要，一开始以兵屯为主，后来户屯逐渐成为最主要的屯垦方式。垦殖的劳动力主要是绿营官兵、内地移民、南疆维吾尔移民等。开垦的土地沿着天山北麓平原延伸，由东向西，渐次展开，重点区域为巴里坤、乌鲁木齐、伊犁等地。由于清廷及新疆地方官员筹划得当、措施合理、组织有序，在乾隆年间很快掀起一股移民天山北路的热潮，屯垦活动开展得顺利而迅速，并且成效显著。屯垦取得的成效主要表现在两个方面，一是开垦地亩的迅速增加，二是粮食产量的大幅增长。根据华立的研究估算，从乾隆二十二年（1757）开始大规模移民屯垦，至乾隆六十年（1795），北疆开垦耕地达到129万亩之多。嘉庆年间，北疆农耕地亩大体保持在这一水平；粮食产量的增长从纳粮的数字的增长可以看出，乾隆三十八年（1773），乌鲁木齐、巴里坤的户屯纳粮额为23864石，至乾隆末年，每年上交的户粮达到72410石，加上兵

---

　　① （清）松筠：《西陲总统事略》卷1，《中国地方志集成·新疆府县志辑》，凤凰出版传媒股份有限公司、凤凰出版社，2012，第3册，第86页。

屯、遣屯及民间采买所得，上述两地各州县一年粮食总数为
194450石，除供应官食军粮外，还可盈余3.3万石。而伊犁地区
乾隆末年兵屯收粮和回屯纳粮总计在16万石以上[1]。

经过清廷的不懈努力和广大移民的辛勤垦拓，天山北路的经
济和社会面貌发生了巨大变化，农耕土地大片出现，村墟联络，
人烟相望。乾隆三十五年，陕甘总督明山在其奏折里描述了他在
巴里坤所看到的喜人变化："南北山近水地亩，商民认户承垦，
俱已开垦成熟，按例升科，又值连岁年谷顺成，阡陌广辟，堡舍
日增……非特昔时蔓草荒榛俱变为膏腴美产，而城中人烟稠密，
商贾辐辏，闾阎气象一新。"[2] 乾隆四十七年乌鲁木齐都统明亮看
到户民云集的乌鲁木齐地区，大小城堡"棋布星罗，安堵盈宁，
渐成内地景象"[3]。

经济面貌的变化带来文化面貌的改变，《清高宗实录》中记
载："自平定西陲以来，关外耕屯日辟，商旅往来，生聚滋繁，
其诱民并知蒸蒸向化，弦诵相闻，渐成乐土。"[4] 被贬官到新疆的
纪昀也看到了这种改变："古来声教不及者，今已为耕凿弦诵之
乡，歌舞游冶之地。""迪化、宁边、景化、阜康四城，旧置书院
四处。自建设学额以来，各屯多开乡塾，营伍亦建义学二处教兵
之子弟。弦歌相闻，俨然中土。"[5] 这些描述都表明天山北路的文
化已然发生了重大变迁，而这种变迁是以天山北路屯垦农业的发

① 参看华立《清代新疆农业开发史》，黑龙江教育出版社，1998，第140～141页。
② 中国第一历史档案馆藏：朱批奏折，屯垦类，乾隆三十五年九月五日明山奏，档号：
04－01－23－0067－035。
③ 中国第一历史档案馆藏：朱批奏折，屯垦类，乾隆四十七年八月二十二日明亮奏，档
号：03－0834－023。
④ 《清高宗实录》卷926"乾隆三十八年二月癸亥"条。
⑤ （清）纪昀著，陈效简等注《乌鲁木齐杂诗注》，新疆人民出版社，1991，第79页。

展和扩张作为基础，是清朝政府在天山北路进行农业开发的结果。

光绪初年新疆重新收复之后，随着社会秩序的重建，天山北路的社会经济逐步恢复起来。光绪十年（1884）新疆建省之后，天山北路地区出现了一些带有近代工业性质的采矿、冶炼、铸造等厂矿企业，如对塔城金矿、孚远铁矿、乌苏银矿、独山子石油等矿产资源开采和冶炼的企业。这些企业一般聘用外国技术人员，使用机器采矿，因此具有近代企业的性质。20世纪初，随着清末"新政"在新疆的推行，各地先后设立工艺局，创办各种工艺厂、劝工所、工艺局、织造局、农林试验厂等，组织各族群众进行纺织、制革、造纸、缫丝等手工业生产及农业技术改良活动。这一时期天山北路兴办的"实业"中，规模较大的有塔城喀图山金矿、独山子油矿等。特别是伊犁制革厂，从德国购进机器，并聘任德国技术人员，利用当地丰富的皮革资源，开展皮革加工生产，工人达250多人，成为当时新疆屈指可数的较大型的近代企业，是这一时期天山北路近代工业的代表。近代工矿企业和各种实业的举办，推动了包括天山北路在内的整个新疆社会文化风貌的改变。《新疆图志》云："于是全疆工艺日异月新，智创巧述，成效亦稍稍著矣。……循是以往，锲而不舍，庶几新疆数千年墨守窳陋之习，为之一变。"①

总之，无论是准噶尔部统治时期游牧经济的兴盛，还是清朝统一新疆后天山北路地区屯垦农业的勃兴，抑或是清朝晚期近代化工业的出现，随着社会经济的发展进步，天山北路的文化面貌也一再地发生改变。社会经济的发展进步是天山北路文化向前发

---

① （清）王树枏等纂，朱玉麒等整理《新疆图志》，上海古籍出版社，2015，第577页。

展演变的重要推动力量。

四　战争冲突导致文化急剧衰退

在策妄阿拉布坦及噶尔丹策零父子统治时期，天山北路地区社会稳定，游牧经济繁盛，以藏传佛教为代表的宗教文化也得到了长足发展。乾隆十年（1745），准噶尔部首领噶尔丹策零病卒。噶尔丹策零死后，准噶尔贵族内部立即发生了争夺权力的内乱。首先继位的噶尔丹策零之次子阿扎被其庶兄喇嘛达拉扎杀死。喇嘛达拉扎掌权后又引起准噶尔贵族达瓦齐及辉特部首领阿睦尔撒纳的不满，达瓦齐与阿睦尔撒纳在兵败后逃入哈萨克。之后阿睦尔撒纳带兵潜入伊犁，杀死喇嘛达拉扎，并迎立达瓦齐为汗。达瓦齐掌权后统驭无方，属下多有叛离，而且不久又与阿睦尔撒纳结下嫌隙。达瓦齐在政权逐渐巩固后决定铲除阿睦尔撒纳，阿睦尔撒纳自知不敌达瓦齐，于是率众投降了清朝。在众多部落纷纷降清的情况下，乾隆皇帝感到消灭准噶尔割据势力的时机来临，于是果断命将出师。乾隆二十年（1755），清军在定远将军班第、参赞大臣鄂容安的率领下，并由阿睦尔撒纳引导，经巴里坤、乌鲁木齐直捣伊犁。达瓦齐兵败后逃往南疆的乌什，被乌什阿奇木伯克霍集斯诱擒后献给清军，天山北路暂时平定。但阿睦尔撒纳不满清朝对其封赏，在清军主力班师后又发动了叛乱。清朝不得已再次用兵，经过更加激烈残酷的战争，历时两年，终于在乾隆二十二年（1757）将天山北路彻底荡平。

长年的战乱不仅使天山北路的准噶尔蒙古人口大批丧亡，而且使天山北路的文化遭受严重破坏，原本盛极一时的藏传佛教文化，在接连不断的战争中遭受沉重打击。规模宏大的固尔扎和海努克佛寺，在战火中焚毁殆尽，仅存遗迹。据史料记载："旧传两寺极为壮丽，乃内地工匠远来修建者。自西陲底定以来，倾颓无存，然琉璃金碧，砖瓦零星，砂砾之中，仅存遗迹矣。"①不仅寺院被毁，而且寺院之僧人也都死亡逃散尽净。正如《建兴教寺碑记》所说："窃见准噶尔灭后，此地琉璃宝刹，久成瓦砾之场。昔年之古耨真经，难寻灰烬之后，佛像少金身，僧众投异俗。"②总之，由于战争的破坏，天山北路一度盛行的藏传佛教文化也迅速地衰落了。

自乾隆中期统一新疆后的百余年中，天山北路地区社会稳定，屯垦经济持续发展，以中原农耕文化为主的多元文化也得到了长足发展。同治三年（1864）四月，在陕甘回民起义的影响下，新疆爆发了以回族和维吾尔族为主的规模空前的反清起义，天山南北一时陷入战火之中。起义者到处攻城略地，戕杀清朝官兵及满、汉百姓，天山北路的乌鲁木齐、昌吉、奇台、阜康、玛纳斯等地纷纷失陷。同治四年（1865）春正月，伊犁惠宁城陷落。二月，古城满城陷落。五年（1866）春正月，伊犁惠远城陷落。数年之间，天山北路大部分地方纷纷失陷，而各地的统治权纷纷落入回、维吾尔等少数民族封建上层的手中。九年（1870）三月，俄国出兵攻占伊犁各城，消灭了当地的维吾尔人政权，伊犁地区陷入俄国手中。是年十月，早已占领南疆各地的浩罕入侵者阿古柏出兵进攻乌鲁木齐，伪"清真王"妥明出降，乌鲁木齐及其周边地区转入阿古柏手中。光绪元年（1875），清朝任命左宗棠为钦差大臣，出兵收复新疆。次年，清军前敌总指挥刘锦棠

---

① （清）格琫额：《伊江汇览》，《中国地方志集成·新疆府县志辑》，凤凰出版传媒股份有限公司、凤凰出版社，2012，第9册，第520页。
② （清）格琫额：《伊江汇览》，《中国地方志集成·新疆府县志辑》，凤凰出版传媒股份有限公司、凤凰出版社，2012，第9册，第533页。

率领五六万清军攻入天山北路。是年六月，清军攻下古牧地。九月，又相继攻下乌鲁木齐、昌吉、呼图壁、玛纳斯等地，天山北路大部分地方被清军收复。光绪七年（1881），通过和平谈判，清朝从沙俄手中收回伊犁地区。

　　同治年间持续十余年的社会动荡给天山北路的社会文化带来灾难性的破坏。以回族和维吾尔族为主的起义者最初因为不满清朝的剥削和压迫发动起义，但起义很快就演变为回、维吾尔等民族与满、汉、蒙古等民族之间的矛盾与冲突。由于天山北路地区是满、汉、蒙古人民集中分布的地区，所以在这场历史浩劫中遭受的破坏尤其严重。战乱之中，许多城市被夷为荆棘瓦砾之地，学校和各种宫观庙宇以及其他文化建筑和设施被摧毁殆尽。据《新疆图志》记载："同治间，疆域糜烂，学宫荡然。惟镇西一城，较为完善。"① 不仅大批的城市和文化设施被摧毁，而且人们的宗教信仰和文化习俗也被迫改变。在回族和维吾尔族封建上层掌权时，许多幸存的汉人或满人为了活命，不得已改宗了伊斯兰教。阿古柏攻降乌鲁木齐后，派马仲为阿奇木伯克总管，"迫回民皆剃发易服"②。阿古柏入据乌鲁木齐城后，再次"下令回汉剃发易服"③。总之，长年的战争冲突导致天山北路自乾隆中期以来形成的多元文化尤其是中原汉文化迅速地衰退了。

五　清代天山北路文化变迁的机制

　　以上四个部分就国家政策、民族分布格局、经济发展、军事冲突分别论述它们在清代天山北路文化变迁中的作用。但事实

---

① （清）王树枏等纂，朱玉麒等整理《新疆图志》，上海古籍出版社，2015，第 693 页。
② （清）王树枏等纂，朱玉麒等整理《新疆图志》，上海古籍出版社，2015，第 2139 页。
③ （清）王树枏等纂，朱玉麒等整理《新疆图志》，上海古籍出版社，2015，第 2140 页。

上，每一事项对于清代天山北路文化变迁的作用都不是单一的，而且在很多情况下也只是间接地发挥作用，在各种因素的综合作用下，共同推动清代天山北路文化向前发展。

就国家政策而言，一方面它对清代天山北路文化的发展方向具有引领作用，但同时也具有巨大的推动作用。如准噶尔统治者对于藏传佛教的扶植政策引领了天山北路文化发展的方向，同时也极大地推动了这一宗教文化在天山北路的发展；清朝统一新疆后在天山北路驻军和移民政策既引领天山北路多元文化的方向，也推动了多元文化在天山北路的不断发展；清末新疆"新政"既引领天山北路文化从传统向近代化转型，也推动天山北路近代文化的发展。

然而在很多情况下，统治者颁布和实施的政策并不是直接针对天山北路社会文化的发展，而是针对当地的政治统治和经济发展方面。如清朝在天山北路的驻军和移民政策主要是为了巩固边防和开发天山北路地区。这一政策的实施确实也巩固了清朝的西北边防，发展了天山北路的农垦经济。巩固的边防为清代天山北路经济的发展提供了安全保障，而农垦经济的勃兴又推动了天山北路屯垦农业文化的发展。与此同时，这一政策的实施也改变了天山北路的民族分布格局，而民族分布格局的改变又促使天山北路多元文化的形成和发展。多元化的民族格局一方面有利于天山北路多元文化的形成和发展，另一方面它又为日后天山北路的军事冲突埋下了隐患。

就民族分布而言，清代天山北路的民族分布格局对清代天山北路的文化特性具有深刻影响，它在一定程度上决定了清代天山北路文化的特性。准噶尔时期较为单一的民族分布格局决定了当时天山北路文化的单一性，清朝统一新疆后在天山北路形成的多元化民族分布格局决定了天山北路文化多元的特性。与此同时，多元化的民族格局也会影响国家对于这一地区政策的制定和经济的发展，如清朝统一新疆之初在天山北路实行不同的管理制度和司法制度，而农耕民族与游牧民族共存的事实也导致天山北路存在两种主要的经济生产方式，即屯垦农业经济和游牧经济。此外，多民族分布的格局一方面有利于不同民族文化之间的交流，但同时也容易引起不同文化之间的冲突，进而导致天山北路地区的军事冲突。

就经济发展而言，发展繁荣的经济会推动社会文化的繁荣，如准噶尔部统治时期游牧经济的繁荣促进了藏传佛教文化在天山北路的长足发展，而清朝统一新疆后天山北路地区农垦经济的发展繁荣促进了中国传统农业文化在这一地区的扩张。与此同时，经济的发展对地区文化冲突、国家政策制定、民族分布格局也会产生一定影响。经济的发展会促进人口的快速增长，而快速增长的人口会增加对土地和资源的需求。当统治者不能适时调整政策满足民众需求，甚至通过加重压迫和剥削的手段抑制民众需求时，往往会引发民众反抗统治者的军事斗争。在多民族分布地区，这种军事斗争往往是以民族斗争或宗教斗争的形式出现。一旦军事冲突发生，又会迫使统治者调整政策，平息冲突或是平定叛乱，进而形成新的民族分布格局的平衡。

就军事冲突而言，军事冲突会直接导致对已有社会经济和文化的破坏。如准噶尔部统治末期的内乱及清朝平定准噶尔之乱的军事斗争，同治年间以回族和维吾尔族为主体的反清斗争，都对天山北路的社会经济和文化造成了巨大破坏。但是在经历了长期军事冲突后，获取胜利的统治者会根据形势适时调整政策，稳定社会秩序，调整民族分布格局，发展社会生产，进而促进社会经济和文化的发展。

　　综上所述，导致清代天山北路文化变迁的因素是多元而复杂的。大体而言，清代地方或国家的统治者对天山北路的统治政策引领天山北路文化发展的方向；清代天山北路的民族分布格局决定天山北路文化的特性；清代天山北路社会经济的发展推动天山北路文化向前发展；清代天山北路的军事冲突造成天山北路文化的衰退。此外，天山北路的地理环境对清代天山北路的文化变迁也有一定的影响。在以上各种因素的综合作用下，共同推动清代天山北路文化不断变迁，这就是清代天山北路文化变迁的形成机制（见图 4 - 1）。

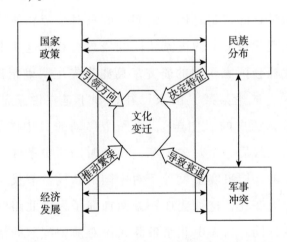

图 4 - 1　清代天山北路文化变迁机制示意图

第五章 清代天山北路文化变迁 与国家认同

多数学者一般是将国家认同放置在"现代公民国家"的视野下进行研究的，因此做出了许多贴近现代意义的国家认同的定义。在中国漫长的帝制时代，人们一般只对皇帝和朝廷产生认同观念，尚无现代意义上的国家认同的概念。然而这并不妨碍我们对中国古代社会国家认同的研究。葛兆光先生明确指出："在历史意义上说，谈论某某'国家'往往等于是在说某某'王朝'，因此可以承认历史的'中国'，是一个移动的'中国'。"[1] 清代是中国历史上最后一个封建王朝，在当时的历史条件下，对清朝皇帝和朝廷的认同事实上就等于对中国的认同。清代天山北路文化发生了重大变迁，这种变迁一方面加强了天山北路各族人民对清朝国家的认同。而天山北路各族人民对清朝国家的认同带来天山北路社会较长时间的稳定和安宁，同时也促进了天山北路社会经济的发展繁荣。但另一方面，清朝天山北路各民族对清朝国家的认同具有脆弱的一面，它给天山北路社会的稳定和国家的安全带来了隐患。

---

[1] 葛兆光：《宅兹中国——重建有关"中国"的历史论述》，中华书局，2011，第31页。

第一节 清朝政府在天山北路建立起
对清朝的国家认同

清朝统一天山南北之前，天山北路各族对清朝国家的认同尚无从谈起。清朝统一天山南北之后，随着天山北路社会文化的变迁，天山北路各族人民逐渐形成对清朝国家的认同观念。以下从对清朝国家认同的前提条件、认同的基础、主要作为三个方面来讨论清朝政府在天山北路建立对清朝国家的认同。

一 统一新疆是天山北路地区产生对清朝国家认同的前提条件

在清朝统一天山南北之前，虽然盘踞在天山北路的准噶尔地方割据势力与清朝有朝贡贸易联系，但其在清朝的版图之外，清朝不能对其进行直接的行政管理。当此之时，准噶尔贵族自外于清朝之外，因此缺乏对清朝国家的认同。尽管出于对中国内地丝绸、大黄、茶叶等商品的需求，他们时常通过朝贡贸易的方式跟清朝进行经济的往来，抑或是迫于清朝的政治、军事压力时而服从清朝皇帝的某些指令，但从内心来讲他们认为自己是独立的政权。即便是我们通常所谓的"朝贡"贸易，准噶尔人及西方国家有着自己的理解，雍正元年（1723）出使准噶尔汗国的俄国炮兵大尉温科夫斯基与准噶尔珲台吉策妄阿拉布坦的一段对话颇耐人寻味。策妄阿拉布坦对温科夫斯基大尉说道："中国人夸口说，他们最强大，最勇敢，所有的人都向他们纳贡。"大尉回答说："皇帝陛下（这里指俄国沙皇）派本使给您送来的各种礼物，您是如何看待这些礼物的？是纳贡还是馈赠？"珲台吉回答说："这是皇帝陛下赏赐给我的恩典，而不是纳贡。"温科夫斯基说道：
"同样，人们也给中国汗送礼，而不是纳贡；他也给别人送礼。"①
从这段对话我们不难看出，当时无论俄国人还是准噶尔人，都把
准噶尔汗国看作是独立的政权，大多数准噶尔人尚不存在对清朝
的国家认同。

18 世纪中期清朝统一天山南北后，清朝在新疆地区建立以伊
犁将军为统领、各地驻扎大臣为骨干的军府式管理体制。并根据
"因地制宜""因俗而治"的方针，在内地移民聚居的地区实行与
内地相同的郡县制，而在少数民族聚居地区实行伯克制和札萨克
制，即把当地少数民族头领任命为各级伯克或分封为札萨克王
公，利用他们对当地少数民族群众进行间接统治。从这个时候开
始，新疆正式归于清朝的统治之下，而包括天山北路在内的新疆
各族人民才有可能产生对清朝国家的认同感。因此，乾隆中期统
一新疆是包括天山北路在内的新疆各族人民对清朝国家认同的前
提条件。

19 世纪前半期清朝在新疆的地方官吏及各族封建主对新疆人
民的剥削和压迫日益严重，新疆各族人民对清朝的国家认同感日
益下降。对清朝的国家认同感日益下降带来极其严重的后果，最
终酿成 19 世纪 60 年代新疆的反清大起义以及随后的阿古柏入侵
新疆事件，从而导致新疆的大部分地区在十余年时间里脱离了清
朝的控制。光绪初，清朝大军出关平叛。为了赢得新疆各族人民
对平叛活动的支持以及瓦解敌人军心，清军前敌总指挥刘锦棠对
一般被俘人员给予种种优待，给他们发放路费、路条并释放他

---

① 〔俄〕伊·温科夫斯基著，尼·维谢洛夫斯基编，宋嗣喜译《十八世纪俄国炮兵大尉
新疆见闻录》，黑龙江教育出版社，1999，第 67~68 页。

们。甚至开导被俘人员说："他仅仅是同安集延人，即费尔干纳和塔什干来的外地人作战，对于哲德沙尔居民对中国政府的忠诚，他并不怀疑，他很快就将设法把他们从阿古柏伯克的压迫下解放出来。"① 阿古柏侵略势力被消灭之后，清朝在新疆的统治重新稳定下来，新疆各族人民对清朝国家的认同感重新建立起来。因此，清朝平定新疆叛乱的行动再次为新疆各族人民重新建立及增强对清朝的国家认同提供了基本条件。倘若没有清朝重新收复新疆的举措，新疆各族人民重建对清朝国家认同就缺乏最基本的前提条件。

二　清朝的文化包容政策是天山北路地区对清朝国家认同的基础

"因地制宜"和"因俗而治"是古代中国治理边疆民族地区行之有效的治理模式。18 世纪中期清朝统一天山南北后，也本着"因地制宜"和"因俗而治"的方针，对包括天山北路在内的新疆地区实行文化上的包容政策。这种文化上的包容体现在尊重各民族的宗教信仰和风俗习惯，实行多元化的行政管理和司法制度等方面。

（一）尊重各民族的宗教信仰和风俗习惯

清朝统一天山南北后在天山北路很快形成了多民族共同居住的格局，这些民族当中部分是新疆本土居民，部分是从内地迁移到天山北路的移民。这些民族语言不同，文化传统不同，宗教信仰有别，风俗习惯各异。如当时天山北路满语、汉语、蒙古语、维吾尔语、哈萨克语等多种语言流行；藏传佛教、汉传佛教、道

---

① 〔俄〕A. H. 库罗帕特金：《喀什噶尔》，商务印书馆，1982，第 224 页。

教、伊斯兰教等宗教都有信仰的群体；游牧文化与农耕文化并
存；风俗习惯方面更是五花八门、异彩纷呈。对于这种状况，清
朝政府并没有强行要求任何民族改变其既有的宗教信仰和生活习
俗，而是本着"修其教不易其俗，齐其政不易其宜"的治疆理
念，对天山北路在内的新疆各民族的宗教信仰和生活习俗给予相
当的包容和充分的尊重。《新疆图志》中就明确表达了这一治理
理念：

> 我朝定鼎声教，西暨冰雪之窟、不毛之野，毡裘湩酪之
> 族，筍冲天笃之众，逆者薙弥，顺者卵翼。始者以其种族之
> 人治其种族，继则改行省、设官吏，而郡县之，以养以教，
> 视同赤子。然而宗教、俗尚、伦理之间，未尝强而合也。齐
> 之以政，化之以礼乐，深之以摩渐，需之以岁时。数百年后
> 用夏变夷之治，其庶有豸乎？①

面对新疆民族众多、习俗各异的复杂局面，清朝统治者不敢
贸然强制各族改变宗教和习俗，而是希望通过长期教化濡染，逐
渐使这一地区的文化向中原内地靠拢，这是符合当时实际情况的
正确做法。对于清朝政府对当地民族宗教与文化上的包容，俄国
军官 A. H. 库罗帕特金有着这样的描述：

> 清朝对当地民族的宗教文化和习俗风尚的尊重，在对异
> 教的宽容方面，中国人表现得十分仁慈。在他们占领的城

---

① （清）王树枬等纂，朱玉麒等整理《新疆图志》卷 48《礼俗》，上海古籍出版社，
2015，第 852 页。

镇，清真寺和菩萨庙并存。他们不干预教士的挑选，并给予他们某些特殊优待。……中国人也同样没有干涉居民的风俗和习惯……除了官员必须蓄长发和着中国服装外，百姓们仍穿民族服装。①

就连对其他文化有排斥倾向的伊斯兰教徒也不得不承认清朝政府对新疆各民族宗教和文化习俗的宽容，清代维吾尔族作家毛拉木萨·赛拉米在他的书中写道：

在可汗②的风俗上如果不知道他们习惯的人犯了错误，能说一句好话表示自己对这种习惯一无所知就不追究责任，并可以原谅他。他们绝不勉强让别人学习自己的习惯，允许宗教信仰和教派林立。只要你坚持自己的信仰，他们不会让你改宗。③

正是对各个民族文化的包容和尊重，使得包括天山北路地区在内的新疆各族人民接受了清朝政府的统治，逐渐产生了对清朝国家的认同。

（二）在天山北路地区实行多元化的管理制度

18 世纪中期清朝统一天山南北后，清朝在新疆地区设立以伊犁将军为统领、以驻扎大臣为骨干的军府式管理体制。并根据"因地制宜"和"因俗而治"的方针在内地移民聚居的地区实行

① 〔俄〕A. H. 库罗帕特金：《喀什噶尔》，商务印书馆，1982，第 115 页。
② 指清朝皇帝。
③ （清）毛拉木萨·赛拉米著，艾力·吾甫尔译注，陈霞审校《伊米德史》，苗普生主编《清代察合台文文献译注》，新疆人民出版社，2013，第 516 页。

与内地相同的郡县制，而在少数民族聚居地区实行伯克制和札萨克制，即把当地少数民族头领任命为各级伯克或分封为札萨克王公，利用他们对当地少数民族群众进行间接统治。伯克制、札萨克制、郡县制三种不同管理形式使得当时新疆的行政管理呈现多元化的状态。

郡县制度在中原内地历史悠久，内地人民早已熟知、认同，并习惯于这种统治模式，清朝入主中原后即以郡县制度统治广大的中原内地。统一新疆后，清朝在移民集中的乌鲁木齐、巴里坤等地按照内地模式实行郡县统治。由于这种制度跟内地完全相同，而且这一制度治理之下的人民绝大多数从内地迁徙而来，因此乌鲁木齐、巴里坤等地的民众对这种统治方式认同感很强，适应并习惯于这种统治方式，也就意味着对清朝国家的高度认同。

札萨克制主要在天山北路的蒙古各部中实施，札萨克制下的蒙古王公比伯克享有更大的权力，不仅可以直接管理当地民众，而且可以世袭罔替。这种制度对于笼络少数民族上层人物，培养他们对清朝的国家认同感意义很大。它在一定历史阶段确实产生了积极作用。统一之后的新疆蒙古各部从未发生反叛清朝的事变，他们始终站在清朝政府的一边，是政府的忠实同盟。不仅如此，每当新疆变乱发生时，蒙古军队跟满族八旗一样，为平定叛乱积极作战。

清朝统一新疆后对在南疆维吾尔族中久已流行的伯克制度进行了改革，改革的内容主要包括废除伯克的世袭，规定伯克任职回避，制定品级，颁发印记，规定养廉措施，实行年班入觐等。这些改革措施一方面限制和削弱了伯克的权力，另一方面也有对伯克进行笼络的意图。如给予伯克品级顶翎，给以养廉地亩、燕齐、俸禄，实行年班入觐等措施就是为了笼络各级伯克为清朝效力。伯克制不仅在南疆维吾尔人当中实行，在天山北路的伊犁维吾尔人当中也实行这一制度。

总之，郡县制、札萨克制、伯克制等多元化的管理方式一方面照顾和适应了统一之初天山北路多民族杂居形势的需要，另一方面也体现出清朝对当地不同文化的政策包容。

（三）在天山北路地区实行多元化的司法管理

与清代多元的管理体制相适应，清代天山北路地区的司法制度也呈现出多元化的特点。清朝统一新疆之前，天山北路地区的准噶尔人运用蒙古习惯法来处理各种犯罪活动和民事纠纷。清朝统一天山南北之后，随着一系列管理制度的建立，清朝的法律制度也进入天山北路地区。但与内地不同，清朝法律在天山北路地区的实施是有限度的，在不同民族聚居的地区，清朝法律其实施的广度、深度有所不同，清朝法律与当地民族原有的法律制度并行发挥作用。

具体说来，在汉族、回族聚居并实行郡县制的乌鲁木齐和巴里坤地区，清朝法律得以全面实施，这与内地几无二致。在蒙古族聚居并实行札萨克制的地区，蒙古习惯法与大清法律并行使用，但蒙古习惯法的运用要比清朝法律广泛得多。在伊犁的维吾尔人聚居区，伊斯兰教法与大清法律并行使用。在这一地区除了对重案和死刑案件由清政府的官衙主导判决外，绝大多数案件和民事纠纷由伯克衙门和伊斯兰教法庭判决。阿訇虽不能像统一以前干预行政事务，但是清政府并不禁止阿訇为居民处理日常纠纷，因此伊斯兰教法在司法实践中依然发挥主要作用。维吾尔人对阿訇的判决俯首帖耳、唯命是从，"回人虽有刑法，然无律例，惟听阿浑看经论定，伯克及犯者无不服"①。当然，用伊斯兰教法解决民事纠纷的情况在天山北路地区的回族人当中也应该普遍存在。

白京兰认为清代新疆国家制定法、伊斯兰教法以及少数民族习惯法等多元法律共存并各有其适用范围与领域，构成迥异于内地的具有独特地域背景的一体与多元格局。② 何永明指出清代新疆各种"法"在指导思想、性质、具体规定、取证方式等方面各不相同，呈现出多样化的特征。③ 这些都是符合清代新疆多元法律文化特点的论述。总之，多种不同的法律制度、司法体系、实施对象等使得清代新疆的法律文化也呈现出多元性的特征，这一特征与清代新疆多元化行政管理体制相适应，同时也体现了清朝对民族地区在文化上的包容。

总之，清朝统一新疆后本着"因地制宜"和"因俗而治"的治疆理念对天山南北的各种文化给予包容和尊重，不要求各族人民改变自己的宗教信仰和风俗习惯，只要他们接受清朝的政治统治，就可以完全按照自己原来的生活方式生活。同时，清朝政府为了适应包括天山北路在内的新疆地区多民族共同聚居的现实情况，因地制宜地实行了多元化的行政管理和司法管理。这些措施一方面适应并照顾了包括天山北路在内的新疆地区的现实需要，同时也是清朝政府对当地文化包容的政策体现。对天山北路地区文化，尤其是当地少数民族文化的包容和尊重，是当地各族人民

① （清）苏尔德：《新疆回部志》卷4，载《中国边疆史志集成·新疆史志》第一部，全国图书馆缩微复制中心，2003，第1册，第67页。
② 白京兰：《清代边疆多民族地区的国家法建设——以清代新疆刑事司法实践中的法律适用为例》，《华中科技大学学报》2012年第6期，第39页。
③ 何永明：《清代新疆多元"法"文化初探》，《新疆大学学报》（哲社版）2011年第1期，第66~70页。

对清朝产生国家认同的重要基础。倘若缺乏对当地文化的尊重和包容，当地各族人民对清朝的国家认同将会大打折扣。

三 政府在培养天山北路各民族对清朝国家认同方面的主要作为

尽管新疆统一后清朝政府不要求当地各族人民在文化上与内地文化趋同，但这并不意味着清朝不需要当地人民对清朝国家的认同。因为对清朝的国家认同是清朝在包括天山北路在内的整个新疆地区实行统治的政治基础，一旦失去当地各民族对清朝国家的认同，清朝在这一地区的统治就很难巩固。

清朝对包括天山北路在内的整个新疆地区实行的文化包容政策有一个基本前提，那就是不能反对清朝在这一地区的政治统治，毛拉木萨·赛拉米在书中写道："如果庶民百姓不反对可汗，从事各行各业的话，可汗也不会理会百姓们在做什么。"① 不反对可汗，也就是要认同清朝这个国家，接受清朝的统治，任何人都不能逾越这条底线。一旦触碰或者逾越这条底线，将会遭到清朝政府的无情镇压，清朝对于新疆境内发生的历次叛乱的平定即可说明这一问题。

除了对一切反叛活动进行军事镇压以外，清朝政府还采取一些措施引导当地人民产生对清朝国家的认同。这主要体现在对忠于清朝的各民族上层人物进行笼络和要求各族官员向皇帝画像下跪两个方面。

清朝在包括天山北路在内的新疆地区实行札萨克制和伯克

---

① （清）毛拉木萨·赛拉米著，艾力·吾甫尔译注，陈霞审校《伊米德史》，苗普生主编《清代察合台文文献译注》，新疆人民出版社，2013，第516页。

制，一方面是适应和照顾当地多样的民族文化习俗，另一方面也有对当地少数民族上层人物进行笼络的意图。如将新疆蒙古各部落首领及在平叛中效力清朝的维吾尔族上层人物封为亲王、郡王、贝勒、贝子等。对于维吾尔族大小伯克，赏给品级顶翎，发放俸禄，给以养廉地亩和燕齐户口。同时还制定了年班朝觐制度，对于那些级别较高的维吾尔族伯克按照一定年限进京朝见皇帝，以坚定他们对于清朝的忠诚，乾隆二十四年（1759）七月的一道上谕就明确透露出这种意图：

> 此等回人，虽承办公事，有官职大小之殊，皆系朕之臣仆，将来如阿奇木等大伯克，或令其轮班入觐，酌给官俸；其小伯克等，或于所定租赋内通融支给亦可，着传谕舒赫德，俟回部全定后举行，此时不妨以筹办大概，晓示回人，俾共知感激奋勉。①

"俾共知感激奋勉"就是希望他们都能够感受到皇帝对他们的特殊恩遇，更加勤勉地效忠清朝。不仅是维吾尔族伯克，其他如蒙古、哈萨克等少数民族上层人物同样能够享受年班入觐的待遇，这表明清朝对各族上层人物一视同仁，一体笼络。牛海桢认为"年班入觐制度规定少数民族上层人士每逢年节来京，朝见皇帝，瞻仰朝廷威仪，参加朝廷的各种活动，借以坚定其效忠朝廷的决心"②的说法是有道理的。通过对包括天山北路在内的新疆各个民族上层人物的笼络，增强他们对清朝国家的认同感，这是

---

① 《清高宗实录》卷592"乾隆二十四年七月己未"条。
② 牛海桢：《试论清王朝对维吾尔族伯克制度的改革》，《喀什师范学院学报》2006年第1期，第42页。

清朝中央采取的重要政治文化措施。

每逢皇帝诞辰，元旦、冬至等节日，地方的最高长官要带领全体官员到万寿宫对着皇帝像行三跪九叩之大礼以表示祝贺，《三州辑略》记载：

> 每年十月初六日黎明都统率文武官员朝服齐集万寿宫行三跪九叩首礼。每年冬至节黎明都统率文武官员朝服齐集万寿宫行三跪九叩首礼。每年元旦黎明都统率文武官员朝服齐集万寿宫行三跪九叩首礼。①

十月初六日是皇帝的"圣寿良辰"，都统指乌鲁木齐都统。作为乌鲁木齐地区最高的军政长官，每逢皇帝诞辰，元旦、冬至等节日，他都要带领全体文武官员到万寿宫对着皇帝像行三跪九叩之大礼，向远在京城的皇帝祝贺。天山北路的其他地区以及南疆地区也是如此。在有维吾尔、蒙古等少数民族居住的城市，当地的少数民族官员也要跟随地方最高长官一起到万寿宫向皇帝像跪拜朝贺。俄国军官 A. H. 库罗帕特金有着这样的描述：

> 如果办事大臣到庙里去，那么，所有穆斯林官员，包括阿奇木伯克在内，都必须背手跪在门口。善辩的中国人对这些官员们说，他们不是在向办事大臣下跪，而是在向庙里的中国皇帝像下跪。②

---

① （清）和瑛：《三州辑略》卷6，《中国地方志集成·新疆府县志辑》第6册，凤凰出版传媒股份有限公司、凤凰出版社，2012，第86页。
② 〔俄〕A. H. 库罗帕特金：《喀什噶尔》，商务印书馆，1982，第115页。

跪叩之礼是中国传统礼仪中最为隆重的礼仪，它表示臣服、顺从、感激、感恩、尊敬、敬爱等一系列复杂情感，对皇帝像行跪叩之礼就意味着对皇帝统治权力的认同，对清朝国家的认同。此外，清朝政府还要求包括天山北路在内的新疆各族百姓"凡在街上遇到中国官员时，所有穆斯林都要下马。当办事大臣巡视全城时，百姓应在街上跪迎"①。这一要求同样是对清朝统治权力和清朝国家认同的文化行为表现。库罗帕特金认为这是"中国人不断加在穆斯林身上的有辱尊严的义务"②。但事实上无论是对皇帝跪叩还是对官员跪迎都是中国传统文化中流传已久的习俗，在清朝统治中国以前，这种习俗就在中国内地流传了两千多年。它不是对包括天山北路在内的新疆各民族的单独要求，对于内地的各级官员和各族百姓而言，这一行为司空见惯，不足为怪。它只表明官员及广大百姓对皇帝及其所代表国家的承认和认同，并不包含对某一地区、某一民族特别歧视的意味。库罗帕特金站在西方近代文化的角度对在新疆看到的这一文化现象提出的批评，不过是不理解当时中国的文化背景罢了。

第二节　清代天山北路文化变迁对清朝国家认同的影响

清代天山北路地区的社会文化在许多方面都发生了重大变迁，这些变迁从总体上来看对清朝国家的认同产生了积极影响，促进了该地区各族人民对清朝的国家认同。但有些方面的变迁则

---

① 〔俄〕A. H. 库罗帕特金：《喀什噶尔》，商务印书馆，1982，第 115 页。
② 〔俄〕A. H. 库罗帕特金：《喀什噶尔》，商务印书馆，1982，第 115 页。

对清朝国家的认同产生了消极影响，这为清代天山北路地区的社
会稳定和国家安全埋下了隐患。

一　天山北路的文化变迁对清朝国家认同产生的积极影响

清代天山北路地区社会文化的变迁从总体上来看对清朝国家
的认同产生了积极影响，这主要表现在以下三个方面。

（一）草原游牧文化的衰落清除了天山北路地区对清朝国家认同的障碍

自先秦迄于清朝前期，中国始终存在着北方游牧文化与中原
农耕文化之间的对抗与冲突。每当北方草原游牧民族力量强盛
时，就对中原王朝的认同感降低；而当其势力衰弱时，对中原王
朝的认同感就会增强。清朝初年，准噶尔部成为中国西北地区最
强大的地方割据势力。在其首领噶尔丹统治时期，准噶尔人征服
了南疆地区。接着又乘喀尔喀内部冲突之机入侵喀尔喀蒙古，喀
尔喀不敌向南逃窜。噶尔丹以追击喀尔喀为名，越过呼伦湖向南
进犯内蒙古乌珠穆沁地区，并向康熙帝提出"圣上居南方，我长
北方"[①]的要求。当此之时，天山北路地区的准噶尔人对清朝国
家几乎没有认同感。噶尔丹之乱被清朝平定以后，策妄阿拉布坦
及其子噶尔丹策零相继统治天山北路地区。他们在位期间，天山
北路地区的社会秩序比较稳定，经济有所进步，军事力量得到加
强。准噶尔恃其强盛，对清廷时服时叛，并屡次骚扰内地，这种

---

① （清）温达：《亲征平定朔漠方略》卷7，载《中国西北文献丛书·西北史地文献》
　第5卷，兰州古籍书店影印版，1990，第80册，第148页。

状况说明当时他们对清朝也缺乏认同感。

乾隆十年（1745），准噶尔首领噶尔丹策零卒，准噶尔部贵族为了争夺最高权力，发生激烈内讧。内乱之中一些部落纷纷降清，其中包括阿睦尔撒纳。乾隆皇帝认为彻底解决准噶尔问题、统一天山南北的时机来临，遂出兵伊犁，以了结自康熙以来"从前数十年未了之局"①。乾隆二十年（1755）年初，乾隆皇帝命班第等人兵分两路，率军大举西征，卫拉特各部纷纷归附，清军节节胜利。五月格登山之战，准噶尔首领达瓦齐大败，遂率残部往投喀什噶尔，经阿克苏时，被阿奇木伯克霍集斯诱擒，送往京师，达瓦齐之乱平定。清廷消灭达瓦齐势力后，阿睦尔撒纳不满清廷对其封赏，又在伊犁发动新的叛乱，天山北路再次陷入战乱之中。清廷不得已再次对天山北路用兵，经过两年的残酷战争，至乾隆二十二年（1757）九月，阿睦尔撒纳之乱被彻底平定，天山北路完全纳入清朝版图。

由于经历了十年内乱以及与清朝之间的残酷战争，再加上疾疫流行，准噶尔蒙古人口大批丧亡，天山北路地区盛极一时的草原游牧文化迅速地衰落了。天山北路地区草原游牧文化的迅速衰落，不仅意味着该地区的草原游牧文化失去了与中原农耕文化对抗的力量，而且意味着两千年来整个北方地区草原游牧文化与中原农耕文化大规模冲突的结束。自准噶尔之乱平定之后，随着天山北路地区草原游牧文化的急剧衰落，该地区对清朝国家认同的障碍被清除了，这无疑会对天山北路地区对清朝国家的认同产生积极的影响。

---

① 《清高宗实录》卷464"乾隆九年五月壬午"条。

（二）中原文化影响力的增长促进了天山北路对清朝国家的认同

清朝统一新疆后，随着各族官兵与内地移民大批迁入天山北路，中原内地的传统文化在这一地区落地生根，影响日益增长。内地官兵和移民不仅将他们的生产方式、生活习俗移植到天山北路地区，就连他们的宗教及各种民间信仰也一同带到天山北路地区。尤其是户民云集的乌鲁木齐和巴里坤地区，各种庙宇遍布，俨然一派内地景象。如乌鲁木齐的巩宁城（满城）内建有万寿宫、昭忠祠、文昌宫、城隍庙、无量庙、关帝庙、菩萨庙、斗母宫、娘娘庙、赤帝宫。城外及各山、各堡建有文庙、菩萨庙、无量庙、赤帝宫、龙神祠、先农坛、虫王庙、玉皇庙、地藏庙、三皇庙、关帝庙、五圣宫、牛王庙、罗真庙、老君庙、社稷坛、东岳庙、财神庙、火神庙等。迪化城内建有三官庙、城隍庙、真武庙、关帝庙、娘娘庙、大佛寺、仙姑庙、菩萨庵、龙王庙、药王庙、老君庙、马王庙等。① 乌鲁木齐及巴里坤下辖各县，情况大体相同。就连汉族人较少的伊犁各城，此类庙宇也非常多。

在这些庙宇当中，关帝庙数量最多。仅巩宁城内就有关帝庙四座，迪化城内也有关帝庙四座。不仅各主要城镇内外建有关帝庙，即便是规模较小的村堡，也多建有关帝庙。嘉庆初年，洪亮吉因事发遣伊犁，他在记述沿途见闻时说："塞外虽三两家，村必有一庙，庙皆关神武，香火之盛盖接于西海云。"② 这种现象说明关帝信仰在天山北路地区普遍流行。关帝不仅被天山北路地区

---

① （清）和瑛：《三州辑略》卷 2，《中国地方志集成·新疆府县志辑》第 6 册，凤凰出版传媒股份有限公司、凤凰出版社，2012，第 313~325 页。

② 洪亮吉：《天山客话》，载杨建新主编《古西行记选注》，宁夏人民出版社，1987，第 381 页。

的广大汉族军民所信仰，同时也是该地区满族、蒙古族、锡伯族军民的共同信仰。如巩宁城内四座关帝庙中的两座，一为镶红旗蒙古所建，一为镶蓝旗蒙古所建。

在清朝统一新疆之前，关帝信仰在中原内地就已经非常流行。而它的流行，又得益于清朝统治者的极力倡导。清朝统治者之所以极力推崇关帝，是因为关羽这一历史人物有极其浓厚的"忠义"精神，这种精神，恰恰是清朝统治者维护统治所需要的精神。郭松义指出："对统治阶级来说，主要是通过关羽的那种大忠大义的气魄，激发人们维护本朝本代之心。"[①] 田海林、李俊领也认为："清廷想利用关羽之忠义道德形象来引导天下绝对臣服效忠的价值取向，利用关羽勇猛神威的虚拟力量来震慑天下百姓的造反对抗。"[②] 也就是说，倡导关帝崇拜就等于教化百姓认同清朝、服从清朝的国家统治。既然关帝信仰有利于清朝在天山北路地区的统治，清朝政府当然也乐见内地移民将这种在内地流行已久的信仰移植到天山北路这片新开拓出来的广阔疆土上来。

除了关帝信仰，内地移民其他繁杂的信仰虽然不及关帝信仰那样直接体现认同和服从清朝统治的意味，但一般都寄托着祈求各种神灵庇佑他们国泰民安、风调雨顺、五谷丰登、人丁兴旺、生意兴隆等希望。这当然也是清朝政府所希望看到的景象，因为只有这样，各族移民对清朝才能更加认同，而清朝在这一地区的统治也会更加稳固、更加长久。

总之，内地常见的各种宫观庙宇在天山北路地区的大量出现，表明中原内地文化在这一地区的影响在不断地增长。随着中

---

① 郭松义：《清代的关羽崇拜》，《中国史研究》1990 年第 3 期，第 133 页。
② 田海林、李俊领：《"忠义"符号：论近代中国历史上的关岳祀典》，《山东师范大学学报》（人文社会科学版）2012 年第 1 期，第 87 页。

原文化影响的不断增长，天山北路地区对清朝的国家认同感也在逐渐地增强，这是清代天山北路文化变迁对清朝国家认同带来的积极影响。

（三）教育文化的变迁促进了天山北路地区对清朝国家的认同

在清朝统一新疆之前，天山北路地区的准噶尔蒙古人没有学校教育，这一地区唯一的教育就是宗教教育。宗教教育注重培养学生的宗教知识和宗教礼仪，尤其注重对宗教经典的学习，至于国家观念，一般不在其培养的范围之内。彼时，即便有国家观念的教育，也只可能是对其本民族政权的认同教育，而不是对清朝国家的认同教育。

清朝统一新疆后不久，天山北路地区的迪化、昌吉、阜康、吉木萨尔、奇台、阜康、绥来、宜禾等县学也相继设立了学校。学校分为两种，一种是营学，一种是义学。营学教育的目的在于"教训兵家子弟"[1]，学生除了学习文化知识以外，骑射武艺是他们学习的主要内容。义学虽然以传授传统的儒家文化为主，但也注重培养学生的战斗技能。如乾隆三十二年（1767）乌鲁木齐办事大臣温福奏请在乌鲁木齐等地设立义学时要求"于民人内择其品行端方、文理通顺，堪以教读，并于年老辞粮兵丁内择其弓马娴熟者，每学拣选二名作教习"[2]。另外，各府州县学的学额中，武生占有相当比重。如温福又奏准在乌鲁木齐、宁边两地设立学

---

① （清）钟方：《哈密志》卷 44，《中国地方志集成·新疆府县志辑》第 11 册，凤凰出版传媒股份有限公司、凤凰出版社，2012，第 231 页。
② （清）和瑛：《三州辑略》卷 2，《中国地方志集成·新疆府县志辑》第 6 册，凤凰出版传媒股份有限公司、凤凰出版社，2012，第 177 页。

额，两地各"岁入文生四名、武生四名，科入文生四名"①。这种现象表明当时天山北路地区的学校教育注重对学生军事技能的培养，而培养军事技能的目的在于培养学生保家卫国的能力，而在培养这种能力时，必然贯穿着对国家认同和国家忠诚的教育。天山北路地区封建文化教育的发展，一定程度上缩小了与内地文化的差距，不少地方出现了"弦歌相闻，俨然中土"②，"济济生徒，视内地无异"③的景象。与内地文化之间差距的缩小，显然有利于增进当地人民对清朝国家的认同感。

同治年间天山北路地区的文化教育事业遭到严重破坏，光绪初年新疆收复之后，新疆地区的文化教育得到了重视。左宗棠认识到新疆地区"官民隔阂，政令难施"④的弊端，试图通过文化教育拉近新疆与内地文化的差距，增进新疆人民对内地文化的认同，"将欲化彼殊俗，同我华风"⑤。新疆建省后，在新的行政体制的激发之下以及刘锦棠等封疆大吏的积极推动下，新疆文化教育很快出现"学校遂骎骎称盛焉"⑥的景象。尤其是少数民族聚居地区，官办学校教育有了较大发展，这对于改变民族地区文化教育落后的面貌和增进少数民族对清朝国家的认同必然产生积极影响。

20 世纪初，在清末新政的影响下，新疆地方官员积极筹办新

---

① （清）和瑛：《三州辑略》卷 2，《中国地方志集成·新疆府县志辑》第 6 册，凤凰出版传媒股份有限公司、凤凰出版社，2012，第 155 页。

② 吴霭宸：《历代西域诗钞》，新疆人民出版社，2001，第 88 页。

③ 钟兴麒等校注《西域图志校注》，新疆人民出版社，2002，第 487 页。

④ （清）左宗棠：《办理新疆善后事宜折》，《左宗棠全集》第 7 册，岳麓书社，1996，第 519 页。

⑤ （清）左宗棠：《办理新疆善后事宜折》，《左宗棠全集》第 7 册，岳麓书社，1996，第 519 页。

⑥ （清）王树枏等纂，朱玉麒等整理《新疆图志》，上海古籍出版社，2015，第 693 页。

式教育。一时间各类学堂如雨后春笋般在全疆范围内迅速兴办起来。由于当时新疆的省会在天山北路的乌鲁木齐，省垣先后设立法政学堂、中俄学堂、师范学堂、巡警学堂、将弁学堂、陆军小学堂、实业教习所等①，其他府州县也纷纷建立了各类学堂，所以天山北路地区的文化教育发展尤其迅速。这使得天山北路地区学校教育的发展远远领先于天山南路。天山北路地区学校教育的快速发展，必然会促进这一地区各族人民对清朝国家的认同。

　　总之，自从新疆统一之后，天山北路地区的文化教育事业处于不断进步之中。尽管由于各种因素的制约清代天山北路地区在文化教育方面所取得的成就还比较有限，与中原内地相比这一地区的文化教育仍然落后，但它的每一个微小进步，对于促进天山北路地区各族人民对于清朝国家的认同必然产生积极的影响。

二　天山北路各族人民对清朝国家认同的具体表现

　　天山北路地区各族人民对清朝的国家认同在不同的历史阶段有着不同的表现形式。在准噶尔部统治时期，这一地区人们对清朝认同的表现就是归附清朝；在清朝统一新疆后，该地区人们对清朝的国家认同表现为社会秩序的稳定和生产的发展；在社会动荡时期，该地区人们对清朝的国家认同主要表现为维护国家统一的斗争。以下分别论述。

（一）　准噶尔统治时期各部纷纷归附清朝

　　早在康熙皇帝平定噶尔丹时，就有一些准噶尔部落向清朝投降。如康熙三十四年（1695）十一月，"厄鲁特阿穆呼朗等四人

---

① 袁澍：《新疆教育近代化的转型与整合》，《新疆教育学院学报》2003 年第 1 期，第 21 页。

来降"①。康熙三十五年（1696）五月，"厄鲁特察罕西达里哈什哈，同丹巴哈什哈，带百余人来降"②。至该年九月，"陆续来降之厄鲁特，大小人口，共一千五百余人"③。其后两三年，又有一些厄鲁特人陆续向清朝投降，他们大多被安置在张家口外。

乾隆帝继位之初，不断有准噶尔部落归附清朝。如乾隆元年八月，"准噶尔部人孟克来降"④；九月，"准噶尔部人博勒克达什来降"⑤；十月，"准噶尔部人丹津，率妻子等来降"⑥。以后每年都有前来归降清朝的准噶尔部落，清朝都予以妥善安置。

乾隆十年（1745）准噶尔首领噶尔丹策零死后，准噶尔统治集团内部矛盾激化，有更多的准噶尔部落前来归附清朝。如乾隆十八年（1753），就有"准噶尔都尔伯特台吉车凌、车凌乌巴什等，率所部三千余户来降"⑦。十九年（1754），"辉特台吉阿睦尔撒纳等，携带眷属四千余户，前来投诚"⑧。在没有清朝大兵进攻的情况下就有大批准噶尔人主动归附清朝，说明天山北路的准噶尔人当中有相当多的人已经对清朝产生了认同心理，这也促使乾隆皇帝坚定了用兵西北，平定准噶尔之乱的决心。

乾隆十年（1745）二月，清朝两路大军出天山北路，沿途百姓苦于达瓦齐的暴虐，对清军的到来表示热情欢迎。据阿睦尔撒纳奏报："臣等进兵至伊犁，沿途厄鲁特、回子等，牵羊携酒，

---

① 《清圣祖实录》卷169"康熙三十四年十一月戊辰"条。
② 《清圣祖实录》卷173"康熙三十五年五月辛未"条。
③ 《清圣祖实录》卷173"康熙三十五年九月乙卯"条。
④ 《清高宗实录》卷24"乾隆元年八月己巳"条。
⑤ 《清高宗实录》卷26"乾隆元年九月癸巳"条。
⑥ 《清高宗实录》卷29"乾隆元年十月丁亥"条。
⑦ 《清高宗实录》卷451"乾隆十八年十一月甲戌"条。
⑧ 《清高宗实录》卷468"乾隆十九年七月己丑"条。

迎叩马前。臣等宣布恩旨，无不额手称庆。"① 准噶尔各部纷纷向清军投诚，正如乾隆皇帝六月诏书中所说："大军所至，自噶勒丹多而济，以及诸部各台吉、喇嘛、回民等，莫不拜舞输诚，欢迎载道。壶浆夹路，耕牧不移。"② 清军几乎没有经历大的战斗就将达瓦齐之乱平定。这足以说明天山北路准噶尔各部中的大多数人已经心向朝廷，对清朝国家产生了认同。

达瓦齐之乱平定后不久，阿睦尔撒纳因为图谋做卫拉特四部总台吉的愿望落空，又在伊犁发动了叛乱。在平定伊犁和追逃阿睦尔撒纳的过程中，天山北路的厄鲁特各部落积极协助清军平定叛乱，正如乾隆二十一年（1756）九月的一份上谕中所说："逆贼阿睦尔撒纳，负恩背叛一事……厄鲁特诸部落，倾心向化，听我指挥，与去岁情形迥异。"③ 这也是天山北路蒙古部落对清朝国家认同的表现。

（二）天山北路地区社会保持较长时期的稳定

自清代统一新疆后不久，不断调遣满洲、蒙古、锡伯、索伦等族官兵到天山北路地区驻防，同时又从内地迁移大批汉族及回族农民到天山北路地区实行移民开发，这些措施在短时期内引起天山北路民族分布格局的变迁。随着各族军民人口尤其是汉族人口的不断增长，中原内地的传统文化在天山北路地区的影响力日益增长。内地传统文化长期根植于分散的小农经济，对国家政权的依赖程度很深。尤其是地处边陲、多民族杂居环境之中的内地官兵和广大移民，对国家政权保护的依赖程度较内地各族人民更为深厚。因此，天山北路地区的各族军民对清朝国家有很高的认

---

① 《清高宗实录》卷489"乾隆二十年五月壬辰"条。
② 《清高宗实录》卷490"乾隆二十年六月己酉"条。
③ 《清高宗实录》卷528"乾隆二十一年闰九月丁巳"条。

同感。当清朝在天山北路地区的统治趋于稳定时，各族官兵忠于职责，戍守边疆，广大农民则辛勤耕耘，种地屯田，发展经济，以期过上安宁小康的生活。所以在清朝统一新疆后，天山北路地区保持了较长时期的社会稳定。《西域图志》有云：

> 准部以伊犁为庭，自今镇西府西行至伊犁三千里之间，以乌鲁木齐为适中之地，今为迪化州全境。……兹并入圣人之宇，而康衢万里，斥候风清，岂如古者羁縻服属。[①]

"康衢万里，斥候风清"虽然是图志编纂者的溢美之词，但也反映出天山北路地区在清朝统一后呈现出稳定安宁的景象。

自乾隆中期统一新疆直至同治初年新疆动乱开始，百余年间天山北路地区一直比较稳定，几乎没有发生过大的动乱。这与天山南路的动乱频仍形成了鲜明对比。统一新疆之初的乾隆三十年（1765），乌什就发生了维吾尔族人民反抗清朝官府压迫的武装斗争。嘉庆末道光初，天山南路有张格尔之乱。张格尔为和卓后裔，在浩罕支持下先后四次窜入南疆作乱，一度攻占了喀什噶尔、叶尔羌、英吉沙、和田等地，建立了割据政权。直到道光八年（1828），清朝才彻底平定了张格尔之乱。道光二十七年（1847），天山南路又有七和卓之乱。咸丰二年（1852），天山南路又有铁完库里之乱。咸丰五年（1855），南路又有玉散霍卓之乱。咸丰七年（1857），南路又有倭里罕之乱。这些叛乱虽然被清朝一一平定，但对南疆社会的稳定带来极大的破坏。

与天山南路相比较，新疆统一后天山北路地区的社会还是相

---

① 钟兴麒等校注《西域图志校注》，新疆人民出版社，2002，第68页。

当稳定的。这种稳定显然与统一以后天山北路地区的社会文化变迁密切相关，也与当地人民对清朝的国家认同度有关。王志强认为清代天山北路地区"文化的传播和民族的融合还产生了各民族文化和政治的认同心理，从而大大提高了中华民族的凝聚力"①。其说甚是。总之，清朝统一新疆后天山北路地区社会文化的变迁使得该地区人民对清朝国家的认同感增强，进而促使这一地区保持了较为长久的社会稳定。天山北路地区较长时期的社会稳定是该地区人民对清朝国家认同的重要表现。

（三）社会动荡时期各族军民反对叛乱割据势力及外国侵略势力的斗争

承平时期，天山北路各族人民对于清朝国家的认同主要表现在各安其业，保持社会秩序的稳定方面。社会动荡时期，天山北路各族人民对于清朝国家的认同则集中表现在与叛乱割据势力以及外国侵略势力的斗争方面。同治三年（1864），新疆爆发了席卷全疆的反清起义，参与起义的主体是回族与维吾尔族农民。由于起义的领导权很快被回族与维吾尔族封建贵族主和宗教上层篡夺，反清起义很快演变为与满、汉、蒙古等民族之间的矛盾。再后来，外国侵略势力介入其中，天山北路东部的乌鲁木齐地区被浩罕入侵者阿古柏占领，西部的伊犁地区则被沙俄侵占。

起义初起时，起事者将矛头指向清朝官府，但后来便殃及满、汉、蒙古族百姓。首先是为了活命，其次是为了为清朝尽忠和保卫城池，各族官兵及满、汉、蒙古等族百姓与起义者展开了殊死搏斗，许多人在斗争中献出了生命。明绪，危难之际代替常清为伊犁将军，独撑危局。同治五年（1866）正月伊犁

---

① 王志强：《清代北疆人口迁移与区域社会变迁》，《南都学刊》2010年第1期，第39页。

惠远城陷时，"明绪与妻暨二子一女燃火药自焚"①。该年正月，塔尔巴哈台发生回变，领队大臣博尔果苏"与参赞锡霖、理事通判音登额、主事富勒裴图俱殉难"②。平瑞，乌鲁木齐都统，同治六年（1867）督守乌鲁木齐巩宁城三个月，"食尽援绝，城陷，平瑞自焚"③。安三、安四，呼图壁无业游民，同治三年（1864）六月暴乱者攻入呼图壁街市时兄弟二人"集好义者十二人，指天沥血，誓以必死，相与掉臂奋往"④。与敌奋勇格杀，后来由于寡不敌众，十二人全部遇难。奇台人张和，"集乡里健儿杀贼，自成一队，名与孔才埒"⑤。五年（1866），张和与巴里坤清军联合收复了奇台、古城、吉木萨尔三城。次年又收复哈密，驻守哈密三堡，与来犯之敌拒战时力竭而死。也有一些回族人因为不肯附从叛乱而被叛乱者杀害。奇台贡生黄某，"当贼陷城时，举家殉难"⑥。古城回民王朝贵，动乱初起时"彼教人迫令从逆，不可，乃使次子栋避难，将阖家十余口闭一室中，焚之。然后赴火死"⑦。

接连不断的战祸和民族仇杀使得新疆各族人民陷入灾难的深渊，天山北路地区的汉族人民被祸尤甚。为了摆脱被残杀和掠夺的命运，乌鲁木齐、古城、奇台、吉木萨尔等地的汉人纷纷组织团练，结团自保，徐学功是其中的代表人物。徐学功在动乱时"结健儿数十，掠回庄赀货以自赡。遇汉民，力护之，虽边外悍

---

① （清）王树枏等纂，朱玉麒等整理《新疆图志》，上海古籍出版社，2015，第 2058 页。
② （清）王树枏等纂，朱玉麒等整理《新疆图志》，上海古籍出版社，2015，第 2057 页。
③ （清）王树枏等纂，朱玉麒等整理《新疆图志》，上海古籍出版社，2015，第 2056 页。
④ （清）王树枏等纂，朱玉麒等整理《新疆图志》，上海古籍出版社，2015，第 2059 页。
⑤ （清）王树枏等纂，朱玉麒等整理《新疆图志》，上海古籍出版社，2015，第 2056 页。
⑥ （清）王树枏等纂，朱玉麒等整理《新疆图志》，上海古籍出版社，2015，第 2059 页。
⑦ （清）王树枏等纂，朱玉麒等整理《新疆图志》，上海古籍出版社，2015，第 2059 页。

回皆已惮之矣。厥后附者益众，集五千人，精练马队，每战突阵，骤若风雨，回见之辄走"①。他先后"阵斩伪帅马泰、阿奇木马仲"②。同时，徐学功还对来犯的沙俄侵略者予以坚决阻击。同治十一年（1872）十月，沙俄侵略军 480 余人伪装成赴玛纳斯贸易的商队，企图夺取乌鲁木齐。当这支商队行至石河时，被徐学功率领的民团击破，数十名俄国人被击毙，大批商货被缴获。乌鲁木齐等地没有落入俄国人手中，徐学功率领的民团起了重大作用，正如史书所言："乌垣之不陷于俄者，学功之力也。"③ 出于对民团力量的忌惮，"自此俄人不敢东窥"④。之后，徐学功又与窜入天山北路的白彦虎作战。同治十二年（1873），白彦虎率数千人分掠乌垣、绥来，徐学功"复横截之，杀数百人，夺橐驼五百，彦虎势益孤"⑤。

跟徐学功一样带领民众抗击暴乱的还有赵兴体、孔才、邓生玉、张和、张兴等人，他们带领民众且耕且战，抗击"清真王"妥明的民族仇杀，保护以汉族为主的各民族的生命财产。这些民团首领先后率众归附文麟、景廉等驻疆大臣或清军统领，听从他们的调遣，积极配合清军在战场上奋勇杀敌，英勇顽强地抗击着妥明及阿古柏的反动势力。在抗击敌寇的过程中，广大民众做出了巨大牺牲。徐学功兄弟八人，其兄和六个弟弟都在历次战争中英勇牺牲。其弟学明、学忠、学孝三人在同治四年（1865）二月巩宁城被围时向城中突围送粮而牺牲；兄学信在同治七年（1868）会攻马忠时牺牲；另外两个弟弟学策、学义在同治十一

① （民国）赵尔巽：《清史稿》卷 454《徐学功传》，中华书局，1977，第 12629 页。

② （民国）赵尔巽：《清史稿》卷 454《徐学功传》，中华书局，1977，第 12629 页。

③ （清）王树枏等纂，朱玉麒等整理《新疆图志》，上海古籍出版社，2015，第 2140 页。

④ （民国）赵尔巽：《清史稿》卷 454《徐学功传》，中华书局，1977，第 12629 页。

⑤ （民国）赵尔巽：《清史稿》卷 454《徐学功传》，中华书局，1977，第 12629 页。

年（1872）迪化城南中炮阵亡。从结团自保抗击暴乱到接受清军将领领导抵御强寇，充分体现出徐学功等民团首领及广大民众对清朝国家的认同意识。

无论是为守城英勇牺牲的各族官兵，还是不肯附逆参与叛乱的回族群众，再到率众抗击割据势力残杀的汉、满、蒙古等族平民百姓，无不体现出他们对清朝国家的认同和忠诚。同治新疆之乱已经过去了一百五十余年，许多历史人物的英雄故事早已湮没在历史的风尘中。今天从古籍中翻检到当年动乱之中那些为国捐躯、为民牺牲的各族人物可歌可泣的悲壮故事时，不禁令人扼腕叹息、伤怀不已。

三　天山北路地区多元文化对清朝国家认同的消极影响

清代统一新疆后在天山北路地区形成的多元文化，一方面体现出该地区文化内容丰富、色彩斑斓的特性，但另一方面，从国家认同的角度来看，这种文化的多元性有时也会带来某些消极影响。以下从清代多元化的制度、多元化的语言文字、多元化的宗教与风俗习惯等三个方面简要论述天山北路多元文化对清朝国家认同的消极影响。

（一）清代新疆制度多元化阻碍了国家政令的统一

清朝统一新疆后在该地区建立的军府制度，一定时期内对于维护国家的安全与社会的稳定起到积极的作用。左宗棠曾高度评价新疆军府制的历史作用：

> 我朝定鼎燕都，蒙部环卫北方，百数十年无烽燧之警，不特前代所谓九边皆成腹地，即由科布多、乌里雅苏台以达张家口，亦皆分屯列戍，斥堠遥通，而后畿甸晏然。盖祖宗

朝削平准部，兼定回部，开新疆、立军府之所贻也。①

　　但军府制度本身也有缺陷，缺陷之一就是重军事而轻民政，即"治兵之官多，治民之官少"②。并且在军府制度之下的伯克制、札萨克制、郡县制等多元化的行政管理体制并存的局面也不利于国家政令的统一。赵云田认为这种情况就使"清政府在新疆的统治陷入多元性，缺乏统一性，隐藏着分裂的不稳定因素"③。尤其是在维吾尔族聚居地区和蒙古各部落聚居地区实行的伯克制度和札萨克制度，地方民政权力几乎全部委任于各级伯克和札萨克王公，结果造成"官民隔绝，民之畏官，不如其畏所管头目"④。而伯克和王公们又往往"倚权借势，鱼肉乡民，为所欲为，毫无顾忌"⑤，加上伯克和王公们借用官府的名义对百姓横征暴敛，"凡有征索，头目人等辄以官意传取，倚势作威"⑥。最后导致"民知怨官，不知怨所管头目"⑦，甚至出现"视官如寇仇"⑧ 的局面。

　　总之，在多元化的行政管理体制之下，清朝的政令很难顺畅

① （清）左宗棠：《统筹全局折》，《左宗棠全集》第 6 册，岳麓书社，2009，第 648 ~ 649 页。

② （清）左宗棠：《复陈新疆情形折》，《左宗棠全集》第 7 册，岳麓书社，2009，第 173 页。

③ 赵云田：《近代新疆行政建置的演变》，《首都师范大学学报》1993 年第 1 期，第 61 页。

④ （清）左宗棠：《复陈新疆情形折》，《左宗棠全集》第 7 册，岳麓书社，2009，第 173 页。

⑤ （清）刘锦棠：《酌裁回官恩赏回目顶戴折》，《刘襄勤公奏稿》卷 10，《清代新疆稀见奏牍汇编》（同治、光绪、宣统朝卷，上册），新疆人民出版社，1997，第 318 页。

⑥ （清）左宗棠：《复陈新疆情形折》，《左宗棠全集》第 7 册，岳麓书社，2009，第 173 ~ 174 页。

⑦ （清）左宗棠：《复陈新疆情形折》，《左宗棠全集》第 7 册，岳麓书社，2009，第 174 页。

⑧ （清）朱寿朋：《光绪朝东华录》第 2 册，中华书局，1958，总第 2051 页。

地传递到地方基层，至于执行情况，则会更加大打折扣。由于清朝的国家政令很难顺畅地传递到基层民众尤其是天山北路地区广大的维吾尔等少数民族当中，所以他们对清朝国家的认同感就会受到很大影响。

（二）语言文字的多元化阻碍了政令的实施

清代天山北路地区流行满语、汉语、维吾尔语、蒙古语等多种语言，这是该地区多元文化的重要表现之一。其中，汉语和满语作为官方通用语言，在传递政情、颁行政令方面发挥重要作用。但是，天山北路地区的维吾尔、哈萨克、蒙古等民族，语言文字与官方通行的语言文字全然不同，地方官员传达政令、推行教条不得不依靠各族头目，从而导致政令不畅，弊端丛生。左宗棠在光绪六年四月上奏朝廷的奏折中指出："新疆勘定已久，而汉、回彼此扞格不入，官民隔阂，政令难施。一切教条均借回目传宣，壅蔽特甚。"① 尤其是维吾尔族的各级头目利用满、汉官员不懂维吾尔语，在传达官府政令的过程中乘机舞弊。刘锦棠在光绪八年七月上奏朝廷的奏折中指出："缠回语言、文字，本与满、汉不同，遇有讼狱、征收各件事，官民隔阂不通，阿奇木伯克、通事人等得以从中舞弊。"② 维吾尔族各级头目乘机舞弊，但由于语言文字不通，即便是官民当堂面谕，也被阿奇木伯克等人从中拨弄，传语恐吓。谭钟麟在其奏折中指出："官与民文字不同，言语不通，即传回民当堂传谕，阿奇木伯克等从中播弄，传语恐

---

① （清）左宗棠：《办理新疆善后事宜折》，《左宗棠全集》第 7 册，岳麓书社，2009，第 466 页。

② （清）刘锦棠：《裁撤阿奇木伯克等缺另设头目并考试回童分别给予监生顶戴片》，《刘襄勤公奏稿》卷 3，《清代新疆稀见奏牍汇编》（同治、光绪、宣统朝卷，上册），新疆人民出版社，1997，第 105 页。

吓，故往时缠回视官如寇仇。"① 由于语言文字不通，维吾尔族下层民众的疾苦和怨愤难以传递给清朝官府，"缠回语言文字，隔阂不通，民怨沸腾，而下情无由上达"②。维吾尔族各级头目利用官府委任其征收赋税、调解讼狱的机会盘剥和压榨百姓，却把责任全部推到清朝官府身上，因此造成"民之怨官，不知怨所管头目"③，"视官如寇仇"④ 的窘况。

上述语言隔阂的状况在天山南路地区的维吾尔人当中表现得非常突出。在天山北路地区，由于维吾尔族也有相当数量，加之哈萨克、蒙古等族大多数人也不通满语和汉语，因此语言隔阂的情况在天山北路地区也很普遍。总之，语言文字的多元化，给天山北路地区的各级地方政府推行政令带来极大的不便，而少数民族普通民众的下情也难以为清朝官方所了解，他们的诉求也难以及时准确地传递给政府官员及朝廷。由此造成官民隔阂，国家政令难以贯彻，甚至造成民怨官府的尴尬局面。

（三）宗教信仰及习俗的多元化阻碍了对清朝国家的认同

清代天山北路地区民族众多，各个民族都有自己信仰的宗教，但大致而言，道教、汉传佛教、藏传佛教、伊斯兰教等宗教是清代天山北路地区流行范围较广的几种宗教。这几种宗教的历史渊源不同，宗教教义和仪规差异极大，并且有着各自的信仰群体，因此对于清朝国家的认知和认同程度差别明显。道教源于中国本土，为新疆的汉、满、锡伯、蒙古等多个民族中相当一部分

---

① （清）奕䜣：《平定陕甘新疆回匪方略》卷 315，载《中国西北文献丛书·西北史地文献》，兰州古籍书店影印版，1990，第 91 册，第 588 页。

② （清）朱寿朋：《光绪朝东华录》第 2 册，中华书局，1958，第 2051 页。

③ 左宗棠：《复陈新疆情形折》，《左宗棠全集》第 7 册《奏稿七》，岳麓书社，2009，第 174 页。

④ （清）朱寿朋：《光绪朝东华录》第 2 册，中华书局，1958，第 2051 页。

群众信仰，这一宗教对清朝国家的认同度很高。汉传佛教虽然源自印度，但隋唐时期就已经完成了中国的本土化，因此对国家的认同度也很高，它为新疆的汉族、满族等多个民族中相当一部分群众信仰。藏传佛教也源于印度，但形成于青藏高原，并传播到天山北路地区，为该地区蒙古族中相当一部分群众信仰。这一宗教因为受到清朝统治者的赞助和扶植，对清朝国家也有较高的认同度。伊斯兰教起源于阿拉伯半岛，经中亚传入新疆，天山北路地区的维吾尔族、哈萨克族以及从内地迁徙而来的回族中的相当一部分群众信仰伊斯兰教。该宗教受中原文化的濡染较少，对清朝国家的认同度较低。

清代新疆民族众多，各个民族都有自己的风俗习惯，但各个民族的风俗习惯大都受到自身宗教信仰的影响，尤其是维吾尔族、蒙古族等民族受宗教文化的影响很深，其风俗习惯与内地各民族的风俗习惯差别很大，因此同样存在国家认同方面的障碍。

清朝统一新疆之后，本着"因俗而治"的方针，基本不干预当地各民族的宗教信仰和风俗习惯，使得天山北路地区各民族的宗教信仰及风俗习惯沿袭既往的历史传统，因之形成了多元化的宗教和多元化的风俗习惯。这种态势虽然在一定时期内有利于该地区社会的稳定，但从长远来看，并不有利于天山北路地区各民族形成对清朝国家的认同。尤其是天山北路地区信仰伊斯兰教之诸民族，其宗教信仰及风俗习惯与内地各民族之宗教信仰及风俗习惯隔阂较深，对于清朝国家的认同存在诸多障碍。再加上伊斯兰宗教头面人物往往利用其在民众中的影响力，捏造邪说，甚至蛊惑、煽动百姓，更加剧了民众对清朝国家认同的障碍。刘锦棠在光绪八年七月上奏朝廷的奏折中指出："彼教中所谓条勒、阿浑，往往捏造邪说，肆其诱胁之术，人心易为摇惑，祸乱每由此起。"①

总之，清代天山北路地区多种宗教和多元化习俗并存的现实状况，造成该地区各民族对清朝国家的认同参差不齐。尤其是当地伊斯兰文化与内地文化隔阂较深，而受这一宗教文化影响的民族众多，人口数量庞大，风俗习惯各异，加重了清代天山北路地区许多民众对清朝国家认知、认同的障碍，因此对该地区人民对清朝国家的认同带来消极影响。

四　多元文化背景下不同民族对清朝国家认同差异导致的安全隐患

清朝统一新疆及治理新疆各项措施的实施，确实增强了新疆各族人民对清朝国家的认同感，一定时期内保障了中国西北边疆的稳定和安全。但是同时我们也应该看到，清代天山北路地区文化的多元性，使得天山北路地区各族对清朝国家的认同感存在差异。不同民族对清朝国家认同程度的差异性表明天山北路地区各民族整体上对清朝国家的认同并不牢固，从而显露出一定的脆弱性。对清朝国家认同的脆弱性给中国西北边疆的安全带来巨大的隐患。

清代新疆统一以后在天山北路地区形成了多民族聚居的局面，其中汉族、满族、蒙古族、回族、维吾尔族等为人口较多的民族。由于历史文化传统、宗教信仰、风俗习惯、政治经济状况等方面的差异，这些民族对清朝国家的认同程度并不一致，以下分别论述。

---

① （清）刘锦棠：《裁撤阿奇木伯克等缺另设头目并考试回童分别给予监生顶戴片》，《刘襄勤公奏稿》卷3，《清代新疆稀见奏牍汇编》（同治、光绪、宣统朝卷，上册），新疆人民出版社，1997，第105页。

天山北路地区的汉族，基本上是在清朝统一新疆后从内地迁徙而来。他们的语言、服饰、宗教信仰、风俗习惯与内地汉族相同，在迁居天山北路地区之前，他们早已接受了清朝的统治，因此对清朝国家的认同度也比较高。和平时期，天山北路地区的汉族是经济建设的重要力量，是屯垦事业的生力军。在社会动乱之时，天山北路地区的汉族一般会站在清朝国家的一边，与分裂割据势力进行艰苦卓绝的斗争。同治年间的社会动荡之中，乌鲁木齐、古城、奇台、吉木萨尔等地的汉人纷纷组织团练，结团自保。他们在徐学功、赵兴体、孔才、张和等人的领导下，不断抗击回族割据势力的仇杀和掠夺，同时也反抗阿古柏及俄国侵略者。"时赵兴体起绥来，孔才起吉木萨，邓生玉、张和、张兴起奇台，各团练数百人，日与贼战。汉民不尽亡于贼者，皆数人之力也。"① 后来这些民团首领先后率众归附清朝的驻疆大臣或清军统领，与清军一起抗击回族割据势力与阿古柏侵略者，为维护新疆的统一做出了积极贡献。

满族是清朝的统治民族，在清朝享有很高的政治地位和优厚的经济待遇，在朝廷及地方各级政府中掌握着实际权力。清朝统一新疆后，天山北路地区的统治权力，基本上为满洲贵族所把持。从伊犁将军到办事大臣，再到各个县署衙门的官员，绝大多数是满族人。除了各级军政官员，清朝居留天山北路地区的满族人，绝大多数为驻防官兵及其眷属，担负着守卫边疆和镇抚新疆的职责。因为以上原因，天山北路地区满族对清朝国家的认同度在当地各个民族当中应该是最高的。每当地方发生叛乱，满族官兵总会冲锋在前，奋勇杀敌。许多满族官兵在对敌作战中为国捐

① （清）王树枏等纂，朱玉麒等整理《新疆图志》，上海古籍出版社，2015，第 2135 页。

躯。同治四年正月，伊犁惠宁城陷落，"领队穆克登额率领官兵巷战三昼夜，阖城死者二万余人，穆克登额自焚死"①。天山北路地区的锡伯、索伦与满族情况大体相同，尽管他们人口不多，但对清朝国家的认同程度也很高。在塔城变乱中以身殉职的博尔果苏，即为锡伯族人。

蒙古族在清代是满洲贵族的忠实同盟，也享有较高的政治地位。天山北路地区的许多蒙古贵族被清朝赐予亲王、郡王等爵位，部分蒙古部民也跟满族一样被编入八旗军队当中。清代不少蒙古贵族在朝廷及各地担任军政要职，历任伊犁将军之中，除了满族以外，有几任为蒙古族出身。清朝统一新疆后天山北路地区的蒙古族，大部分是从伏尔加河返回祖国的土尔扈特部游牧民，在回归之初受到了清朝政府的热情救助和妥善安置。也有一部分是由内地调往伊犁驻防的官兵。这些蒙古人对清朝国家也有较高的认同感，因此在变乱发生时往往站在清朝政府一边。这种认同感从同治皇帝给理藩院的一份批文中可以看出：

> 又谕，据理藩院奏，转据土尔扈特札萨克卓哩克图汗布彦乌勒哲依图呈称，请钦派大臣带兵进剿乌鲁木齐回匪，该汗所属会同进剿……布彦乌勒哲依图自其祖父渥巴锡投顺以来，百有余年，安居乐业，历受豢养深恩，其感激图报，自系出于至诚。前次会同和硕特等兵，于喀喇沙尔剿击逆回，嗣又带兵进剿伊犁逆回并捐输马匹，其悃诚甚属可嘉，此次又请带兵进剿乌鲁木齐回匪……②

---

① （清）王树枏等纂，朱玉麒等整理《新疆图志》，上海古籍出版社，2015，第2134页。
② 《清穆宗实录》卷226"同治七年三月庚申"条。

土尔扈特札萨克卓哩克图汗布彦乌勒哲依图多次主动请兵帮助清朝平定叛乱并捐输马匹的史实，足以表明蒙古族对清朝国家有比较高的认同感。

天山北路地区的回族，是在清朝统一新疆后从内地迁徙而来。他们的语言、服饰与内地汉族相同，风俗习惯很多方面也与内地汉族接近。与该地区其他信仰伊斯兰教的民族相比较，其文化与内地隔阂相对较少。然而，由于伊斯兰教在这一民族当中的深刻影响，其文化与内地汉族仍然有相当差距。加上清朝统治者对回族长期采取歧视和压迫的政策，导致这一民族对清朝国家的认同感普遍不高。同治年间新疆反清起义的烈火，是由回族首先点燃的。起义爆发后不久，回族阿訇妥明窃取了乌鲁木齐等地起义军的领导权，自号"清真王"，建立了割据政权，残杀清朝官兵和满、汉群众，之后又依附于阿古柏侵略者，对抗清朝的统一。这些史实表明，清代天山北路地区回族对清朝国家的认同感较低。

维吾尔族在新疆居住的历史悠久，他们主要居住在天山以南的各个城镇和乡村。清朝统一新疆后，从南疆迁移大批维吾尔族农民到伊犁进行垦殖活动，因此维吾尔族成为天山北路地区人口较多的居民。一方面，来自南疆的维吾尔族在语言、宗教信仰、风俗习惯等方面与从中原内地迁移而来的其他各族差异非常显著，因此造成了他们对清朝国家认同的诸多障碍。另一方面，在乾嘉时期清朝统治者在新疆实行"回、汉隔离"政策，即限制内地各族人进入维吾尔人聚居区，这在很大程度上限制了大多数维吾尔族民众与其他民族接触和交流，因此不利于培养他们对清朝国家的认同感。台湾学者林显恩在评价"回、汉隔离"政策对新疆社会的影响时说道：

在隔离实质上，就长远角度来看，由于全面性的隔离结果，中原汉文化难以浸润新疆地区（特别是回疆），使它仍多停留在伊斯兰文化圈，特别是新疆人的中国意识上，虽经清朝二百余年的治理，仍少增长，此点比起蒙古的倾向中国就逊色不少，岂非清朝汉、回隔离政策之结果乎？[①]

此外，伊犁地区的维吾尔人要负担数万驻军及其眷属的大部分粮食供应，同时还要承担开渠垦荒、筑城修路等任务，因此他们遭受清朝官府剥削和压迫的程度较其他民族更深。由于以上种种原因，天山北路地区的维吾尔人对清朝国家的认同感是所有民族中最低的。乌鲁木齐等地发生变乱后不久，伊犁地区的维吾尔人也纷纷起义，相继攻陷伊犁各城，杀害满、汉、蒙古官兵及百姓，建立了以维吾尔人为主的封建割据政权。

哈萨克族本是清朝的藩属，清朝统一新疆后由于天山北路地区地广人稀，一些哈萨克部落越过边界进入伊犁、塔城等清朝所辖领土进行游牧。后来清朝对这些进入自己领土的哈萨克部落开始征收赋税，这些哈萨克部落逐渐成为清朝的臣民。哈萨克人与清朝迁移而来的其他各民族在语言文字、宗教信仰、风俗习惯等方面也有很大差异，加上清朝对这些游牧部落的管理松散，因此天山北路地区的哈萨克人对清朝国家的认同感也是比较低的。维吾尔人攻打伊犁各城时，"并有哈萨克助逆"[②]，表明他们是站在同教的维吾尔人一边。

总之，清朝统一新疆后天山北路地区的社会文化朝着多元化

---

① 林显恩：《清朝在新疆的汉回隔离政策》，台湾商务印书馆，1988，第312页。
② 《清穆宗实录》卷147"同治四年三月丙寅"条。

方向发展，这种变化一定时期内有利于培养该地区各族人民对于清朝国家的认同，有利于天山北路地区的社会稳定和中国西北边疆的安全。然而，从长远来看，清代天山北路地区文化的多元性在诸多方面造成该地区各族人民对于清朝国家认同的种种障碍，由此导致该地区各族人民对清朝国家的认同感存在民族之间的差异。天山北路地区不同民族对清朝国家认同程度的差异性表明整体上当地各民族对清朝国家的认同并不牢固，从而显露出相当的脆弱性。对清朝国家认同的脆弱性给中国西北边疆的安全带来巨大的隐患，同治年间席卷全疆的反清起义以及其后演变为民族矛盾就是这种脆弱性的证明。

参考文献

一　清代新疆地方志

（清）苏尔德：《新疆回部志》，《中国边疆史志集成·新疆史志》
　　（第一部）第 1 册，全国图书馆缩微复制中心，2003 年。

（清）七十一：《西域闻见录》，《中国边疆史志集成·新疆史志》
　　（第一部）第 1 册，全国图书馆缩微复制中心，2003 年。

（清）壁昌：《守边辑要》《中国边疆史志集成·新疆史志》（第
　　二部）第 5 册，全国图书馆缩微复制中心，2003 年。

（清）索诺木策凌：《乌鲁木齐政略》，《中国西北文献丛书二编·
　　西北稀见方志文献》第 6 册，线装书局，2006 年。

（清）傅恒：《西域图志》，《中国地方志集成·省志集辑·新疆
　　青海 西藏》第 1 册，凤凰出版传媒有限股份公司、凤凰出版
　　社，2012 年。

（清）王树枏：《新疆图志》，《中国地方志集成·省志辑·新疆
　　青海 西藏》第 2 册、第 3 册，凤凰出版传媒有限股份公司、
　　凤凰出版社，2012 年。

（清）松筠：《西陲总统事略》，《中国地方志集成·新疆府县志
　　辑》第 2 册、第 3 册，凤凰出版传媒股份有限公司、凤凰出

版社，2012 年。

（清）祁韵士：《西陲要略》，《中国地方志集成·新疆府县志辑》
　　第 4 册，凤凰出版传媒股份有限公司、凤凰出版社，2012 年。

（清）和瑛：《三州辑略》，《中国地方志集成·新疆府县志辑》
　　第 5 册、第 6 册，凤凰出版传媒股份有限公司、凤凰出版社，
　　2012 年。

（清）永保：《乌鲁木齐事宜》，《中国地方志集成·新疆府县志
　　辑》第 8 册，凤凰出版传媒股份有限公司、凤凰出版社，
　　2012 年。

（清）格琫额：《伊江汇览》，《中国地方志集成·新疆府县志辑》
　　第 9 册，凤凰出版传媒有限股份公司、凤凰出版社，2012 年。

（清）阎绪昌：《镇西厅乡土志》，《中国地方志集成·新疆府县志
　　辑》第 11 册，凤凰出版传媒股份有限公司、凤凰出版社，
　　2012 年。

（清）钟方：《哈密志》，《中国地方志集成·新疆府县志辑》第
　　11 册，凤凰出版传媒股份有限公司、凤凰出版社，2012 年。

（清）许国珍：《新疆乡土志稿二十九种》，《中国地方志集成·新
　　疆府县志辑》第 12 册，凤凰出版传媒股份有限公司、凤凰
　　出版社，2012 年。

二　清代及民国著述

（清）朱批奏折，中国第一历史档案馆藏。

（清）军机处录副奏折，中国第一历史档案馆藏。

（清）李授、裴谦：《世宗宪皇帝上谕八旗》，影印文渊阁《四库
　　全书》，第 413 册。

（清）刘锦藻：《清朝续文献通考》，商务印书馆，1936 年。

（清）朱寿朋：《光绪朝东华录》（第 2 册），中华书局，1958 年。

（清）贺长龄辑《皇朝经世文编》，世界书局，1964 年。

（清）洪亮吉：《伊犁日记》，华文出版社，1969 年。

（清）洪亮吉：《天山客话》，华文出版社，1969 年。

（清）张穆：《蒙古游牧记》，南天书局，1981 年。

（清）王安定著，朱纯点校《湘军记》，岳麓书社，1983 年。

（清）缪荃孙：《续碑传集》，载周骏富编辑《清代传记丛刊》，
　　明文书局，1985 年。

（清）官修《清实录》，中华书局，1987 年。

（清）温达等辑《亲征平定朔漠方略》，载《中国西北文献丛书·
　　西北史地文献》（第 5 卷），兰州古籍书店影印版，1990 年，
　　第 80 册、第 81 册。

（清）傅恒等辑《平定准噶尔略续编》，载《中国西北文献丛书·
　　西北史地文献》（第 10 卷），兰州古籍书店影印版，1990 年，
　　第 85 册。

（清）奕䜣等辑《平定陕甘新疆回匪方略》，载《中国西北文献丛
　　书·西北史地文献》（第 16 卷），兰州古籍书店影印版，
　　1990 年，第 91 册。

（清）崑冈、徐桐：《光绪朝大清会典》，中华书局影印，1990 年。

（清）崑冈、徐桐：《光绪朝大清会典事例》，中华书局影印，
　　1990 年。

（清）林则徐：《云左山房诗钞》，延边大学出版社，1990 年。

（清）纪昀著，陈效简等注《乌鲁木齐杂诗注》，新疆人民出版
　　社，1991 年。

（清）刘锦棠：《刘襄勤公奏稿》，载《清代新疆稀见奏牍汇编》
　　（同治、光绪、宣统朝卷，上册），新疆人民出版社，1997 年。

（清）杨毓秀：《平回志》，《四库未收书辑刊》第 2 辑，第 21 册，
　　北京出版社，2000 年。

（清）曹振镛等辑《平定回疆剿擒逆裔方略》，载《中国西北文献
　　丛书二编·西北史地文献》（第 1 卷），线装书局，2006 年，
　　第 9 册。

（清）左宗棠：《左宗棠全集》（全 15 册），岳麓书社，2009 年。

（清）尼克通阿、岳禧：《回疆则例》，载《边疆史地文献初编·
　　西北边疆》第 2 辑，中央编译出版社，2011 年，第 1 册。

（清）徐松：《西域水道记》，载《边疆史地文献初编·西北边
　　疆》第 1 辑，中央编译出版社，2011 年，第 7 册。

（清）魏源：《圣武记》，岳麓书社，2011 年。

（清）陶保廉：《辛卯侍行记》，甘肃人民出版社，2002 年。

（清）方士淦：《东归日记》，甘肃人民出版社，2002 年。

（清）林则徐：《荷戈记程》，甘肃人民出版社，2002 年。

（清）倭仁：《莎车行记》，甘肃人民出版社，2002 年。

（清）方西孟：《西征续录》，甘肃人民出版社，2002 年。

（清）袁大化：《抚新日记》，甘肃人民出版社，2002 年。

（清）祁士韵：《万里行程记》，甘肃人民出版社，2002 年。

（民国）官修：《清史稿》，中华书局，1977 年。

（民国）谢晓钟：《新疆游记》，甘肃人民出版社，2003 年。

三　国内外译著

（一）国内少数民族文献译著

罗治平编译《1640 年蒙古卫拉特法典》，中国社科院民族研究所
　　历史室编印，1977 年。

沙·麻赫穆德·朱拉斯：《编年史》，阿不来提·努尔东译，陈霞

审校，苗普生主编《清代察合台文文献译注》，新疆人民出
版社，2013 年。

毛拉木萨·赛拉米：《伊米德史》，艾力·吾甫尔译注，陈霞审
校，苗普生主编《清代察合台文文献译注》，新疆人民出版
社，2013 年。

松巴堪布·益西班觉：《松巴佛教史》，蒲文成、才让译，甘肃民
族出版社，2013 年。

（二）外国译著

〔瑞典〕多桑：《多桑蒙古史》（上册），冯承均译，中华书局，
1962 年。

〔英〕包罗杰：《阿古柏伯克传》，商务印书馆，1976 年。

〔俄〕尼·维·鲍戈亚夫连斯基：《长城外的中国西部地区》，商
务印书馆，1980 年。

〔俄〕A. H. 库罗帕特金：《喀什噶尔》，商务印书馆，1982 年。

〔日〕左口透：《18—19 世纪的新疆社会》，凌纯颂译，新疆人民
出版社，1983 年。

〔俄〕伊·温科夫斯基著，尼·维谢洛夫斯基编《十八世纪俄国炮兵
大尉新疆见闻录》，宋嗣喜译，黑龙江教育出版社，1999 年。

〔德〕P. S. 帕拉斯：《内陆亚洲厄鲁特历史资料》，刘迎胜译，云
南人民出版社，2002 年。

〔芬兰〕马达汉：《马达汉西域考察日记（1906—1908）》，王家
骥译，中国民族摄影出版社，2004 年。

〔日〕日野强：《伊犁纪行》，华立译，黑龙江教育出版社，2006 年。

四　今人著作

严中平：《中国经济史统计资料选辑》，科学出版社，1955 年。

中山大学历史系:《林则徐集·日记》,中华书局,1962年。

任继愈主编《宗教词典》,上海辞书出版社,1985年。

《准噶尔史略》编写组:《准噶尔史略》,人民出版社,1985年。

周崇经主编《中国人口·新疆分册》,中国财政经济出版社,1987年。

林显恩:《清朝在新疆的汉回隔离政策》,台湾商务印书馆,1988年。

马大正主编《新疆乡土志稿》,全国图书馆文献缩微复制中心,1990年。

《卫拉特蒙古简史》编写组:《卫拉特蒙古简史》,新疆人民出版社,1992年。

巴里坤县地方志编纂委员会编《巴里坤哈萨克自治县志》,新疆大学出版社,1993年。

魏长洪、何汉民:《外国探险家西域游记》,新疆美术摄影出版社,1994年。

钟兴麒,王有德:《历代西域散文选注》,新疆人民出版社,1995年。

葛剑雄:《中国移民史》,福建人民出版社,1997年。

牛汝极:《维吾尔古文字与古文献导论》,新疆人民出版社,1997年。

薛宗正:《中国新疆古代社会生活史》,新疆人民出版社,1997年。

校仲彝:《新疆的语言文字》,新疆人民出版社,1997年。

华立:《清代新疆农业开发史》,黑龙江教育出版社,1998年。

陈慧生主编《中国新疆地区伊斯兰教史》,新疆人民出版社,2000年。

吴霭宸:《历代西域诗钞》,新疆人民出版社,2001年。

成崇德:《清代西部开发》,山西古籍出版社,2002年。

管守新：《清代新疆军府制度研究》，新疆大学出版社，2002 年。

文化：《卫拉特—西蒙古文化变迁》，民族出版社，2002 年。

钟兴麒等校注《西域图志校注》，新疆人民出版社，2002 年。

新疆维吾尔自治区民族语言文字工作委员会：《新疆民族语言分
　　布状况与发展趋势》，北京语言大学出版社，2002 年。

王希隆：《西北少数民族史研究》，民族出版社，2003 年。

李进新：《新疆宗教演变史》，新疆人民出版社，2005 年。

菲达·乌马尔别克：《维吾尔语历史演变》，新疆大学出版社，
　　2005 年。

牛汝极等：《文化的绿洲——丝路语言与西域文明》，新疆人民出
　　版社，2006 年。

马大正，成崇德主编《卫拉特蒙古史纲》，新疆人民出版社，
　　2006 年。

新疆社会科学院编《〈清实录〉新疆资料辑录》，新疆大学出版
　　社，2009 年。

白振声主编《民族学教研文集》，中央民族大学出版社，2010 年。

齐清顺：《1759—1949 年新疆多民族分布格局的形成》，新疆人民
　　出版社，2010 年。

叶达尔：《卫拉特高僧拉布紧巴·咱雅班第达研究》，社会科学文
　　献出版社，2012 年。

戴良佐编《西域碑铭录》，新疆人民出版社，2013 年。

五　论文

（一）学位论文

吴轶群：《清代新疆人口研究》，新疆大学硕士学位论文，2001 年。

阚耀平：《天山北路西部地区的人口迁移》，复旦大学博士学位论

文，2003 年。

钱松：《清末至民国基督教在新疆的传播》，新疆大学硕士学位论文，2005 年。

孔翠花：《新疆达斡尔族文化变迁研究》，兰州大学硕士学位论文，2007 年。

任红：《新疆维吾尔族伊斯兰教育及其影响研究》，新疆师范大学硕士学位论文，2008 年。

李元斌：《清朝至民国伊犁维吾尔族区域社会文化的演化》，新疆大学硕士学位论文，2010 年。

虢小娜：《从文献看清代维吾尔族的宗教信仰》，新疆大学硕士学位论文，2010 年。

赵宝忠：《清代新疆学校美术教育研究》，新疆师范大学硕士学位论文，2010 年。

吾斯曼江·亚库甫：《16 世纪至 19 世纪维吾尔史学史研究》，陕西师范大学博士学位论文，2011 年。

（二）期刊论文

王日蔚：《回族回教辩》，《禹贡半月刊》1936 年第 11 期。

纪大椿：《阿古柏对新疆的入侵及其覆灭》，《历史研究》1979 年第 3 期。

清格尔泰：《中国蒙古语方言的划分》，《民族语文》1979 年第 2 期。

金峰：《清代外蒙古北路驿站》，《内蒙古大学学报》（哲学社会科学版）1979 年第 3 期。

金峰：《清代新疆西路台站》，《新疆大学学报》（哲学社会科学版）1980 年第 1 期。

马汝珩，马大正：《厄鲁特蒙古喇嘛僧咱雅班第达评述》，《新疆师范大学学报》（哲学社会科学版）1982 年第 3 期。

林纪熹供稿：《林则徐〈乙巳日记〉》，《中山大学学报》（哲学社会科学版）1984 年第 1 期。

安瓦尔·巴依图尔：《毛拉穆莎·莎依然米和〈伊米德史〉》，《民族研究》1984 年第 3 期。

包力高、道尔基：《蒙古文字发展概述》，《内蒙古社会科学》1984 年第 3 期。

金国珍：《清末以后新疆的佛教》，《西北史地》1984 年第 4 期。

马汝衍、成崇德：《一部重要的厄鲁特蒙古历史文献——〈咱雅班第达传〉》，《新疆社会科学》1985 年第 1 期。

徐伯夫：《清代前期新疆地区的民屯》，《中国史研究》1985 年第 2 期。

王希隆：《清代实边新疆述略》，《西北史地》1985 年第 4 期。

巴赫：《准噶尔地区的黄教及其寺院》，《新疆师范大学学报》（社会科学版）1986 年第 1 期。

林端：《新疆汉话的声调特点》，《新疆大学学报》（哲学社会科学版）1987 年第 1 期。

苗普生：《清代维吾尔人口考》，《新疆社会科学》1988 年第 1 期。

额尔德尼巴雅尔：《托忒文研究概述》，《蒙古学资料与情报》1989 年第 4 期。

魏长洪：《近代西方传教士在新疆》，《新疆大学学报》（哲学社会科学版）1989 年第 3 期。

刘元春：《靖远寺及其历史作用》，《法音》1990 年第 8 期。

才吾加甫：《卫拉特蒙古部分历史与宗教》，《新疆社会科学情报》1991 年第 1 期。

赵云田：《近代新疆行政建置的演变》，《首都师范大学学报》（社会科学版）1993 年第 1 期。

M·乌兰：《试论托忒文历史文献的史料价值》，《民族研究》1993 年第 4 期。

刘俐李：《新疆汉语方言的形成》，《方言》1993 年第 4 期。

陈国光：《论牙刺洼赤与马思忽惕》，《西北民族研究》1995 年第 1 期。

陈世明：《清代新疆双语现象及其对各民族语言的影响》，《新疆大学学报》（哲学社会科学版）1995 年第 1 期。

潘志平：《清季新疆商业贸易》，《西域研究》1995 年第 3 期。

吐娜：《新疆黄教寺院概述》，《新疆文物》1995 年第 3 期。

陈国光：《清代新疆回民的社会生活》，《新疆地方志》1995 年第 4 期。

潘志平：《清代新疆的交通邮传》，《中国边疆史地研究》1996 年第 2 期。

许秀芳：《清代前期新疆满族的社会生活》，《喀什师范学院学报》1996 年第 3 期。

齐清顺：《清代新疆汉民族的文化生活》，《新疆大学学报》（哲学社会科学版）1996 年第 4 期。

张洋：《新疆汉语方言的特点》，《语言与翻译》1997 年第 1 期。

刘仲华：《清代新疆的封建教育和科举》，《西北史地》1997 年第 2 期。

王龙耿、沈斌华：《蒙古族历史人口初探（17 世纪中叶—20 世纪中叶）》，《内蒙古大学学报》（哲学社会科学版）1997 年第 2 期。

林荣琴：《试析〈史记·货殖列传〉与〈汉书·地理志〉中的风

俗地理思想》，《西北大学学报》（哲学社会科学版）1997 年
第 4 期。

齐清顺：《清代满汉文人笔下的维吾尔人生活》，《喀什师范学院
学报》1998 年第 2 期。

齐清顺：《论清末"新政"——新疆迈向近代化的开端》，《西域
研究》2000 年第 3 期。

齐清顺：《清代新疆的关羽崇拜》，《清史研究》1998 年第 3 期。

陈国光：《清代维吾尔族中的伊斯兰教》，《新疆社会科学》2001
年第 3 期。

赵云田：《清末新政期间新疆文化教育的发展》，《西域研究》
2002 年第 2 期。

木拉提·黑尼亚提：《近代新疆天主教会历史考》，《西域研究》
2002 年第 3 期。

佟克力：《论锡伯族继承和使用满语满文的社会历史背景》，《西
域研究》2002 年第 4 期。

马雪松：《清代维吾尔族的服饰文化》，《新疆社会科学》2002 年
第 5 期。

袁澍：《新疆教育近代化的转型与整合》，《新疆教育学院学报》
2003 年第 1 期。

贾晞儒：《蒙古文字与蒙古族历史》，《西北民族研究》2003 年第
2 期。

周泓：《伊斯兰教在近代新疆的世俗化与地方化——伯克制度及
伊斯兰文化与内地的相异》《西北师范大学学报》（社会科学
版）2003 年第 4 期。

佟克力：《清代伊犁驻防八旗始末》，《西域研究》2004 年第
3 期。

贺萍:《新疆多元民族文化流变述略》,《西北工业大学学报》(社会科学版),2005 年第 1 期。

汤开建、马占军:《清末民初圣母圣心会新疆传教考述》,《西域研究》2005 年第 2 期。

丁克家:《试论宗教与文化的关系》,《西北第二民族学院学报》2005 年第 3 期。

马品彦:《新疆多种宗教并存格局的形成与演变》,《新疆社会科学》2005 年第 4 期。

席宁山:《清代新疆竹枝词中的回回风情》,《固原师专学报》2005 年第 5 期。

牛海桢:《试论清王朝对维吾尔族伯克制度的改革》,《喀什师范学院学报》2006 年第 1 期。

郭美兰:《土尔扈特汗渥巴锡部众东归后拨地安置始末》,《中国边疆史地研究》2006 年第 2 期。

崔莹:《从〈乌鲁木齐杂诗〉看清代新疆少数民族民间习俗》,《新疆教育学院学报》2006 年第 4 期。

阿布都鲁甫·甫拉提:《察合台维吾尔文及其主要文献》,《民族语文》2006 年第 4 期。

张兵、王小恒:《清代新疆竹枝词的认识价值与艺术特征》,《西北师大学报》(社会科学版)2006 年第 5 期。

李大海:《清代新疆地区官主山川祭祀研究》,《西域研究》2007 第 1 期。

王泽民:《试论清代新疆的维汉双语政策及其措施》,《实事求是》2007 年第 6 期。

张洋:《清代新疆汉语特点》,《中央民族大学学报》(哲学社会科学版)2008 年第 4 期。

王凤雷:《论清代新疆地区蒙古官学沿革》,《内蒙古师范大学学报》(哲学社会科学版) 2008 年第 5 期。

郭兰:《简析清代新疆的双语教育》,《民族教育研究》2008 年第 6 期。

黄达远:《清代镇西"庙宇冠全疆"的社会史考察》,《新疆社会科学》2008 第 6 期。

宋阿娣:《清代新疆旅行诗歌的特征》,《大众文艺》(理论版) 2008 年第 12 期。

黄达远:《清代新疆北部汉人移民社区的民间信仰考察》,《宗教学研究》2009 第 2 期。

M. 乌兰:《四卫拉特蒙古的训诫性史籍——噶班沙拉勃著〈四卫拉特史〉》,《西部蒙古论坛》2009 年第 4 期。

陈旭:《新疆的关帝庙与关帝崇拜》,《世界宗教文化》2009 年第 4 期。

王泽民:《认知与建构:清代新疆语言政策的历史考察》,《黑龙江民族丛刊》2010 年第 2 期。

吴轶群:《清代伊犁人口变迁与人口结构特征探析》,《西域研究》2010 年第 3 期。

鲁靖康:《清代西域农事诗研究》,《伊犁师范学院学报》(社会科学版) 2010 第 4 期。

张畅:《论道教在新疆地区的传播》,《天中学刊》2010 年第 4 期。

宋彩凤:《清代新疆竹枝词综论》,《石河子大学学报》(社会科学版) 2010 年第 6 期。

何永明:《清代新疆多元"法"文化初探》,《新疆大学学报》(哲学社会科学版) 2011 年第 1 期。

周传慧:《"汉回"名称及群体出现时间考》,《回族研究》2011
　　年第 1 期。

宋彩凤:《清代新疆竹枝词兴盛原因之创作者论》,《昌吉学院学
　　报》2011 年第 2 期。

何荣:《清代新疆建省前文化教育的三元共存》,《西域研究》
　　2011 年第 4 期。

张建春:《清代新疆流人诗作的边疆之情》,《新疆大学学报》(哲
　　学·人文社会科学版)2011 年第 4 期。

贾建飞:《浅析清代新疆的文化教育与科举政策》,《广东社会科
　　学》2012 年第 1 期。

买玉华:《清代乌鲁木齐秦腔艺术的发展》,《新疆艺术学院学报》
　　2012 第 1 期。

王聪延:《清代新疆汉族社区的形成和发展》,《兵团党校学报》
　　2012 年第 1 期。

张世才:《清代新疆天山南路维吾尔社会结构与变迁》,《西域研
　　究》2012 年第 1 期。

贾建飞:《清代新疆的内地坛庙:人口流动、政府政策与文化认
　　同》,《中国边疆史地研究》2012 年第 2 期。

赵目珍:《清代"新疆竹枝词"的思想倾向、风格类型及艺术特
　　征——以六种"新疆竹枝词"为中心》,《伊犁师范学院学
　　报》(社会科学版)2012 年第 2 期。

欧阳伟:《新疆满语衰变的历程》,《满族研究》2012 年第 3 期。

贾建飞:《人口流动与乾嘉道时期新疆的戏曲发展》,《西域研究》
　　2012 年第 4 期。

李军:《新疆赋民俗述考》,《内蒙古民族大学学报》(社会科学
　　版)2012 年第 4 期。

王希隆、黄祥深:《清代书院研究》,《西域研究》2012 年第
4 期。

白京兰:《清代边疆多民族地区的国家法建设——以清代新疆刑
事司法实践中的法律适用为例》,《华中科技大学学报》(社
会科学版) 2012 年第 6 期。

龙开义:《清代文献资料所见新疆春节民俗》,《昌吉学院学报》
2012 年第 6 期。

朱玉麒:《清代新疆官办民族教育的政府反思》,《西域研究》
2013 年第 1 期。

赖洪波:《清代与民国时期伊犁塔兰奇社会历史文化变迁研究》,
《伊犁师范学院学报》(社会科学版) 2015 年第 1 期。

(三) 其他论文

安瓦尔·巴依图尔:《察合台文和察合台文献》,载《中国民族古
文字研究》,中国民族古文字研究会编印,1980 年。

《扎木巴老人谈卫拉特蒙古历史及宗教》,载《新疆宗教研究资
料》第 14 辑,新疆社科院宗教研究所编印,1986 年。

郭院林、张燕:《清代新疆关帝信仰与文化认同建构》,《中国俗
文化研究》第 7 辑,巴蜀书社,2012 年。

叶尔达:《伊犁河流域厄鲁特人民间收藏托忒文文献概述》,载
《首届中国少数民族古籍文献国际学术研讨会论文集》,民族
出版社,2012 年。

六 报纸

滕征辉:《中国文化报》1987 年 4 月 8 日,第 3 版。

图书在版编目（CIP）数据

清代天山北路文化变迁研究 / 杨发鹏著. -- 北京：
社会科学文献出版社，2023.8
ISBN 978 - 7 - 5228 - 1904 - 4

Ⅰ.①清…　Ⅱ.①杨…　Ⅲ.①天山北路 - 文化史 - 研
究 - 清代　Ⅳ.①K928.6

中国国家版本馆 CIP 数据核字（2023）第 109210 号

清代天山北路文化变迁研究

著　　者 / 杨发鹏

出 版 人 / 冀祥德
组稿编辑 / 袁清湘
责任编辑 / 连凌云　王玉敏
责任印制 / 王京美

出　　版 / 社会科学文献出版社·联合出版中心（010）59367202
　　　　　地址：北京市北三环中路甲 29 号院华龙大厦　邮编：100029
　　　　　网址：www. ssap. com. cn
发　　行 / 社会科学文献出版社（010）59367028
印　　装 / 三河市龙林印务有限公司

规　　格 / 开　本：787mm × 1092mm　1/16
　　　　　印　张：16.75　字　数：202 千字
版　　次 / 2023 年 8 月第 1 版　2023 年 8 月第 1 次印刷
书　　号 / ISBN 978 - 7 - 5228 - 1904 - 4
定　　价 / 89.00 元

读者服务电话：4008918866